Claudia Hilker

Erfolgreiche Social-Media-Strategien für die Zukunft

Claudia Hilker

Erfolgreiche Social-Media-Strategien für die Zukunft

Mehr Profit durch Facebook, Twitter, Xing und Co.

Bibliografische Information der Deutschen Nationalbibliothek

Die Deutsche Nationalbibliothek verzeichnet diese Publikation in der Deutschen Nationalbibliografie; detaillierte bibliografische Daten sind im Internet über http://dnb.d-nb.de abrufbar.

Mein besonderer Dank gilt Stefanie Wibbecke, die mir im Schreibprozess viele gute Anregungen zum Gelingen dieses Buches gegeben und mich damit motiviert hat, danke!

ISBN 978-3-7093-0368-9

Umschlag: buero8

1210 Wien, Scheydgasse 24, Tel.: 01/24 630
www.lindeverlag.de
www.lindeverlag.at
Druck: Hans Jentzsch u Co. Ges.m.b.H.
1210 Wien, Scheydgasse 31
1

Inhalt

Einleitung

Auch der Papst vertraut auf Social Media. Benedikt XVI. bezieht zum Internet eine dogmatische und missionarische Position: „Auch in diesem Bereich sind wir aufgerufen, unseren Glauben zu verkünden." Der Oberhirte will das respektvoll und verantwortungsbewusst angehen. Der Heilige Vater mahnt aber auch zur Vorsicht: Schließlich berge das Netz das Risiko, sich in eine virtuelle Welt und in Selbstgefälligkeit zu flüchten. Und man möge nicht vergessen, dass virtuelle Freunde nicht reelle Kontakte ersetzen dürfen. Doch virtuelle Beziehungen können sich schnell in reale verwandeln: In den USA lässt sich bereits jede fünfte Scheidung auf Social-Media-Kontakte zurückführen.

Falls mal was schiefgeht in Glaubensfragen: Kaufen Sie sich im iTunes-Shop die Beicht-App „Confession" für 1,59 Euro, mit der man per Smartphone mobil beichten kann. Sie sehen, Kirche und Kommerz treffen sich in Social Media.

Kuriose Geschichte, denken Sie, oder? Social Media zählen längst zum festen Bestandteil in unserem Alltag. Wir suchen in der virtuellen Welt Partner, Mitarbeiter und Kunden. Unternehmen vermarkten dort ihre Produkte, lassen ihren Kundendienst ausschwärmen und nutzen es, um loyale Kunden zu gewinnen.

Facebook soll voraussichtlich im März 2012 über eine Milliarde Mitglieder verfügen. Der Gründer und Chef Mark Zuckerberg will das Unternehmen bald an die Börse bringen. Geschätzter Börsenwert: 100 Milliarden Dollar – so viel wie Daimler, Lufthansa und Adidas zusammen. Eine unglaubliche Summe.

Gewinnen Sie in diesem Buch neue Inspirationen für die Zukunft. Finden Sie heraus, wie Sie mit Ihrem Unternehmen mehr Profit durch Facebook, Xing, Twitter, Google+ und Co. machen.

Wenn Ihnen dieses Buch gefällt, dann schenken Sie es Mitarbeitern, Kollegen oder Geschäftspartnern und schreiben Sie eine Rezension bei Amazon. Lesen Sie auch weiterhin aktuelle Beiträge im Blog: www.socialmedia24.eu und diskutieren Sie mit auf Facebook: www.facebook.com/socialmedia24. Viel Spaß beim Lesen und viel Erfolg in der Umsetzung wünscht Ihnen

Über dieses Buch

Dieses Buch behandelt erfolgreiche Social-Media-Strategien für Marketing, Vertrieb, Personal, Kommunikation. Es geht um den betriebswirtschaftlichen Einsatz von Social Media für Unternehmen. Also um einen effizienten Social-Media-Einsatz, der sich gewinnbringend, systematisch und nachhaltig auf den Geschäftserfolg auswirkt. Kurz: Es geht darum, was Unternehmen von Best-Practice-Beispielen lernen können.

Dies ist kein „gegoogeltes" Buch. Soll heißen, es gibt viele Social-Media-Bücher auf dem Markt, die einfach Praxisbeispiele aus dem Internet zusammenstellen. In diesem Buch sind hingegen meine persönlichen Erfahrungen aus vielen Social-Media-Projekten eingeflossen, als Beraterin, Referentin, Autorin, Bloggerin und Lehrbeauftragte. Als Referentin und Speaker habe ich allein 2011 auf etwa 70 Events über Social Media referiert, an vielen Kongressen teilgenommen und mich mit Kollegen im Networking ausgetauscht. Außerdem gebe ich Management-Seminare für Konferenzanbieter wie Euroforum, IIR und Handelsblatt.

In diesem Buch habe ich, liebe Leserinnen und Leser, auch Studien, Theorien und Modelle praxisgerecht aufbereitet und auch selbst neue Ansätze entwickelt. Sie dürfen gespannt sein!

Sie finden hier viele Best-Practice-Beispiele, die zeigen, wie es Vorreitern gelungen ist, ihre Geschäftsergebnisse mit Social Media zu beflügeln. Und davon können Sie profitieren, indem Sie die Anfängerfehler meiden und auf fundierte Planung setzen. Gewinnen Sie Inspirationen für Ihren Geschäftserfolg!

Für wen dieses Buch interessant ist

Dieses Buch richtet sich auch an Entscheider, Fach- und Führungskräfte, die feststellen, dass klassisches Marketing nicht mehr wirkt, und nach neuen Alternativen für die Zukunft mit Social Media suchen. In diesem Buch finden Social-Media-Experten viele Anregungen, um das große Potenzial der Social Media für Marketing, PR, Personal und Vertrieb erfolgreich auszuschöpfen, ebenso wie Fallbeispiele renommierter Unternehmen wie Dell, Allianz und Salesforce. Es geht um den branchenübergreifenden Social-Media-Einsatz für Einzelpersonen, KMU (klein- und mittelständischen Unternehmen) sowie aus dem B2C- und B2B-Bereich. Dieses Buch richtet sich an Entscheider aus der Wirtschaft:

- Vorstände, Geschäftsführer, Aufsichtsräte
- Fach- und Führungskräfte aus Marketing, Personal, Vertrieb und PR
- Agenturen: Werbe-, PR- und Internet-Agenturen
- Geschäftsführer und Einzelunternehmer wie Trainer und Berater

Anfänger finden hingegen in meinem Social-Media-Buch von 2010 einen leicht verständlichen Einstieg in das Thema.

Welche Antworten dieses Buch liefert

Dieses Buch bietet keine Patentrezepte zur Strategie-Entwicklung, denn es gibt nicht *die eine richtige Strategie*, sondern jeweils individuelle Herangehensweisen, die anhand von zahlreichen Best-Practice-Beispielen aus der Praxis erläutert werden. Damit können Sie sich für Ihre Social-Media-Strategie inspirieren lassen. Zentrale Fragen, die im Buch untersucht werden, sind:

1. Wie ist der Status quo von Social Media: Was kann man von den Best-Practice-Beispielen lernen?
2. Welche Strategie-Modelle für Social Media gibt es und wie setzt man sie in der Praxis ein?
3. Wie setzt man Social Enterprise im Unternehmen ein, um die interne Produktivität und Effizienz zu fördern?
4. Wie managt man Social-Media-Projekte?
5. Wie kreiert man Aktionen im Social-Media-Marketing, um virale Effekte und Empfehlungen zu erzielen?

6. Wie entwickelt man Social-Media-Relations, um Branding, Reputation und Support zu stärken?
7. Wie gestaltet man Lösungen für Social Commmerce, um den Vertrieb zu fördern?
8. Wie fördert man Employer Branding und Change Management nachhaltig?
9. Wie setzt man Social Media Monitoring ein, um Mitbewerber, Dialoge und Trends frühzeitig zu erkennen?
10. Wie wird sich der Social-Media-Einsatz für Unternehmen in der Zukunft weiterentwickeln?

Sie können das Buch von vorne bis hinten lesen. Wenn Sie eine konkrete Frage haben, empfiehlt sich natürlich die Lektüre des entsprechenden Kapitels. Die Inhalte der Kapitel sind an klassischen Strukturen in Unternehmen ausgerichtet, so dass jeweils ein Kapitel für die Belange einer Abteilung steht, wie die folgende Mindmap zeigt.

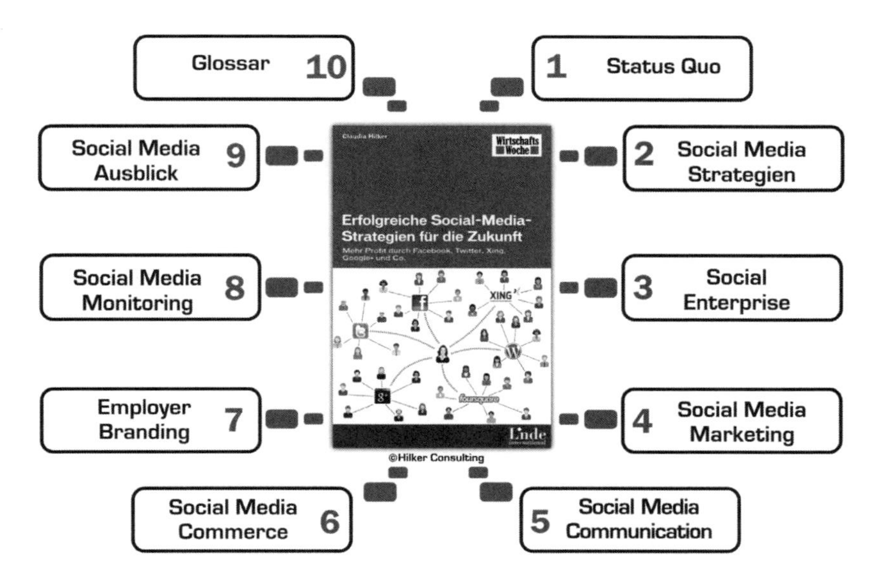

Abb. 1: Die Kapitel im Überblick

Vorwort

Social Media sind in aller Munde. Doch wie lassen sie sich strategisch in ein Gesamtkonzept für Unternehmen einordnen? Welche Ziele erreichen Unternehmen damit? Wie positionieren sie sich im Spannungsfeld zwischen Kontrollwunsch einerseits und den Erwartungen an Transparenz und Offenheit der Adressaten und auch der eigenen Mitarbeiter und Partner andererseits?

In diesem Buch werden Best-Practice-Beispiele präsentiert, um die strategische Bedeutung und die operativen Erfolgsfaktoren von Social Media für Unternehmen zu untersuchen.

Als eine der Ersten hat Claudia Hilker 2010 das Bestseller-Buch: „Social Media für Unternehmer. Wie man Xing, Twitter, YouTube und Co. erfolgreich im Business einsetzt“ geschrieben, das gleich zwei Buchpreise erhalten hat: *Managementbuch.de* und *getAbstract.com* empfehlen ihren Lesern das Buch, das 2010 im Linde Verlag in Kooperation mit der Wirtschaftswoche erschienen ist. Ich wünsche ihr, dass sie mit diesem Buch an diesen Erfolg anknüpfen kann.

Während die ersten Social-Media-Bücher die Bedürfnisse der Leser an Information und Aufklärung über Chancen und Risiken erfüllten, bedarf es nun einer neuen Herangehensweise. Jetzt geht es darum, erfolgreiche ganzheitliche Modelle zur Social-Media-Implementierung vorzustellen und die Best-Practice Erfahrungen der Vorreiter aus allen Branchen zu untersuchen, um Erfolgsstrategien und Handlungsempfehlungen zu erkennen.

Claudia Hilker ist Lehrbeauftragte an der FH Köln im Studiengang „Social-Media-Manager“. Dort lehrt sie die Grundlagen und Online Communication und wirkt unterstützend bei der Konzeption von Inhalten für die Ausbildung mit, was ihr und den Studenten viel Spaß macht.

Wir freuen uns sehr, dass wir engagierte und erfolgreiche Teilnehmer/innen gewonnen haben. Mit dem FH-Zertifikat stehen den Absolventen viele Türen in der Wirtschaft offen, denn Social-Media-Manager werden von vielen Unternehmen händeringend gesucht. Mehr Infos: www.social-media-zertifikat.de

Man sieht sich im Social Web!

Professor Dr. Matthias Fank, FH Köln

1 Status quo: Social-Media-Einsatz in Unternehmen

Einige Unternehmen nutzen bereits die neuen Möglichkeiten mit Facebook, Twitter und Blogs. Andere Firmen scheitern beim Social-Media-Einsatz, weil sie Spielregeln nicht kennen oder die Rahmenbedingungen nicht beachten. Dieses Buch will Entscheidern, Fach- und Führungskräften helfen, neue komplexe Herausforderungen zu meistern, die mit Social Media einhergehen. Es geht darum, die Wettbewerbsfähigkeit von Unternehmen mit Social-Media-Strategien für die Zukunft zu stärken.

Social-Media-Revolution

Social Media verändern die Geschäfts- und Privatwelt in einem atemberaubenden Tempo. Während die meisten Unternehmen die kollektive Intelligenz aus dem Netz mittlerweile verstärkt nutzen, sperren nach wie vor einige die sozialen Netzwerke im Unternehmen und verweigern sich den neuen „Mode-Erscheinungen". Dann sind die Mitarbeiter heimlich präsent in Social Media mit ihrem Smartphone und umgehen damit die offiziellen Regeln.

Doch Ignoranz ist keine Lösung. Denn die Kunden sind längst präsent im Netz und sprechen über Unternehmen, Produkte und Leistungen. Egal, ob Ihr Unternehmen präsent ist oder nicht. Um die Meinungsbildung aktiv zu gestalten, empfiehlt sich ein strategisches Social-Media-Engagement, bei dem alle relevanten Abteilungen an einem Strang ziehen. Keine Solo-Auftritte einzelner Abteilungen!

Firmen ohne Social-Media-Präsenz haben das Risiko einer Reputationskrise. Allein wenn Mitarbeiter online plaudern oder Kunden sich beschweren. Mit einer Social-Media-Strategie sind Social Media sicherer für Unternehmen. Die Investition rechnet sich. Aktionismus kann aber die Reputation kosten und somit teuer werden oder gar die Existenz bedrohen.

Zudem überzeugen viele erfolgreiche Beispiele. Unternehmen, die den Schritt gewagt haben, sind nicht nur globale international agierende Unternehmen wie IBM, Dell und Starbucks, sondern auch deutsche, schweizerische und österreichische Firmen wie Migros, Daimler und Red Bull.

Doch vielen Unternehmen mangelt es an Wissen, Erfahrung und Knowhow. Viele zweifeln, ob sich der unternehmerische Einsatz lohnt, und befürchten einen hohen Zeitaufwand. Sicher muss man den Social-Media-Einsatz vor der Strategie-Entwicklung individuell abwägen, denn Social-Media-Marketing bietet Unternehmen sowohl Chancen als auch Risiken.

Chancen und Risiken von Social Media

Schnell kann man mit Social Media kostengünstig ein breites Publikum erreichen und große Aufmerksamkeit erlangen. Es gibt aber auch das Risiko eines Kontrollverlustes, wenn die Meinungen im Internet anders als gewünscht ausfallen. Negative Stimmen können dem Image einer Marke schaden. Beschwerden bieten aber auch gleichzeitig Chancen, die Kritik aufzugreifen und Verbesserungen zu entwickeln. Die folgende Tabelle zeigt die wichtigsten Chancen und Risiken im Überblick.

Chancen	Risiken
• Zuhören und loyale Kunden gewinnen • Bekanntheitsgrad erweitern • Empfehlungsmarketing fördern • Positive Reputation stärken • Expertenstatus etablieren • Gewinnen neuer Mitarbeiter • Mitmach-Web für Kunden • Zeit und Reisekosten sparen • Online beraten und verkaufen • Vernetzte Kommunikation	• Zeitverschwendung • Suchtpotenzial • Burn-out • Ängste durch Überforderung • Kontrollverlust über Marke • Datenschutz und Kriminalismus • Return on Investment • Negative Reputation • Falschinformationen • Verzetteln, Aktionismus • Hohes Tempo

Abb. 2: Chancen und Risiken im Social-Media-Einsatz

Facebook hat mehr als 800 Millionen Nutzer in fünf Jahren gewonnen. Mehr als die Hälfte der Telefone in der Welt sind intelligente Smartphones, die Status-Updates mit lokalen Dienstleistungen und Transaktion schnell und einfach ermöglichen. Mittels mobiler Geräte gewinnen wir in Sekunden Informationen. Vorstände verwenden bei Vorstandssitzungen iPads statt Berichten. Unternehmen, die diese Trends ignorieren, laufen Gefahr, den Anschluss an den Markt zu verpassen.

Social Media hat die Geschäftswelt grundlegend verändert. Früher erreichten Unternehmen ihre Zielkunden zumeist über klassische Marketing-Maßnahmen wie Broschüren, Direktmarketing und Werbeanzeigen in Tageszeitungen. Heute bieten Social Media direkte, effiziente und kostengünstige Wege, um mit Kunden über neue Kanäle ins Gespräch zu kommen. Xing, Twitter, Facebook und Co. eröffnen Unternehmen zusätzliche Möglichkeiten für Marketing, Vertrieb und Kommunikation. Social Media bieten gigantisches ein Reservoir potenzieller Kunden, Mitarbeiter und Geschäftspartner!

Einige Unternehmen haben bereits einen Auftritt auf Facebook und Twitter – oftmals in den Branchen Handel, Tourismus und Automotive, so eine Studie des Deutschen Instituts für Kommunikation und Recht im Internet. Doch die Inhalte sind oft zu wenig kundenorientiert und die Möglichkeiten zur Interaktion werden zumeist noch nicht ausgeschöpft.

Eine Social-Media-Präsenz ist allerdings erst der Anfang. Relevante und nutzwertorientierte Inhalte mit Rich-Media-Elementen (Video und Audio), kompetente, schnelle und professionelle Kommunikation und interaktive Gespräche sind vonnöten. Ebenso wichtig sind geschulte Mitarbeiter, eine individuelle Strategie und Social Media Guidelines für die Aufbauarbeit und um Reputationsschäden zu vermeiden.

Viele Unternehmen laufen Gefahr, Social Media zu verschlafen. Sie sehen sie als Hype wie „Second Life“ oder als Spielwiese für „Nerds“. Sie ignorieren die Fakten: In Deutschland sind mehr als 50 Millionen Menschen in Social Media präsent. Social Media zählen längst zu einem festen Bestandteil im Leben.

Social Media sind *People Business*. Menschen sprechen mit Menschen. Verleihen Sie deshalb Ihrem Unternehmen *human touch*. Lassen Sie Ihren CEO und Ihre Mitarbeiter im Blog zu Wort kommen. Kommunizieren Sie authentisch, offen und interaktiv.

Ganz wichtig: Jeder zweite Social-Media-Nutzer verlässt sich beim Einkauf auf Informationen aus sozialen Netzwerken. Belohnen Sie Social Media User, Blogger und Influencer durch Bestätigung, Anerkennung und exklusive Vorteile. Nutzen Sie dieses große Potenzial für Ihr Empfehlungsmarketing!

Gute Erfolgschancen in Social Media bieten sich für kundenorientierte Unternehmen und wenn die Unternehmenswerte zu Social Media passen. Das heißt, wenn Kundenorientierung, Glaubwürdigkeit, Transparenz und Qualität stimmen, dann ist der Erfolg leichter erzielbar. Voraussetzung ist allerdings, dass man es mit einer professionellen Social-Media-Strategie angeht und dass die Leistungen stimmen. Schlechte Leistungen sprechen sich in Social Media schnell herum.

Social Media sind den Kinderschuhen entwachsen

Zwar ist die Social-Media-Entwicklung bei Weitem noch nicht abgeschlossen. Trotzdem sind die Qualitätsansprüche weiter gestiegen. Fehler werden heute weniger toleriert als vor einigen Jahren. Professionelles Engagement wird von Unternehmen erwartet. Die Zeiten von Ausprobieren und Testen sind also vorbei. Die wesentlichen Gründe hierfür sind folgende:

- Die Ansprüche an die Unternehmen sind gestiegen, denn die Kunden sind noch besser informiert und noch kompetenter geworden. Wer glaubwürdig bleiben und auf Augenhöhe kommunizieren will, muss diesen höheren Ansprüchen genügen. Nur mitzumachen reicht nicht mehr aus.
- Der Großteil der Informationen, Aussagen und Inhalte über Unternehmen erfolgt heute online, zunehmend auch über Social Networks und entscheidet über Kaufabsichten beim Kunden.

- Der Wettbewerb wird auch innerhalb der neuen Medien laufend härter. Wer erst in ein paar Jahren eine wirkungsvolle Strategie etabliert, ist im Rückstand gegenüber einer schnell wachsenden Anzahl an Marktteilnehmern, die bereits heute erfolgreich Social-Media-Marketing einsetzen.
- Innerhalb des Online-Marketings nimmt die Wirkung von Werbeformen wie Banners weiter ab. Im Suchmaschinen-Marketing suchen Websitenbetreiber nach neuen Wegen, um weiterhin gefunden zu werden. Auch dazu bieten Social Media gute Alternativen.
- Und ganz wichtig: Wer heute im Netz und auf Facebook, Twitter, YouTube und Co. nicht gefunden wird, der existiert nicht. Dies gilt vor allem für jüngere Zielgruppen.

Nach meinen Erfahrungen wächst die Akzeptanz von Social Media immer mehr. Ob KMU (kleine und mittlere Unternehmen) oder global agierende Unternehmen, alle wollen mit Social Media wachsen und beschäftigen sich mit dem Thema.

Social Media im internationalen Vergleich

Social Media bieten gerade für internationale Marketing-Strategien viele geeignete Instrumente. Dabei sind jedoch die länderspezifischen Aspekte zu beachten. Deshalb ist bei internationalen Social-Media-Strategien die Frage nach der richtigen Auswahl der Plattformen sehr wichtig.

Facebook dominiert zwar mit seinen etwa eine Milliarde zählenden Mitgliedern die Weltkarte, ist jedoch nicht in allen Ländern die Nummer eins. In China ist QZone mit rund 500 Mio. Benutzern führend. Orkut wird in Brasilien favorisiert und in Russland dominiert das Netzwerk VKontakte.

Perfekte Sprachkompetenz ist unerlässlich für den Social-Media-Erfolg, um interaktive Dialog von Mensch zu Mensch zu führen. Die sprachliche Kompetenz darf auch nicht vergessen werden, wenn Unternehmen mit Social-Media-Marketing neue Kunden gewinnen wollen. Das Social-Media-Team sollte daher in der Sprache der Zielgruppe fit sein. Nur dann kann man verständlich auf die Zielgruppe eingehen, begeistern und überzeugen. Zweifellos reicht es aber nicht aus, allein die Sprache zu beherrschen. Als guter Social-Media-Marketer sollte man natürlich auch die Kultur persönlich kennen und verstehen.

Kultur, Sprache und Regeln dominieren Verständigung

Jede Kultur hat eigene Kommunikationsregeln. Diese Regeln bestimmen beispielsweise Tabus in der Kommunikation. Grenzen sind gesetzt bei Politik, Religion und Sexualität. Wer hier zu weit geht, manövriert sich ganz schnell ins Abseits und dann kann Social-Media-Marketing wirklich schwierig werden. Die „Vorlieben" sind von Land zu Land unterschiedlich, wie die Studie „Wave 5" von Universal McCann zeigt:

- In Deutschland haben 37,8 Prozent der Befragten im letzten Halbjahr ein Social-Media-Profil gemanagt. In Indien waren es 72,5 Prozent und in Russland gar 79,3 Prozent.
- Deutsche haben durchschnittlich 41 Kontakte in Social Media, Italiener 66 und Brasilianer 74.
- In Deutschland lesen 29,6 Prozent der Befragten Blogs. In Frankreich sind es 46,7 und in China gar 79,6 Prozent.

Andere Länder, andere Netzwerke – das sollte man im internationalen Social-Media-Marketing also beachten.

Aktuelle Zahlen zur Social-Media-Nutzung

Laut der Online-Studie von ARD und ZDF 2011 sind mehr als 73 Prozent der Deutschen online. Die Internetverbreitung erreichte damit eine neue Rekordmarke: Mit 51,7 Mio. Internetnutzern wurde erstmals die 50-Millionen-Marke durchbrochen.

Der Zuwachs geht vor allem auf die über 60-Jährigen zurück: 34,5 Prozent der über 60-Jährigen sind inzwischen online. Auch nähern sich die

Anteile weiblicher und männlicher Internetnutzer immer mehr an: 68,5 Prozent der Frauen (+ 8 Prozent) und 78,3 Prozent der Männer (+ 4 Prozent) nutzen das Internet.

Die Nutzung sozialer Netzwerke wird immer beliebter. Bereits 43 Prozent der deutschen Internetnutzer haben ein eigenes Profil in einer Social Community angelegt, wobei sich jeder Dritte in seinem Netzwerk über Fernsehinhalte austauscht.

Deutlich angestiegen ist auch die mobile Nutzung. Aktuell gehen 20 Prozent der Onliner mobil ins Netz. 17 Prozent der deutschen Onliner nutzen Apps auf Smartphones oder Tablet-PCs. Die Ergebnisse der ARD/ZDF-Onlinestudie 2011, für die bundesweit 1.800 Erwachsene in Deutschland befragt wurden, sind unter ard-zdf-onlinestudie.de abrufbar.

Facebook hat mit Abstand die meisten Nutzer: Über 50 Prozent der von W3B befragten deutschsprachigen Internet-Nutzer besuchen das Network. Es folgen auf Platz zwei und drei Xing mit 25 Prozent und Wer-kennt-wen.de mit rund 20 Prozent.

Die Nutzung von Social Networks steigt rasant, doch nicht nur sie: Auch die Konzentration im Segment der sozialen Netzwerke nimmt immer mehr zu. Der Ausgang dürfte absehbar sein. Schon bald könnte an Facebook kaum noch ein Weg vorbeiführen. Aktuell ist bereits jeder zweite deutschsprachige Internet-Nutzer wöchentlich in Social Networks unterwegs. Damit hat sich das Segment der sozialen Netzwerke im Ranking der Web-2.0-Angebote des Mitmach-Internet auf Platz eins vorgearbeitet: Es liegt mit 50 Prozent wöchentlichen Nutzern nun vor Wikis mit 47 Prozent und Social-Shopping-Websites mit 22 Prozent.

Social-Media-Nutzung in Deutschland: Die aktuellen Zahlen im Überblick (Stand Januar 2012):

- Etwa 60 Mio. Menschen in Deutschland sind online.
- Twitter hat in Deutschland etwa 500.000 aktive Nutzer.
- Facebook hat rund 1 Milliarde Nutzer weltweit, davon sind circa 51 Millionen Deutsche.

- Xing hat 10 Millionen Nutzer, davon sind 5 Millionen deutsche Nutzer.
- Jeder vierte Haushalt in Deutschland besitzt ein Smartphone.
- 10 Mio. Deutsche gehen mobil ins Internet.

Die Studie des Hightech-Verbands BITKOM 12/2011 „Soziale Netzwerke in Deutschland" kommt zu ähnlichen Werten. 74 Prozent der Internetnutzer sind in mindestens einem sozialen Netzwerk angemeldet; 66 Prozent sind aktive Nutzer. Jüngere Internetnutzer unter 30 Jahren führen die Mitgliedschaft in sozialen Netzwerken mit 92 Prozent und deren aktive Nutzung mit 85 Prozent deutlich an. Bei den 30- bis 49-Jährigen sind weniger als drei Viertel in den Netzwerken angemeldet und aktiv, bei 50-Jährigen bisher nur jeder Zweite.

Die meisten Mitglieder hat Facebook. Facebook findet auch in Deutschland bei 47 Prozent der Internetnutzer Anklang. Zählt man die VZ-Netzwerke zusammen, landen sie mit rund 27 Prozent auf dem zweiten Platz, zusammen mit dem Portal Stayfriends. Dahinter kommt Wer-

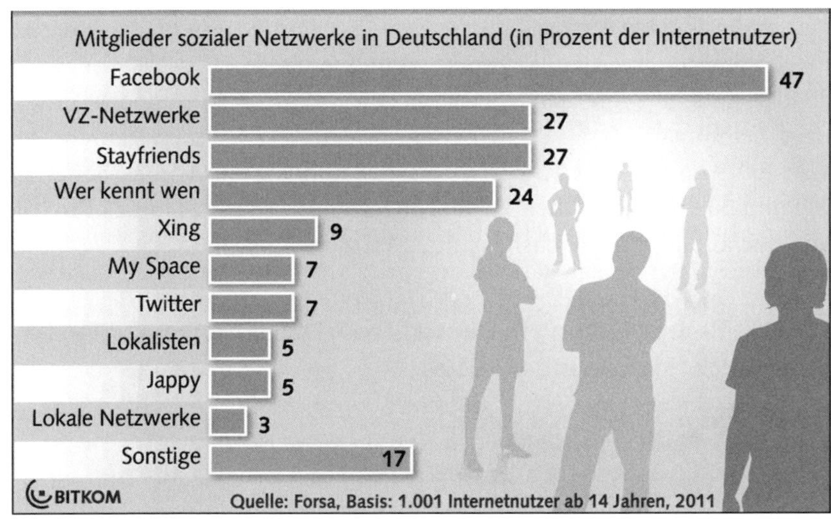

Abb. 3: Die Top-10 der Online-Communities

kennt-wen mit 24 Prozent. Xing erreicht neun Prozent der Internetnutzer. Die Beliebtheit und die Nutzung der sozialen Netzwerke sind stark altersabhängig. So ist beispielsweise die größte Nutzergruppe von Facebook zwischen 14 und 29 Jahren und von StayFriends zwischen 30 und 49 Jahren alt. Im Auftrag des BITKOM befragte Forsa 1.001 deutschsprachige Internetnutzer ab 14 Jahren.

Eine Stunde pro Tag im Lieblingsnetzwerk

Die meisten Nutzer (zwei Drittel) verbringen etwa eine Stunde am Tag in ihrem meist genutzten Netzwerk. Ein Viertel ist täglich zwischen ein und zwei Stunden im Netzwerk aktiv. Elf Prozent können als „heavy user" bezeichnet werden: Sie nutzen ihr Online-Netzwerk mehr als zwei Stunden täglich.

Nutzer machen in den sozialen Netzwerken hauptsächlich positive Erfahrungen. Sie pflegen Freundschaften, erhalten Informationen zu Veranstaltungen oder lernen neue Menschen kennen. Vereinzelt werden auch negative Erfahrungen gesammelt. Dazu zählen unangenehme Kontaktanfragen von Fremden oder Belästigungen durch Netzwerkmitglieder.

Zu den in Profilen am häufigsten angegebenen Daten zählen: Vor- und Nachname, Alter, Porträt-Foto und Beziehungsstatus. Jeder vierte Nutzer stellt Party- und Urlaubsbilder ein. Die meisten Angaben sind entweder nur für Freunde bzw. eigene Kontakte oder sogar nur für bestimmte Freunde sichtbar. Ein Viertel der Netzwerkmitglieder gibt an, in sozialen Netzwerken schon einmal bewusst falsche Angaben gemacht zu haben.

Diese Fakten zeigen, dass immer mehr Menschen privat in Social Media präsent sind. Doch wie sieht es mit der Social-Media-Präsenz der deutschen Unternehmen aus?

Entwicklungsfähig: Social Media in deutschen Unternehmen

80,1 Prozent der deutschen Unternehmen haben ein eigenes Profil in sozialen Netzwerken, 61,8 Prozent nutzen Twitter zur Kommunikation. Nur 40,4 Prozent betreiben einen eigenen YouTube-Channel und 38,2 Prozent pflegen ein eigenes Corporate Blog. Die Zahlen stammen aus der Studie „Social Media in Unternehmen" vom Bundesverband Digital Wirtschaft (BVDW). Demzufolge betreiben 72,3 Prozent der Unternehmen Social-Media-Maßnahmen und 28,7 Prozent der 185 befragten Unternehmen bieten Apps an.

Deutsche Unternehmen öffnen sich für den Social-Media-Umgang. Die große Mehrheit setzt bereits auf strategische Maßnahmen und erzielt damit Erfolge. Über drei Viertel aller für die Studie befragten Unternehmen (77,7 Prozent) gehen davon aus, dass die Budgets für Social Media steigen werden. 61,2 Prozent erwarten eine mäßige Steigerung, 15,9 Prozent einen starken Anstieg. Lediglich 19 Prozent planen mit gleichbleibenden Budgets und nur 3,3 Prozent rechnen mit sinkenden Geldmitteln. Für das tägliche Business und besonders in der Markenkommunikation sind Social Media unverzichtbar – auch für die innovative Positionierung bei den gewünschten Zielgruppen.

Wie sieht es mit dem Social-Media-Engagement der weltweit größten Unternehmen aus? Sie haben zumeist einen zeitlichen Vorsprung von zwei bis drei Jahren gegenüber der deutschen Wirtschaft. Deshalb kann dieser Überblick für die zukünftige Entwicklung in den deutschsprachigen Ländern interessant sein.

Wie Global-Fortune-Unternehmen Social Media nutzen

Social Media werden nicht mehr als Trend wahrgenommen, sondern ernsthaft in die Kommunikation einbezogen. Zu diesem Ergebnis kommt die Studie „The Global Social Media Check-up 2011", die von der PR-Agentur Burston-Marsteller angefertigt wurde. Demnach verwenden jetzt bereits 84 Prozent der laut Fortune hundert weltgrößten Unternehmen der Welt mindestens eine Social-Media-Plattform.

Um Ihnen eine Vorstellung zu vermitteln, um welche Unternehmen es sich bei den Fortune Global 100 handelt, hier die zehn größten Unternehmen der Welt nach Umsatz und Marktkapital laut Wikipedia: 1) Wal-Mart, 2) Royal Dutch, 3) ExxonMobil, 4) BP, 5) Toyota Motors, 6) Japan

Post Group, 7) Sinopec, 8) State Grid, 9) AXA und 10) China National Petroleum.

Die Studie zeigt: Es stellt sich nicht mehr die grundsätzliche Frage, ob Social Media in Unternehmen eingesetzt werden sollen, sondern es geht um die konkrete Frage, wann, wo und wie sie eingesetzt werden. Global agierende Unternehmen, die Berührungsängste mit Facebook, Twitter, YouTube und Blogs haben, werden laut Studie in der Zukunft an Wettbewerbsfähigkeit einbüßen und hinter den Unternehmen zurückbleiben, die bereits eine funktionierende Social-Media-Strategie einsetzen.

Die hundert größten Unternehmen der Welt setzen Social Media mit ganz unterschiedlichen Strategien ein. Während einige Unternehmen sich zunächst auf eine Plattform wie Twitter, Facebook, YouTube konzentrieren, investieren andere Marken gleich in mehrere Kanäle. Ein wesentlicher Faktor für die Auswahl einer geeigneten Social-Media-Plattform ist die Einstiegshürde. Je mehr an Know-how, Personal und Content investiert werden muss, desto eher verzichten Unternehmen auf einen Kanal. Spielend einfach, schnell und kostengünstig ist Twitter, hier sind die Einstiegshürden am leichtesten zu überwinden.

Twitter liegt weit vorne

77 Prozent der hundert weltweit größten Unternehmen nutzen einen Twitter-Account. Im Vergleich aller Kanäle ist das Twitter-Wachstum am stärksten. Facebook nutzen laut Studie 61 Prozent, YouTube 57 Prozent und Blogs liegen mit 36 Prozent am Ende der Social-Media-Plattformen.

Eine Social-Media-Strategie besteht aber eben nicht nur darin, aktionsgetrieben einen Account bei Twitter und eine Fanpage anzulegen, um dort Werbung oder Verkaufsparolen abzuliefern. Solche Infos haben für User wenig Reiz. Unternehmen müssen Social Media vielmehr als eine besondere Chance wahrnehmen, um mit einzigartigen Angeboten zu punkten. Es geht um Markenbildung und um den Aufbau einer treuen Fangemeinschaft für eine Marke durch interaktive Online-Gespräche.

Twitter hat die größte Verbreitung in Europa, wo 83 Prozent der Fortune-100-Unternehmen twittern. Damit liegt Europa über dem weltweiten Schnitt von 77 Prozent und vor den USA mit 67 Prozent. Auch die Anzahl der Twitter-Accounts nimmt bei den Fortune-100-Unternehmen zu. Vorreiter sind hier die US-Firmen, die auf durchschnittlich 9,9 Accounts kommen. Allein IBM hat 76 Twitter Corporate-Accounts. In Europa konzentrieren sich Unternehmen auf durchschnittlich drei Accounts. Weltweit ergibt sich ein Schnitt von 5,8 Accounts.

Immer mehr Unternehmen nutzen Twitter und befüllen immer mehr Accounts aktiv. Fast 90 der Fortune-100-Unternehmen verbreiten via Twitter wichtige Kennzahlen und Neuigkeiten aus dem eigenen Business. Nicht einmal ein Drittel nutzt Twitter dagegen für Promotion oder Gewinnspiele. Großes Potenzial gibt es auch noch bei der Verbreitung von Stellenangeboten und Karrierechancen. Nur jedes zehnte Unternehmen sucht via Twitter nach qualifiziertem Personal. Der Grund für den Fokus auf Informationen aus dem eigenen Business sind möglicherweise die Börsen-Notierungen der Konzerne, die ihre Aktionäre eben auch über Twitter mit den wichtigsten Fakten versorgen wollen.

Um viele „Follower" bei Twitter zu gewinnen, sollte der eigene Account geduldig und konstant aufgebaut werden. Und die Mitarbeiter sollten sorgfältig geschult werden, um die Kommunikation sicher und souverän zu gewährleisten – auch bei Beschwerden und im Falle einer PR-Krise.

Facebook zur Unternehmensdarstellung

Facebook profitiert von den steigenden Social-Media-Aktivitäten der Unternehmen. Weltweit nutzen 61 Prozent der Fortune-100-Unternehmen Facebook zur Außendarstellung und Kommunikation mit ihren Kunden. Regional betrachtet besitzt Facebook in den USA das größte Vertrauen: 72 Prozent der US-Firmen aus dem Index haben eine Fanpage. In Europa verhindern die Diskussionen um die Privatsphäre und um Datenweitergaben ein besseres Wachstum für Facebook. Immerhin nutzt auch hier die Mehrheit eine Fanpage.

Interessant ist bei Facebook der Trend zu themenbasierten Fanpages. Wer schon bei Facebook aktiv ist, überträgt zunehmend innere Strukturen auf die Fanseiten. Große Unternehmen mit verschiedenen Geschäftsfeldern haben dann nicht nur eine Corporate Fanpage, sondern gleich mehrere. Hewlett-Packard kommt in den USA so alleine schon auf 51 Fanpages, der Autohersteller Ford auf 23. Der globale Schnitt liegt bei 4,2 Prozent.

Große Unterschiede gibt es auch bei den Fanzahlen. Global betrachtet haben Unternehmen durchschnittlich 87.979 Fans. Die durchschnittliche Fanzahl liegt in Europa bei 46.539 Fans. Mehr als doppelt so hoch ist sie in den USA mit 102.017 Fans. Der Grund liegt vermutlich in der Datenschutz-DiskussionWie bei Twitter nutzen die Fortune-100-Unternehmen auch Facebook gerne als „Schwarzes Brett" für Business-Informationen, die für ihre Aktionäre interessant sind. Dennoch geht auch hier der Trend hin zu einem größeren Engagement: 84 Prozent der Fanpages werden wöchentlich mit neuen Inhalten gefüttert. Bedenklich ist dagegen die immer noch recht hohe Anzahl der Fanpages mit geschlossenen Pinnwänden. Global erlauben 26 Prozent der Unternehmen ihren Fans nicht, auf der Pinnwand zu posten, in Europa sind es sogar 41 Prozent.

YouTube: Hohe Einstiegshürden und weniger Präsenz

Bei YouTube handelt es sich ebenfalls um einen wichtigen Social-Media-Kanal. Zahlreiche Internetnutzer verbringen viel Zeit auf YouTube. Wer als Unternehmen dort vertreten ist und ansprechende Videos anbietet, kann schnell davon profitieren. Ein virales Video bei YouTube platziert und via Twitter und Facebook in Umlauf gebracht, erreicht sehr viel eher die kritische Masse zum Auslösen eines viralen Effekts, als wenn man dieses Video auf einer Website versteckt.

Bislang nutzen nur 57 Prozent der Fortune-100-Unternehmen YouTube. Der Grund dafür ist vermutlich, dass ein Unternehmen für die Erstellung von hochwertigen YouTube-Videos ein Werbebudget benötigt. Dann wird schnell die Frage nach dem Return on Investment gestellt – und da fehlen den Social-Media-Verantwortlichen oftmals stichhaltige Argumente. Im Vergleich zu Twitter und Facebook sind die Einstiegshürden für Unternehmen mit eher geringem Budget also eher hoch.

Corporate Blogs stagnieren

Vor einiger Zeit wurden Blogs noch als das Kommunikationsmittel der Zukunft angesehen. Aktuell werden die Blogs aber von anderen Social-Media-Kanälen überholt. Heute besitzen 36 Prozent der Fortune-100-Unternehmen ein aktives Blog. Einige der bloggenden Unternehmen sind so überzeugt, dass sie gleich eine Vielzahl von Blogs betreiben, Hewlett-Packard oder IBM haben beispielsweise über mehr als 80 Blogs.

Insgesamt fallen die Blogs im Vergleich zu den anderen Social-Media-Kanälen ab. Auch wenn die Einstiegshürden heute dank moderner Blogsysteme wie WordPress deutlich niedriger sind als noch vor einigen Jahren, so sind Twitter und Facebook eben doch viel schneller einsatzbereit. Zudem befinden sich genau dort auch die Zielgruppen der Unternehmen, quasi in „Laufnähe". Ein weiterer Grund für die Stagnation bei den Blogs könnte der Aufwand für die Content-Erstellung sein. Auch hier sind Twitter und Facebook weniger aufwändig und lassen sich mit weniger Ressourcen betreiben.

Dabei lässt sich ein Blog gut mit anderen Social-Media-Aktivitäten und Suchmaschinen-Marketing vernetzen. Für ein erfolgreiches Blog braucht man eine redaktionelle Qualität und auch Ressourcen zur Vermarktung und Zeit für Moderation.

Social Media sind in wachstumsorientierten Unternehmen angekommen

In den letzten Jahren hat sich eine Menge getan in den Unternehmen. Social Media sind für viele börsennotierte Konzerne längst kein Experiment mehr. Es wird nicht nur deshalb durchgeführt, weil es ja alle machen und man ja auch irgendwie dabei sein muss. Viele wichtige Social-Media-Kanäle werden professionell eingerichtet, entsprechend gepflegt und weiterentwickelt. Dennoch: Der Weg ist lang und viele Unternehmen haben gerade erst die ersten zaghaften Schritte gesetzt. Was oft noch fehlt, sind die notwendigen Ressourcen, eine grundlegende Strategie, eine passende Unternehmenskultur und das Loslösen von traditionellen Denkmustern in Marketing, PR, Vertrieb und Geschäftsführung.

Es dauert in Deutschland sehr lange, bis sich Angebote wie Twitter, Facebook & Co. durchsetzen, auch deshalb, weil wir zunächst jahrelang über die Risiken wie Datenschutz diskutieren. Das kostet Zeit – wertvolle Zeit, die andere Länder produktiver nutzen, wie der Blick auf die Fortune-100 gezeigt hat.

Top Ten der sozialen Netzwerke für Unternehmen

Größter Vertreter ist Facebook mit derzeit rund einer Milliarde Mitgliedern weltweit. Die wichtigsten zehn sozialen Netzwerke für Unternehmen, die hohe Reichweiten, attraktive Zielgruppen und zielgerichtete Werbemöglichkeiten bieten, zeigt die folgende Tabelle im Überblick.

1) **Xing**: geschäftliche Kontaktpflege 10 Mio. Nutzer weltweit / 5 Mio. in Deutschland Schwerpunkt: Networking, B2B-Kommunikation Funktionen: Mail, Statistiken, Gruppen, Foren etc. Professioneller Austausch in Gruppen mit Foren Event-Organisation und Vermarktung Unternehmerische Einsatzbereiche: Premium-, Recruiter-, Sales-Profile	2) **Twitter**, das schnelle Nachrichten-Tool mehr als 200 Mio. User weltweit (eigene Angaben) Tweets haben höchstens 140 Zeichen Unternehmerische Einsatzbereiche: Kommunikation, Marktforschung, Promotion, Mitarbeitersuche Besonderheiten: rasantes Wachstum, einfache Bedienung und schnelle Einrichtung
3) **Facebook**, das flippige Netzwerk Circa 1 Mrd. Nutzer weltweit 20 Mio. Nutzer in Deutschland Schwerpunkt: C2C-/B2C-/C2CKommunikation Hauptzielgruppe: Über-13-Jährige	4) **YouTube**, der TV-Konkurrent online Tool für virales Marketing mehr als 100 Mio. User Videos kostenfrei hochladen Unternehmerischer Einsatzbereich: Eigener Channel

Unternehmerische Einsatzbereiche: Fanpage und Displaywerbung Besonderheiten: Datenschutz wird kritisch diskutiert	
5) **Flickr**: Foto-Community Netzwerk für Fotos, Videos für Trends oder Produkte 40 Mio. Nutzer weltweit Fotos können kommentiert und mit Tags versehen werden Beschränkte Suchoptionen	6) **LinkedIn**: Internationales Networking Schwerpunkt: Finden von Mitarbeitern und Kunden Mehr als 120 Mio. Mitglieder weltweit Mehr als 1 Mio. Mitglieder in Deutschland, Österreich und Schweiz Schwerpunkte: Mitarbeitersuche, Networking international, Reputation
7) **WKN**: Wer kennt wen 8 Mio. User in Deutschland Hauptzielgruppe: alle Alters- und Interessengruppen Schwerpunkt: regionales Marketing Besonderes: Die südlichen Regionen Deutschlands sind verstärkt vertreten.	8) **VZ-Netzwerke**: für jüngere Menschen Schwerpunkt: Netzwerk für Schüler und Studenten Hauptzielgruppe: 14- bis 39-jährige Etwa 10 Mio. User Unternehmerische Einsatzbereiche: Display-Werbung, Brand-Profiles, Video und Mobile Advertising/Couponing Besonderes: Hoher Mitgliederschwund in den letzten Jahren
9) **Qype**: lokales Empfehlungsmarketing Empfehlungsmarketing für lokale Unternehmen, User geben Bewertungen ab Monatlich über 20 Mio. Besucher (eigene Angaben) Schwerpunkt: lokales Empfehlungsportal Unternehmerischer Einsatz: Business Page	10) **Google+**: der neue Facebook-Konkurrent Funktionen: Profil, Kreise, Status, Spiele, Fotos, Sparks, Chat, Hangouts Unternehmerische Einsatzbereiche: Business Pages Besonderes: Google-Vernetzung mit positiven SEO-Effekten und sensibler im Datenschutz als Facebook

Stand: Januar 2012

Muss jedes Unternehmen Social Media nutzen?

Gerade viele kleine und mittelgroße Unternehmen fragen sich, ob sich die engen Beziehungen zu einem festen Kundenstamm nicht auch ohne Social Media pflegen lassen. Doch es führt kein Weg an Social Media vorbei: Junge Kunden suchen zuerst im Netz, daher gilt: Wer keinen Webauftritt hat, ist für sie nicht existent. Doch selbst für Unternehmen mit reinen Business-to-Business-Beziehungen ist ein Social-Media-Engagement längst unverzichtbar. Damit können gerade viele Mittelständler neue Kunden in neuen Märkten gewinnen.

Oftmals beobachte ich in der Praxis, dass Berufseinsteiger die Social-Media-Projekte bedienen. Als *digital natives*, glaubt man, seien sie in der Lage, die neuen Medienwelten zu bedienen. Doch das reicht nicht aus. Natürlich ist das Wissen hilfreich, aber es bedarf mehr Kompetenzen als nur zu wissen, wie man twittert oder Beiträge für Facebook schreibt. Auch Wissen aus dem klassischen Projekt-Management ist erforderlich, das vielen Einsteigern naturgemäß fehlt. Und das kann den Erfolg von Social-Media-Projekten gefährden.

Sieben Social-Media-Missverständnisse

Wer Social Media nicht einsetzen will, der findet immer wieder gute Gründe dagegen. Doch die ständige Wiederholung macht die Argumente nicht schlüssiger. Falls Sie Probleme damit haben, Ihr Social-Media-Projekt gegen Widersacher zu verteidigen, dann könnte diese Liste für Sie hilfreich sein

1. Missverständnis: Social Media ist nur für Kids. Meine Kunden erreiche ich damit nicht.

Die Nutzer sind heute viel heterogener. Zwar haben die *digital natives* (geboren ab 1980) die neuen Medien erobert, doch nun folgen die *digital immigrants* (bis 1980 geboren) in großer Zahl. Und sogar die Best Ager (ab 55 Jahre) sind verstärkt in Social Media aktiv, weil sie über Netzwerke wie Facebook den Kontakt zu ihren Kindern und Enkeln auch über räumliche Distanz halten wollen. Wichtig ist aber für Sie die Prüfung der Frage, wo genau sich Ihre Zielgruppe online tummelt. Und zumeist sind Ihre Kunden bereits in Social Media präsent.

2. Missverständnis: In Social Media kann man nicht verkaufen. Dort wird nur geschwätzt.

Pampers verkaufte schon 2010 Windeln via Facebook. Burger King steigert mit Facebook-Coupons den Umsatz. Behauptet wird die Verkaufsschwäche zumeist von denen, die bislang gar nicht oder unprofessionell in Social Media präsent sind. Vergessen Sie nicht: Jede erfolgreiche Geschäftsbeziehung beginnt mit Smalltalk zum Warming-up. Wer allerdings nur schwätzt, verschenkt den Abschluss und wird auch in Social Media nichts verkaufen. Richtig ist also: Erst die Beziehung aufbauen und wenn die Wellenlänge stimmt sowie Angebot und Nachfrage zusammenpassen, dann klappt auch das Verkaufen.

3. Missverständnis: Den Erfolg von Social Media kann man nicht messen.

Es gibt eine Fülle von Kennzahlen und Monitoring-Tools, die Social-Media-Ergebnisse messen. Allerdings muss man in der eigenen Social-Media-Strategie klare Leistungskennzahlen zum Return on Investment (ROI) definieren. Das ist komplizierter als die bisherigen Messwerte wie Tausender-Kontaktpreis. Damit lassen sich auch Brand Awareness, Produktverbesserungen und Kaufabsichten ermitteln. Richtig ist also: Es gibt vielfältige Messkriterien und es ist schwierig, die richtigen auszuwählen, damit man sich nicht in der Datenmenge verzettelt.

4. Missverständnis: Social Media sind gefährlich und kompliziert.

Diese Angst begegnet einem vorwiegend in den Branchen Medizin, Pharma und Finanzdienstleistungen. Sicherlich ist es richtig, dass es Branchen,

Situationen und Aufgaben gibt, in denen ein Unternehmen vorsichtig kommunizieren muss. Wenn Sie beispielsweise Waffen produzieren, dann meiden Sie wahrscheinlich Gespräche darüber, weil Ihr Business viel zu diskret ist. Wichtig ist trotzdem zu prüfen, wo und wie Ihre Kunden, Interessenten, Analysten, Journalisten, Aktionäre über Ihr Unternehmen sprechen. Die wirkliche Gefahr ist das Ignorieren dieser Gespräche. Monitoren ist also dann zumindest Pflicht.

5. Missverständnis: Social Media lassen sich nicht kontrollieren, deshalb lassen wir es besser bleiben.

Social Media lassen sich zwar nicht kontrollieren, aber dennoch steuern. Es gibt bereits reichlich Erfahrungswerte, was gut funktioniert und was nicht. Es funktioniert nicht, Werbe- oder PR-Texte zu pushen. Gut funktioniert ehrliche, hilfsbereite und kompetente Kommunikation mit Authentizität und Mehrwert. Wichtig ist es, mit Social Media Monitoring Frühwarnsysteme aufzusetzen, um Krisenherde frühzeitig zu erkennen. Viel wichtiger aber noch ist die Erkenntnis, dass über Ihre Marke im Netz gesprochen wird, egal, ob Sie präsent sind oder nicht.

6. Missverständnis: Mein Unternehmen eignet sich nicht für Social Media.

Es gibt Unternehmen, für die sich ein Social-Web-Engagement nicht lohnt. Zum Beispiel Unternehmen mit einer kleinen Zielgruppe, für die der Streuverlust mit Social Media viel zu hoch wäre. Dann kann eine direkte und persönliche Kommunikation mit persönlichen Gesprächen tatsächlich sinnvoller sein.

7. Missverständnis: Social Media funktionieren nicht, ich habe es schon probiert.

Social-Media-Marketing zeigt keine sofortigen Ergebnisse. Social Media funktionieren über den Aufbau von Beziehungen und die Einflussnahme auf öffentliche Gespräche. Es braucht Zeit, Ressourcen und Know-how und die Amortisationszeit kann länger sein als bei einer Marketing-Kampagne. Manchmal braucht der Erfolg zwei bis drei Jahre, dafür ist aber die Wirkung nachhaltiger.

Fazit: Social Media können nicht mehr ignoriert werden. Sie sind heute ein Teil der Marketing-Kommunikation. Das war früher anders. Manchmal ging es um Werbekampagnen, um Produkte oder Service. Inzwischen ist die Intensität der Nachfrage zu Social Media deutlich gestiegen. Heute setzen Unternehmen sie nicht nur in der externen Kommunikation ein, sondern entwickeln eine eigene Organisation mit internen Strukturen und Abläufen. Bei vielen Unternehmen ist es zum Standard geworden, dass jede Marketing-Aktion gleich automatisch mit einem Social-Media-Konzept versehen wird. Dies ist beispielsweise bei der Volksbank Berlin der Fall, wo der Vorstand Carsten Jung bei jeder Entscheidungsvorlage im Marketing die Social-Media-Konzeption gleich mit freigibt.

Tipps zur Nutzung der sozialen Netzwerke

1. Treten Sie in den sozialen Netzwerken in Kontakt mit gleichgesinnten Mitgliedern.
2. Engage: Motivieren und animieren Sie leidenschaftliche Fürsprecher für Ihre Anliegen.
3. Vertiefung Sie Ihre Beziehungen durch Zuhören, Antworten, Moderation und spezielle Angebote.
4. Arbeiten Sie mit Usern und Interessenten in Echtzeit-Kommunikation, also schnell und prägnant.
5. Lernen Sie von den Menschen im Social Web und werden Sie immer besser, mit dem Ziel, zum bevorzugten Anbieter der ersten Wahl zu werden.
6. Nutzen Sie Crowdsourcing, um Produktverbesserungen und Innovationen voranzutreiben.
7. Offerieren Sie Mehrwert-Angebote für die Mitglieder und regen Sie virales Marketing an, um Empfehlungen zu erhalten.

2 Social-Media-Strategien: Modelle und Beispiele

Social Media sind in aller Munde. Nahezu jedes Unternehmen, das innovativ, trendy und attraktiv sein möchte, nutzt sie. Es gibt Parallelen zu den Anfangszeiten des Internet: Nach anfänglicher Skepsis wollen plötzlich alle mitmachen. Der Dialog mit den Kunden in Social Media ist in jedem Fall ein Gewinn, wenn man damit richtig umgehen kann. Doch etwa die Hälfte der Unternehmen hat weder eine Social-Media-Strategie noch Know-how, geschweige denn eine Social Media Guideline.

Nach meinen Erfahrungen gibt es oft Grabenkämpfe zwischen Marketing, Vertrieb und Kommunikation. Einen solchen Fall habe ich auch bei einem IT-Dienstleister erlebt. Der Chef gab keine Social-Media-Strategie vor und dadurch entstand Wildwuchs in der eigenen Markenführung. Dort wurde im Corporate Blog auf Englisch mit Entwicklern diskutiert, obwohl deutsche Entscheider gewonnen werden sollten. Bei Facebook hatte jedes Land eine URL, die nicht mit den anderen konform ging. Auf Twitter wurden Support-Tipps gegeben, ohne den Blog oder Facebook mit einzubeziehen. Dabei könnte man diese Maßnahmen für Erläuterungen oder Diskussionen nutzen. Die einzelnen Mitarbeiter führten „ihren" Kanal nach Gutsherrenart. Bei Xing gab es mehrere Firmeneinträge, weil die Mitarbeiter für den Firmennamen unterschiedliche Schreibweisen verwendeten. Die Presseabteilung verteilte die Inhalte (News, Studien, Tipps) nur im Newsroom. – Eine professionelle Social-Media-Strategie für Marke, Produkte mit gewinnbringenden Themen (Issue Management), die in der richtigen Sprache an die Kanäle verteilt werden, wo die Zielkunden präsent sind, ist aber unerlässlich, wenn man Erfolg haben will.

Chaos wirkt abschreckend auf Kunden. Das Branding sollte auch in Social Media professionell sein und durch eine abteilungsübergreifende

Social-Media-Strategie sichergestellt werden. Ein Social-Media-Manager könnte beispielsweise durch regelmäßige Redaktionssitzungen Synergien zwischen den Abteilungen schaffen und für die Zielkunden einen größeren Mehrwert erzielen. Mit einer einheitlichen Nomenklatur der Länderauftritte finden User die Sites schneller und das Erscheinungsbild der Marke gewinnt. Ein Beispiel, wie man es professionell macht, zeigt die Nomenklatur von Starbucks:

facebook.com/StarbucksDeutschland
facebook.com/StarbucksCeskarepublika
facebook.com/StarbucksFrance
facebook.com/StarbucksBelgium …

Was Kunden von Unternehmen erwarten

Nach meinen Erfahrungen hapert es häufig an der strategischen Ausrichtung, wenn der Social-Media-Einsatz nicht erfolgreich ist. Dabei ist der Social-Media-Content zumeist für Kunden nicht attraktiv. Jeder mittelmäßige Blogger belächelt die Zugriffszahlen der meisten Unternehmens-Websites. Die Zeiten, da eine statische Unternehmenswebsite für einen „Kauf-das!"-Impuls sorgte, sind längst vorbei. Die Mehrzahl der Kunden sucht im Netz nicht nach Marken oder Produkten, sondern nach Lösungen für Probleme.

Doch wofür interessieren sich die potenziellen Kunden überhaupt? Und was erwarten Kunden in Social Media von Unternehmen? Interessante Antworten darauf liefern die Online-Umfragen von IBM. Diesen zufolge geht es in Social Media nicht um Marken, sondern um Freunde und Familie: Mehr als die Hälfte der Konsumenten zieht es nicht einmal in Betracht, sich mit Unternehmen auf sozialen Plattformen einzulassen. Gründe sind Bedenken hinsichtlich der Privatsphäre. Einige befürchten Spam und andere sind schlicht nicht interessiert.

Die Vorstellungen, was Kunden online suchen und wie Unternehmen darüber denken, weichen signifikant voneinander ab. Kunden suchen

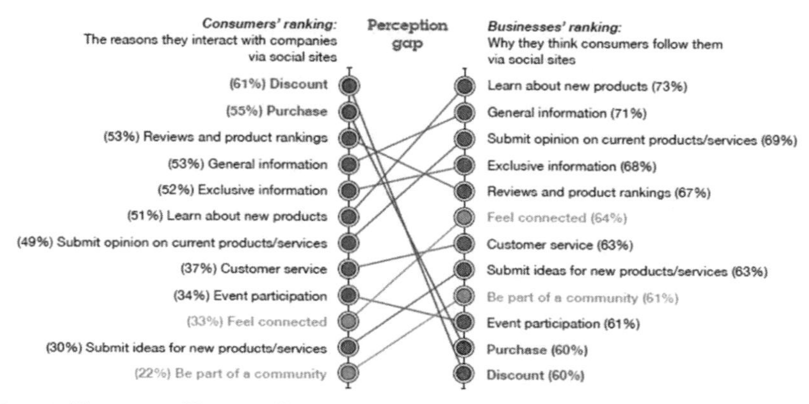

Abb. 4: IBM-Studie: Was Unternehmen und Kunden voneinander erwarten

vornehmlich: Preisvorteile, Online-Shopping und Produktbeurteilungen. Unternehmen vermuten eher Kundeninteresse für: Involvement mit der Marke und den Produkten (siehe Abbildung 4).

Die Lücke wird besonders deutlich bei der Einschätzung, was Kunden wirklich wollen, und auch bei den Prioritäten. Unternehmen denken, dass Social Media die Markenbindung verstärken. 60 Prozent der Befragten sagen jedoch, dass sie ohne eine vorherige Bindung mit dem Brand auch online keine Interaktion anstreben.

Kunden informieren sich online über Produkte und suchen Empfehlungen von Freunden und Experten. Wenn sie die gewünschte Information gefunden haben, kann der Kaufimpuls spontan sein. Wenn sie für den Kauf den Kanal wechseln müssen, empfinden sie dies als Hürde. Darum sind viele Unternehmen – wie etwa Delta Airlines – dazu übergegangen, selbst via Facebook Einkäufe zu ermöglichen.

Die wichtigsten Erkenntnisse der IBM-Studie

Die IBM-Studie zeigt: Social Media verlangen ein Umdenken. Heute geht es nicht mehr darum, die Kunden zu verwalten – der Kunde wählt Kanäle, Inhalte und gestaltet die Beziehungen. Unternehmen haben die Aufgabe, relevante und interessante Angebote zu offerieren und einen wertschätzenden Dialog mit Kunden aufzubauen. Kunden sind in Social Media präsent, beteiligen sich aber nur wenig. 80 Prozent der Befragten haben ein eigenes Profil und nur fünf Prozent engagieren sich mit Kommentaren oder eigenen Beiträgen.

Unternehmen, die an die Arbeitsweisen sozialer Netzwerke anknüpfen wollen, sich jedoch vor negativen Begleiterscheinungen schützen möchten, sollten eigene, organisationsinterne Kommunikationsprozesse etablieren. Solche technologische Plattformen dürften bezüglich Benutzerfreundlichkeit den Vergleich mit Web-2.0-Anwendungen nicht scheuen. Sie können sich außerdem nahtlos in die IT-Landschaft integrieren.

„Näher an die Kunden rücken" ist eine der Top-Prioritäten der befragten IBM-Studie. Dabei ist die technologische Entwicklung so rasant, dass es laufend Änderungen gibt, z.B. durch neue Netzwerke wie Google+. Auch die strategischen Ansätze sind noch nicht fixiert. Da die Disziplin noch jung ist, stecken auch die Strategien noch in den Kinderschuhen. In der Praxis zeigt sich, dass ein beständiges Lernen notwendig ist und eine Betreuung rund um die Uhr erforderlich sein kann. Wie soll das gewährleistet sein? Wer soll am Wochenende und abends online sein? Was sagt der Betriebsrat dazu? Das sind die ganz konkreten Fragen aus der Praxis.

Es ist ratsam, dort präsent sein, wo sich die Zielkunden bewegen. Viele Unternehmen haben noch keine umfassende Vorstellung von den Möglichkeiten der sozialen Netzwerke. Social Media sind jung. Patentrezepte dafür gibt es noch nicht – auch wenn einige Experten das behaupten.

In meinen Beratungen beobachte ich auch, dass viele Marketingverantwortliche Angst vor den Kunden haben und vor dem Kontrollverlust über die Marke. Deshalb schrecken sie vor Social Media zurück. Oftmals werden auch die Kosten als Grund für die Zurückhaltung bezeichnet. Oder sie scheuen sich, Entscheidungen zu treffen, weil ihnen die Grundlagen dazu fehlen.

Dabei ist die Strategie-Entwicklung kein massiver Kostenfaktor. Was Geld kostet, ist die Umsetzung: die Redaktion, der Rund-um-die-Uhr-

Service, die Kosten für Software-Tools. Und natürlich die Veränderungsprozesse in der Unternehmenskultur und das Erstellen von Social Media Guidelines. Wenn man die internen Kosten kalkuliert, wird ein umfassendes Social-Media-Engagement schnell siebenstellig.

Welche Handlungsempfehlungen lassen sich ableiten?

Social Media bieten wichtige Zugänge zum Kunden, wenn nicht gar zu den zentralen Kommunikationskanälen. Deshalb ist die ganzheitliche Betrachtung der Kunden-Kommunikation wichtig. Die Beziehung zum Kunden muss nahtlos über alle klassischen und Social-Media-Kanäle gepflegt werden. Der Kunde will, wenn er sich auf Twitter mit dem Unternehmen unterhalten hat, auch beim Anruf bei der Hotline wiedererkannt werden. Social Media dürfen also nicht als isolierte Maßnahme betrachtet, sondern müssen in die unternehmerischen Prozesse integriert und mit der Kommunikation vernetzt werden.

Voraussetzung: Denken aus Kundensicht

Ein Perspektivenwechsel klingt einfach, ist aber in der praktischen Umsetzung knifflig. Denn dann lautet die Frage nicht mehr: „Warum soll sich unser Unternehmen im Social Web engagieren?“, sondern: „Warum soll sich ein Kunde dafür entscheiden, mit *unserem* Unternehmen im Social Web zu interagieren?“ Wenn sich diese Frage nicht beantworten lässt, hilft nur eins: nachfragen. Fragen Sie im Blog oder auf Facebook, was sich Ihre Kunden von Ihnen wünschen. Diese Vorgangsweise hat zum Beispiel auch IKEA im Blog gewählt.

Social Media User, die sich engagieren und regelmäßig zurückkommen, wollen frische und relevante Inhalte vorfinden. Schaffen Sie deshalb kontinuierlich Inhalte über Ihr Unternehmen. Ein Best-Practice-Beispiel ist der Blue Blog, wo IBM-Mitarbeiter über innovative Social-Enterprise-Technologien für die Zukunft schreiben. Mehr zum unternehmerischen Einsatz von Corporate Blogs finden Sie im Kapitel Kommunikation.

Unternehmen haben es in Social Media vorwiegend mit einer schweigenden Mehrheit zu tun. Die meisten User verfolgen andere Interessen, als sich mit einem Unternehmen zu unterhalten. Diese Fakten werden in der aktuellen Social-Media-Goldgräberstimmung oft unterschätzt. Unternehmen, die Social Media nutzen wollen, brauchen dafür also Durchhaltevermögen und eine realistische Erwartungshaltung.

Es ist nachvollziehbar, warum Unternehmen trotz Vorbehalten Social Media zur Kundenpflege nutzen sollten: Der soziale Austausch wird hier – trotz schweigender Mehrheit – möglich wie nie zuvor. Angebote und Inhalte können schnell und viral verteilt werden und sie erzielen eine größere Reichweite als die klassischen Kanäle. Social Web bietet die Chance der gezielten Datenerhebung, die wertvoll ist für das Brand Monitoring und wertvolle Erkenntnisse über das Kundenverhalten liefert. Damit dies klappt ist ein kontinuierlicher Prozess wichtig aus: Zuhören, Analyse, Engagement und Erkenntnisse gewinnen.

Bis heute sind viele Unternehmen, getrieben von Goldgräberstimmung und der Angst, den Anschluss zu verpassen, schnell und mit wenig Vorbereitung ins Social Web eingestiegen. Jetzt geht es darum, die Erfahrungen auszuwerten und in eine Strategie zu überführen.

Was ist eine Social-Media-Strategie?

Lassen Sie uns zunächst definieren, was eine Social-Media-Strategie ist, bevor wir uns konkrete Praxisbeispiele ansehen. Social Media stehen für interaktive Gespräche mit Kunden und anderen wichtigen Zielgruppen in sozialen Netzwerken und Plattformen, um Meinungen, Eindrücke und Erfahrungen auszutauschen. Der Stratege Carl von Clausewitz hat den Begriff „Strategie“ mit der einprägsamen Formulierung umschrieben: „Strategie ist die Ökonomie der Kräfte.“ Eine Strategie will also mit minimalen Ressourcen maximale Ziele erreichen. Aus einer Situation mehr zu machen, als die eigenen Ressourcen ermöglichen, das zeichnet einen Strategen aus. Kreatives Denken und strategisches Handeln sind dazu also förderlich.

Social-Media-Marketing nutzt soziale Netzwerke für das Marketing. Durch die Interaktion mit Marken können Kunden, Mitarbeiter und Fans die Netzwerke zum Mitmachen nutzen. Damit wird versucht, Branding, Marketing-Kommunikation und Vertriebsförderung zu unterstützen.

Das Typische an einer Social-Media-Strategie ist die Einbeziehung externer Kräfte: Menschen sollen im viralen Marketing als Werbebotschafter eingesetzt werden. Wer eine Social-Media-Strategie ohne Integration plant, verzichtet von Beginn an auf den größten Anteil des möglichen Erfolgs. Partizipation heißt also das Zauberwort, das sich durch eine Social-Media-Strategie ziehen sollte, wenn diese erfolgreich sein soll.

Um die Ziele einer Social-Media-Strategie zu definieren, muss zumindest klar sein, für welche Märkte, Zielgruppen und Produkte Sie Social Media einsetzen wollen. Natürlich kann man auch einfach mal mit Social Media anfangen. Denn dann darf man nicht überrascht sein, wenn man keine Ergebnisse erzielt.

Der strategische Social-Media-Einsatz nutzt soziale Netzwerke für unternehmerische Ziele. Unternehmen können durch die Nutzung von verschiedenen Social-Media-Angeboten Ziele erreichen – wie etwa Branding und Marketing-Kommunikation. Als Basis dient eine integrierte Marketingkommunikation, womit ein Unternehmen innerhalb seines Zielmarktes mit den Zielgruppen kundenorientiert kommuniziert. Darin werden Elemente aus Werbung, Direktmarketing, Public Relations und Verkaufsförderung koordiniert.

Alternative Strategie-Ausrichtungen

Die meisten Social-Media-Strategien verfolgen folgende Ausrichtungen:

- Gewinnen von Aufmerksamkeit für die Marke,
- Generieren von Online-Gesprächen über die Marke,
- Nutzer motivieren zum Teilen von Inhalten mit ihrem Netzwerk.

Social Media haben einen großen Einfluss auf die Kommunikationsweise der Unternehmen mit ihren realen und potenziellen Kunden. Social

Media bieten somit viele Möglichkeiten, um soziale und wirtschaftliche Kontakte auf- und auszubauen. Social-Media-Marketing kann folgende Ziele unterstützen:

- Brand Awareness: die Markenbekanntheit steigern
- Reputationsmanagement und Stärkung der Öffentlichkeitsarbeit, um das Markenimage zu fördern
- Suchmaschinen-Optimierung: Besucherzahlen der Webseite steigern und Conversionrate erhöhen
- Leads generieren zur Kundenakquise, um den Umsatz zu steigern
- Bindung von Kunden durch interaktive Kommunikation mit User Generated Content
- Crowdsourcing: Entwicklung von Produktinnovationen mit Hilfe von Usern im Netz
- Empfehlungsmarketing fördern durch virales Marketing.

Social Media erlauben es, mit anderen interaktiv zu kommunizieren. Sie helfen, Early Adopters und Meinungsführer wie Influencer zu erreichen. Ziel der Strategie kann die Vermarktung einzelner Produkte sein, aber auch Personen wie Prominente und Politiker nutzen Social Media, um Image, Reichweite und Bekanntheitsgrad zu erhöhen. Der Vorteil von Social Media ist also die verhältnismäßig kostengünstige Nutzung der Netzwerke. Die Unternehmen können damit direktes Feedback von ihren Kunden erhalten.

Social-Media-Konzepte aus der Praxis

Bei den folgenden zehn Ansätzen fokussiert man sich zumeist auf einen Ansatz pro Projekt, um die Ressourcen nicht zu verzetteln, sondern sie zielgerichtet im Projekt einzusetzen.

1. Social Enterprise: Einsatz moderner IT-Tools, um die Effizienz und Produktivität im Unternehmen zu erhöhen.
2. Social Media Monitoring zur Kontrolle, was über Marke, Leistungen und Produkte online geschrieben wird.

3. Community-Aufbau beispielsweise durch Blog, Forum oder Fanpage und durch Mitmach-Aktionen.
4. Crowdsourcing: Sammeln von Ideen zur Optimierung von Marken, Produkten und Leistungen.
5. Virales Marketing: Empfehlungsmarketing in Social Media durch originelle Aktionen.
6. SEO-Optimierung: Verbesserter Website-Traffic, weil verstärkt Inhalte aus den sozialen Netzwerken in die Ergebnisliste bei Google mit einbezogen werden.
7. Networking: Präsenz und Interaktion mit Usern zum Generieren von Leads zur Vertriebsförderung.
8. Reputationsmanagement: Aufbau von Reputation als Experte durch fachliche Publikationen und Filme.
9. Employer Branding: Positionierung eines Unternehmens als attraktive Arbeitgebermarke.
10. Event-Marketing: Angebote für persönliche Treffen und deren Dokumentation mit multimedialen Inhalten.

Die Entwicklung und Umsetzung von Social-Media-Strategien erfolgt häufig auch über spezialisierte Social-Media-Agenturen, die über ein Netzwerk mit vielfältigen Kontakten und Meinungsführern verfügen, um Botschaften gezielt über die Social-Media-Plattformen zu platzieren und zu verbreiten.

Es gibt nicht „die" Strategie-Entwicklung, sondern eine Vielzahl von Strategie-Ansätzen, die individuell angepasst werden. Strategie-Modelle eignen sich insofern als ein Gerüst, das man beliebig verändern kann. Deshalb stellen wir Ihnen im Folgenden zwei Strategie-Modelle vor. So gewinnen Sie ein Verständnis für die systematische Vorgehensweise und können Ihr eigenes Strategie-Modell für Ihr Unternehmen entwickeln.

Strategie-Modell: Die POST-Methode

Sie ist einer der ersten Strategie-Ansätze für Social Media. Charlene Li und Josh Bernoff haben mit der POST-Methode einen systematischen

Social-Media-Strategie-Ansatz entwickelt. Das Kürzel POST umfasst vier Planungsschritte: people, objectives, strategy, technology.

1. People

Zunächst müssen die Zielkunden für das Produkt definiert werden und man muss herausfinden, wo sie im Netz präsent sind. So erfährt man, welche Social-Media-Kanäle wirklich von den Zielkunden genutzt werden. Anhaltspunkte dafür bieten die Erkenntnisse aus der Social-Technographics-Leiter.

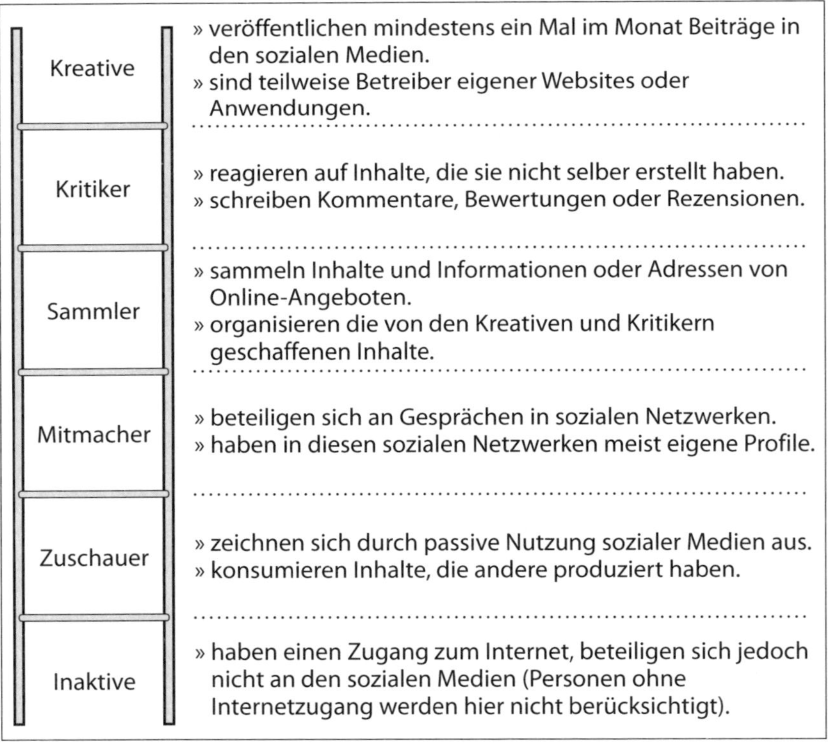

Abb. 5: Social-Technographics-Leiter von Forrester Research

Das Modell klassifiziert die User nach ihren Internetaktivitäten in einer soziotechnografischen Sichtweise. Je höher gelegen die Sprosse, desto aktiver ist die Kategorie der Nutzer. Die Verteilung der Nutzer auf den Stufen der Social-Technographics-Leiter variiert je nach Geschlecht, Alter und nationaler Herkunft. Forrester Research hat zudem das Consumer Profile Tool entwickelt, das auf Grundlage von Datenanalysen eine Zusammensetzung der Nutzergruppen darstellt.

2. Objectives

Li und Bernoff benennen fünf Hauptziele, die den Aufbau von langfristigen Beziehungen mit Kunden betreffen: Zuhören, Kommunizieren, Motivieren, Unterstützen und Integrieren.

- **Zuhören:** Durch die Analyse der Kundenaktivitäten im Netz gewinnt man Einblick in die Probleme und Themen der Zielkunden. Menschen bloggen ihre Erfahrungen und geben Bewertungen über Produkte ab. Durch Monitoring lässt sich überprüfen, inwieweit die Markenbotschaften und die Einstellung zur Marke übereinstimmen. Die User können auch Anstöße für Produktinnovationen geben (Crowdsourcing). Man kann mit Social Media Monitoring Informationen über Wettbewerber gewinnen und Reputationskrisen im Internet frühzeitig erkennen, um konsequenterweise schneller darauf zu reagieren.
- **Kommunizieren:** Um einen interaktiven Dialog mit Menschen in Social Media aufzubauen, gibt es unterschiedliche Möglichkeiten. Die häufigsten Ansätze sind die Verbreitung viraler Videos, eine Beteiligung an den sozialen Netzwerken, Blogs und die Gründung einer eigenen Brand- oder Produkt-Community.
- **Motivieren:** Ziel ist, eigene Kunden als virale Markenbotschafter zu gewinnen. Sie verbreiten den Nutzen der Marke, ohne dabei Kosten zu verursachen. Dies geschieht durch virales Marketing und dieses hat einige Vorteile gegenüber klassischer Werbung: Empfehlungen von Kunden sind viel glaubwürdiger als Werbung. Durch virales Marketing verstärkt sich der Werbeeffekt. Produktbewertungen und User

generated Content, wie man sie beispielsweise auf Amazon findet, wirken ebenfalls motivierend.

- **Unterstützen:** Kunden unterstützen sich gegenseitig beim Support online in Blogs, Foren und Wikis. Dadurch sparen Unternehmen viel Geld für Hotlines und Call-Center. Diese Vorgangsweise eignet sich für Unternehmen, die schwer erklärbare Produkte anbieten und ihre Kunden am Produktionsprozess beteiligen wollen. Durch die kollektive Zusammenarbeit können Kunden und Mitarbeiter eine gemeinsame Wissensbasis erstellen. Das Know-how ist zu jeder Zeit abrufbar und kann beliebig erweitert und archiviert werden. Voraussetzung ist, dass ein Unternehmen genug Kunden besitzt, die auch Beiträge liefern, und dass die Kunden für solche Dienste motiviert werden.
- **Integrieren:** Für Li und Bernoff besteht der wirkliche Erfolg darin, dass Unternehmen ihre Kunden in Produkt-Innovationsprozesse integrieren. So werden die Kunden zum integralen Bestandteil im Unternehmen. Kunden können in Zusammenarbeit schneller Informationen liefern als interne Abteilungen für Forschung und Entwicklung. Denn Kunden agieren unvoreingenommen mit dem Produkt, erkennen Optimierungen oftmals schneller und direkter und sind aufgeschlossen gegenüber Veränderungen. Kunden-Feedback online erfolgt zudem schneller als eine klassische Umfrage oder Studie.

3. Strategy

Die POST-Methode ermöglicht Unternehmen, ihre Kommunikationskanäle in die sozialen Medien zu integrieren. Li und Bernoff beschreiben in diesem ihrem dritten Planungsschritt die Veränderung der Beziehungen zwischen Unternehmen und Kunden sowie die Einbindung der Kunden in das Unternehmen.

4. Technology

Nach Li und Bernoff sollten Unternehmen Verständnis für Nutzer und Technologie entwickeln. Das ist wichtig, da sich Technologien ständig weiterentwickeln. Abbildung 6 gibt eine Übersicht über Funktionen und Bedeutung für Unternehmen.

Funktion	Beschreibung
Teilhabe ermöglichen	Zu der ersten Gruppe von Technologien gehören Weblogs, YouTube oder andere Anwendungen, die auf Inhalten basieren, die von anderen Nutzern selber produziert werden.
Netzwerke aufbauen	Die zweite Gruppe von Technologien sind soziale Netzwerke wie Facebook oder Xing. Durch die Verbindung des eigenen Profils mit einer potenziell großen Zahl von Mitgliedern kann eine Vielzahl von neuen Beziehungen aufgebaut werden.
Kollaboration organisieren	Im Gegensatz zu vielen Individual-Anwendungen gibt es eine Reihe von Technologien, die darauf abzielen, die kollaborative Arbeit zu organisieren. Zu diesen Technologien gehören Wikis oder spezielle Croudsourcing-Anwendungen.
Diskussionen anregen	Diskussionen werden in den sozialen Medien des Internet häufig in Foren oder in Form von Bewertungen und Kommentaren geführt. Technologien, die diese Formen von Diskussion ermöglichen, gehören in diese Gruppe.
Inhalte verbreiten	In die fünfte Gruppe fallen Technologien, die dabei helfen, vorhandene Inhalte zu sortieren und zu verbreiten. Zu diesen Technologien gehören Anwendungen wie Digg.com, Del.icio.us oder Mr Wong.

Abb. 6: Technologie-Übersicht in Anlehnung an Li und Bernoff

Neben diesem Strategiemodell möchte ich Ihnen mein eigenes vorstellen, das ich schon für das Einsteigerbuch entwickelt habe: „Social Media für Unternehmer".

Vorgehensweise bei der Strategie-Entwicklung

In meinem Buch „Social Media für Unternehmer" habe ich bereits diese Vorgehensweise zur Strategie-Entwicklung in zehn Schritten veröffentlicht. Im Studiengang „Social-Media-Manager" an der FH Köln haben die Studenten nach dieser Anleitung ihre Hausarbeiten über Social-Media-Strategien geschrieben. So sind schon etliche Social-Media-Konzepte für die Praxis entstanden.

Das Modell dient zur Orientierung. Man muss nicht alle Schritte komplett umsetzen, sondern kann auch nur gezielte Module auswählen. Diese Vorgehensweise hat sich im praktischen Einsatz bewährt.

Damit Sie das Modell anschaulich erleben, lassen Sie es uns an einem konkreten Best-Practice-Beispiel sehen, das aus meiner Beratungspraxis stammt: die Social-Media-Strategie für das bundesweite Filialnetz der PSD-Banken.

Best Practice: PSD Bankengruppe

Die PSD Bankengruppe besteht aus 15 genossenschaftlichen und rechtlich selbständigen Banken. Im Februar 2011 startete das Projekt Web 2.0 der PSD Bankengruppe. Das Ziel des vom Verband der PSD Banken vorangetriebenen Projekts war die Erarbeitung einer bankenübergreifenden gemeinsamen Social-Media-Strategie. Dabei sollte jede Bank für sich ein baukastenähnliches Set erhalten, um sich mit eigenen Zielen, Kanälen und indidividuellen Inhalten lokal zu vermarkten.

Mitarbeiter von neun PSD Banken aus ganz Deutschland nahmen am Projekt teil. Sie kamen aus Vertrieb, Marketing und PR und hatten sehr unterschiedliche Vorkenntnisse, die im Projektverlauf auf ein einheitliches Niveau gebracht wurden.

Zu Beginn wurden die Rahmenbedingungen eingerichtet, die schon im Projektplan definiert waren. Die externe Beratung durch meine Person sollte in der Begleitung der Strategieentwicklung liegen und nicht in der Erarbeitung. Als Basis für die Vorgehensweise wurde das Strategiemodell „Social-Media-Strategie" gewählt. Das Projektteam bekam zeitliche und finanzielle Ressourcen.

1. Monitoring: Mit der Monitoring-Nullmessung wurde Landau Media beauftragt. Das Ergebnis zeigte, dass über nahezu alle PSD Banken bereits im Social Web gesprochen wurde, obwohl erst wenige dort aktiv waren. Auf Twitter, auf Blogs und in Foren wurde diskutiert. Der Tonfall

Abb. 7: Social-Media-Strategie

der Beiträge war zumeist neutral bis positiv. Als nächster Schritt wurde von allen teilnehmenden PSD Banken eine Mitbewerber-Beobachtung in Social Media durchgeführt, um einen branchenweiten Überblick zu gewinnen. Dazu wurde eine Liste der Unternehmen samt Kategorien für die Erfassung der Erfolge auf Facebook, Twitter, Xing und YouTube erstellt. Als Resultat konnten detaillierte Benchmark-Ergebnisse erzielt werden. Gewinner waren die Volksbank Brühl, die Deutsche Bank und die Fidor Bank.

2. Zieldefinition: Dann wurden die Ziele in einer Soll- und Ist-Aufnahme definiert. Als Ziele wurden beispielsweise definiert: Dialog und Interaktion mit Influencern, Branding, virales Marketing und Recruitment.

3. Kanalauswahl: Das Monitoring zeigte, dass die Zielkunden auf Twitter, auf Blogs und in Foren sich bereits über PSD Banken austauschten, also wurden diese Kanäle aufgenommen. Facebook, Xing und ein eigener Blog kamen hinzu, um die anvisierten Ziele zu erreichen. Später soll YouTube integriert werden. Bewertungsseiten sollen beobachtet werden.

4. Agenda-Setting: Zur Themenplanung wurde eine Online-Abfrage für die teilnehmenden 15 Banken in der Arbeitsgruppe erstellt. Das Ergebnis zeigte folgende Themenbreite:

- Regionale Projekte wie Sponsoring
- Themen wie Nachhaltigkeit/Energiebilanz einer Filiale oder PSD Bank
- Erfahrungsberichte von Kunden und Mitarbeitern
- Unternehmens- oder Imagevideos, etwa von der Eröffnung einer Filiale
- Unternehmensevents wie Mitgliederversammlung
- Beiträge, in denen sich die PSD Bank als moderner Arbeitgeber präsentiert

5. Strategie-Entwicklung: Die Ergebnisse wurden in die Strategie-Entwicklung und in die Planung des Maßnahmen-Mix übernommen. Entstanden ist zu diesem Zeitpunkt ein Strategiekonzept, bei dem jede einzelne PSD Bank in einer Art Baukastensystem eine eigene Vorgehensweise auswählen konnte. Trotz aller Individualität jeder PSD Bank wurde ein Vorzeigemodell erstellt und Empfehlungen ausgesprochen, z.B. dahin gehend, dass das Risiko-Management und die Betriebsräte über das Projekt informiert werden müssen.

6. Maßnahmen-Mix: Zur Vermarktung sollten die Kanäle durch weitere Offline- und Online-Maßnahmen bekannt gemacht werden, z.B. über Gewinnspiele oder Spendenaktionen.

7. Projektteam: Bei den Personalressourcen wurden als Minimum acht Stunden pro Woche definiert. Abhängig von den Vorstellungen jeder PSD Bank dürften aber auch mehr Ressourcen erforderlich sein, beispielsweise für Blog-Beiträge. Diese Entscheidung obliegt jeder PSD Bank selbst. Somit wird auch eine zunehmende Individualisierung der unterschiedlichen Social-Media-Angebote sichergestellt.

8. Krisenmanagement: Um die Nutzung der Social-Media-Kanäle in sicheren Leitplanken zu platzieren, wurde eine Policy erstellt, die mit dem jeweiligen Betriebsrat abgestimmt wurde, und auch eine gemeinsame Guideline zur Veröffentlichung. Durch Ergänzung der Datenschutz- bzw. Internetrichtlinie für Mitarbeiter werden Letztere zur Beachtung dieser Policy verpflichtet. Zudem wurde ein PR-Krisenkonzept erarbeitet.

9. Präsenzaufbau: In das CMS der Website wurden die Social-Media-Buttons integriert. Das heißt: Jede PSD Bank kann die eigenen Kanäle per Link und Button bestimmen und integrieren. Beim Content wurde eine Doppelstrategie entwickelt. Zum einen können die PSD Banken eigenen Content einfügen, zum anderen beliefert ein externer Contentpartner z.B. den Blog mit Verbraucherinfos und Branchennews. Die redaktionelle

Aufbereitung erfolgt nach den Anforderungen im Social Web, aktuelle, relevante und interessante Beiträge zu posten. Nach der Freigabe des Konzepts durch den Vorstand erfolgte die Einrichtung der Präsenzen auf Facebook, Twitter, Xing und Co. im Frühjahr 2012 in Zusammenarbeit mit einer Agentur. In der Anwenderschulung wurden vorher alle Projektmitarbeiter trainiert, sicher, professionell und effizient die neuen Kanäle zu bespielen, sie zu moderieren und die Erfolge eigenständig auswerten zu können.

10. Evaluation: Das Monitoring wurde zentral bei einem Clippingdienst beauftragt, wobei für jede PSD Bank ein eigener Zugang eingerichtet wurde. Fazit: Ein gelungenes Projekt, das innerhalb der Ressourcenplanung erfolgreich abgeschlossen wurde.

Wichtig ist ganz generell: Social Media sind kein neuer Absatzkanal! Eine professionelle Social-Media-Strategie richtet sich an die Interessen, Bedürfnisse und Problemen der Kunden. Wer es schafft, seinen Kanälen eine solide Reichweite, ein hohes Maß an Vertrauen und Authentizität sowie ein gutes Community-Engagement zu verleihen, der kann sein Unternehmen damit weit nach vorne bringen. Dann ist die Basis für eine Ausweitung der Zielsetzungen gelegt und Vertriebsmaßnahmen können experimentell erprobt werden.

Ein relevanter Aspekt für das Social-Media-Management ist das Monitoring. Über Unternehmen, Marken und Produkte wird immer gesprochen, nur müssen es die Unternehmen auch mitbekommen. Sonst kann es peinlich werden. Statt Produktbeschwerden per Post, Fax oder Telefon gibt es heute vermehrt Kommentare als Tweets oder Pinnwand-Eintrag. Dazu mehr im Kapitel Monitoring.

Woran sich Unternehmen in Social-Media-Zeiten gewöhnen müssen: Sie müssen sich darauf einstellen, online diskutiert zu werden. Egal, ob ihnen diese Vorstellung gefällt oder nicht. Dazu eine kleine Episode:

Kürzlich hielt ich einen Vortrag vor einem großen Publikum, bestehend aus Rechtsanwälten, Notaren und Unternehmensberatern. Ich referierte über die Chancen und Risiken von Social Media für Unternehmen. Die erste Frage, die anschließend aus dem Publikum kam, war: „Frau Hilker, wie kann man es den Menschen in Social Media untersagen, ihre Meinung über ein Unternehmen zu äußern?" Die Frage kam von einem Juristen und man kann es ihm nicht einmal verdenken, denn sein Job ist es zumeist, seinen Mandanten zu helfen, nicht angreifbar zu sein – auch im Web. Ich war überrascht über diese Frage und konnte nur erwidern, dass wir in einem demokratischen Land mit freier Meinungsäußerung leben, und dies müsse wohl auch im Netz gelten. Negative Stimmen lassen sich nur schwer wieder beseitigen, selbst von erfahrenen Juristen. Doch dazu später mehr im Kapitel Monitoring.

Der Social-Media-Einsatz befindet sich bei einigen Unternehmen noch in einer Schieflage. Oft wird vergessen, dass es sich dabei um ein interaktives und dynamisches Sender-Empfänger-Modell handelt. Viele Unternehmen senden überhaupt keine (aus oben genannten Bedenken) oder zu viele unnütze Informationen. Es fehlt noch der nötige interaktive Empfang, um auch als Sender den Erwartungen der Interessenten zu entsprechen. Im B2B-Bereich hört man oft: Unsere Themen sind nicht interessant und eignen sich deshalb nicht für Social Media. Und auch in der Finanzbranche gibt es noch Nachholbedarf, wie die folgende Untersuchung zeigt.

Studie: Social Media in der Assekuranz

Facebook, Xing und Twitter bieten auch neue Chancen für Banken, Sparkassen und Versicherungen. Richtig angegangen eröffnet die neue Webkultur Finanzdienstleistern neue Möglichkeiten einer vertrauensvollen Interaktion mit Kunden, Partnern und Mitarbeitern. In der Studie „Social Media in der Assekuranz" von AMC und Hilker Consulting wurde im Sommer 2011 das Social-Media-Engagement in der Versicherungsbranche untersucht: auf welchen Kanälen sie aktiv sind, welche Angebote sie dort bieten und wie sie den interaktiven Dialog gestalten. Die Ergebnisse der Studie basieren auf drei Modulen:

1. Analyse: Welche Versicherungen sind auf welchen Kanälen aktiv?
2. Online-Umfrage über Social-Media-Strategien der Versicherungsgesellschaften.
3. Best Practice: Experten-Interviews zur Frage: Was sind die Erfolgsfaktoren für jedes Social-Media-Netzwerk?

Die Ergebnisse der Umfrage zeigten Folgendes:

- Facebook, Twitter, YouTube, Xing werden zumeist als soziale Netzwerke ausgewählt.
- 85 Prozent der Befragten schätzen ihr Engagement im Social Web als „gering" ein.
- 75 Prozent sehen zeitliche und personelle Ressourcen als größte Herausforderung.
- Nur 20 Prozent bezeichnen ihre Reaktionsgeschwindigkeit als „hoch".
- Rund 70 Prozent der befragten Versicherungsunternehmen wissen, dass Kollegen, Mitarbeiter oder Vertriebspartner Unternehmensinformationen im Social Web publizieren.
- Dabei hat nur rund die Hälfte der Gesellschaften eine Social-Media-Richtlinie erstellt.
- Vertriebspartnerkommunikation wird vernachlässigt, obwohl es Potenzial gibt.

Oftmals wurden die Social-Media-Spielregeln vergessen. In Social Media geht es um Zuhören und um Networking: Geben und Nehmen sowie Schaffen von Mehrwerten, attraktiven Inhalten und Angeboten. Übergreifende und individuelle Social-Media-Strategien fehlten zumeist. An Social-Media-Leidenschaft und Rückendeckung vom Management mangelte es. Die Social-Media-Präsenzen wirkten weniger wie strategische Investments, sondern eher wie eine Spielwiese für Experimente. Dies zeigt: Social Media erfordern kulturelles Umdenken! Und dies gilt nicht nur für Finanzdienstleister, sondern für alle Unternehmen. Viele Unter-

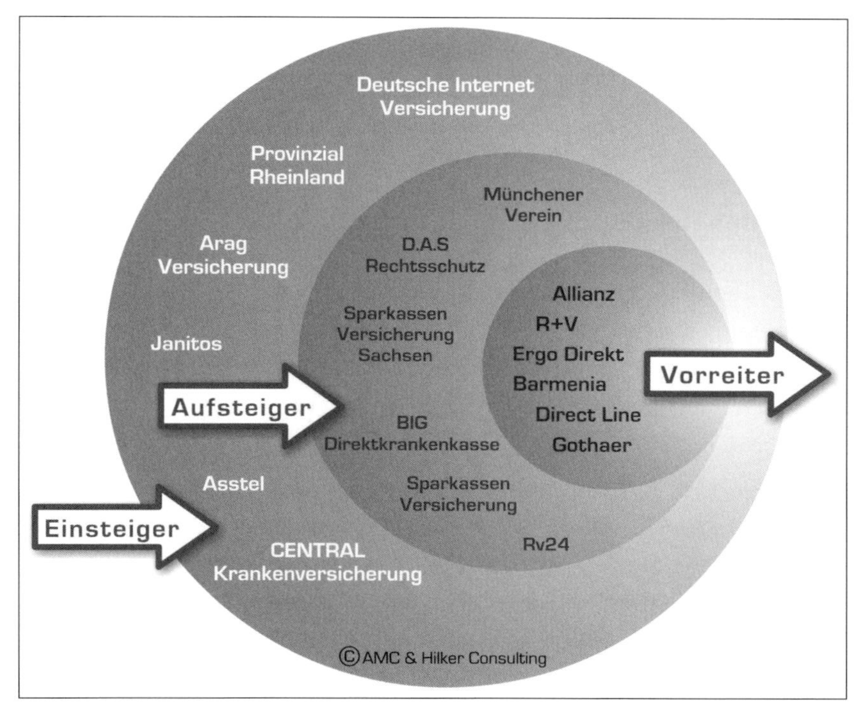

Abb. 8: Studie: Social Media in der Assekuranz von AMC und Hilker-Consulting

nehmen sind noch mitten im Lernprozess, wie der Social-Media-Einsatz in ihrer Branche gelingt.

Die Studie zeigt, dass Social Media zwar in der Assekuranz angekommen sind, das Potenzial aber bei Weitem noch nicht ausgeschöpft wird. Das Resümee der Studie ist also: „Wer in den sozialen Medien authentisch mit seiner Zielgruppe kommunizieren will, benötigt professionelles Know-how über die neuen Spielregeln im Netz, ein zielführendes Konzept und qualifizierte Mitarbeiter."

Die Vorreiter-Versicherungen in der Social-Media-Studie sind: Allianz, R+V+, Ergo+, Barmenia, Direkt Line, Gothaer. Doch auch sie sind noch nicht am Ziel angekommen. Die Herausforderung für die Zukunft lautet Was können wir mit unseren Fans machen? Wie können wir von ihnen lernen, um noch besser zu werden? Wie stärken wir damit unsere Marktposition? (Mehr zur Studie unter socialmedia24.eu) Um diese Themen wird es auch im Kapitel „Social Commerce“ gehen.

Empfehlungen für Unternehmen in Social Media

- Das Topmanagement muss sich für den Einsatz sozialer Medien öffnen und entscheiden, wie sich das Unternehmen in den verschiedenen Netzwerken positionieren will, um auch in Zukunft junge Kunden in diesen neuen Kanälen zu erreichen und zu begeistern.
- Nach dem Zuhören sollten Unernehmen in Facebook, Xing, LinkedIn, Twitter und YouTube aktiv sein. Dieser Schritt erlaubt mit geringen Kosten den Zugang zu über einer Milliarde Menschen.
- Die Präsenz in diesen Netzwerken ist allerdings nur der Anfang. Jeder Auftritt in den sozialen Medien muss durch das kontinuierliche Hinzufügen von relevanten Inhalten sowie schnelle Reaktion auf Anfragen lebendig und persönlich gehalten werden.
- Die Lerneffekte müssen ins Unternehmen transportiert werden und dort Anklang finden, damit die Werte von Glaubwürdigkeit, Transparenz und Offenheit auch aktiv gelebt werden. Sonst sind Social Media nur eine Farce.

Bei der Implementierung von Social-Media-Marketing in Unternehmen muss man auf eine Vielzahl an Fallstricken achten und sollte strukturiert vorgehen sowie dabei im Vorfeld klären, welche Ziele man verfolgt und wie die Rahmenbedingungen (Ressourcen, Zeit) sind. Auf Prinzipien aus dem klassischen Marketing wie Planung, Management und Evaluation kann man zurückgreifen und zudem auf Flexibilität und Raum für Spontaneität und Kreativität achten. Im Social-Media-Marketing sind auch solide Managementfähigkeiten erforderlich wie: Zielstrebigkeit, logisches Denken und Zeitmanagement.

Social-Media-Projekte professionell managen

Projektziele sollten quantitativ und qualitativ nach der SMART-Formel definiert werden.

SMART ist das Akronym für „Specific Measurable Accepted Realistic Timely" und dient im Projektmanagement als Kriterium zur eindeutigen Definition von Zielen im Rahmen einer Zielvereinbarung. Im Deutschen kann man es so übersetzen:

S = Spezifisch > Ziele müssen eindeutig definiert sein: so präzise wie möglich.
M = Messbar > Ziele müssen konkret messbar sein.
A = Ausführbar > Ziele müssen von den Empfängern akzeptiert werden.
R = Realistisch > Ziele müssen erreichbar sein.
T = Terminierbar > Ziele benötigen eine klare Terminvorgabe, bis wann sie erreicht sein müssen.

Projektziele sind nur dann SMART, wenn sie diese fünf Bedingungen erfüllen. Bei einer konsequenten Anwendung ergeben sich klare, mess- und überprüfbare Ziele. Ein Beispiel zur smarten Zielsetzung:

Ein Unternehmen will 10.000 Facebook-Fans bis zu einem definierten Datum gewinnen. Die Zahl der Website-Besucher soll um 30 Prozent und die Conversion-Rate im Online-Shop um zehn Prozent steigen. Als Ressourcen werden eine Social-Media-Managerin eingestellt und ein festes Budget eingerichtet.

Ressourcen richtig planen

Zu den Ressourcen zählen:

- Budget, das aufgrund der Projektziele kalkuliert wird,
- interne personelle Ressourcen für den Social-Media-Einsatz,
- Know-how für die Social-Media-Nutzung,
- externe Ressourcen durch Dienstleister oder durch Partner.

Wenn die Ressourcen nicht ausreichen, wird das Projekt misslingen. Zwar kann eine clevere Idee den Erfolg der Ressourcen optimieren. Aber möglicherweise muss man auch die Ziele reduzieren oder die Zeitlinie erweitern. Eine Strategie „vom grünen Tisch" ohne Einbeziehung derjenigen, die davon betroffen sind, ist kein Social-Media-Ansatz. Betroffene Abteilungen und Mitarbeiter sollten frühzeitig einbezogen werden, um den erfolgreichen Social-Media-Einsatz zu gewährleisten. Wer Kunden in Social Media erreichen will, sollte auch seine internen Mitarbeiter vorab informieren und motivieren.

Bestandteile einer Social-Media-Strategie

Neben der Kernstrategie können auch weitere Konzepte zur Unterstützung erstellt werden:

- **Content-Strategie** mit Agenda-Setting, um redaktionelle Inhalte mit Issue Management als wertschöpfende Themen zu verwenden und auch, um den Umgang mit User Generated Content und das Erstellen von SEO-optimiertem Content in verbindlichen Prozessen mit einheitlicher Qualität zu definieren.
- **Datenschutzrichtlinien:** welche Tools, Netzwerke und Profile genutzt werden, auch mit Risiko-Management: Umgang mit Plattformrisiken sowie Schulung der Mitarbeiter und Policy.
- **Konzept zur Business-Integration**, wie man Produkte und Support integriert, Marktfeedback und Crowdsourcing zur Produkt-Innovation nutzt.
- **Community-Konzept:** Community Building mit Management und Evaluation, um Partizipation und Integration von Influencers zu fördern.
- **Social-CRM-System:** um Kundendaten auf Plattformen sammeln, Kundenverhalten analysieren und Kundentypen selektieren und ansprechen zu können.
- **Krisenkonzepte**, um den Umgang mit Beschwerden und Trolls sowie rechtswidrigen Vorfällen und eigenen Krisenfällen schriftlich zu fixieren.

Beachten Sie, dass diese Liste je nach individueller Zielsetzung noch ergänzt werden muss. Die erfolgsentscheidenden Punkte einer Social-Media-Strategie liegen auch manchmal im Detail. Dies kann beispielsweise die Benennung eines Blogs oder die Gestaltung von Unternehmensprozessen sein.

Ein weitgehend vernachlässigter Punkt einer Social-Media-Strategie ist der Umgang mit Netzwerkrisiken, wie der Änderung der Unternehmenspolitik genutzter externer Plattformen oder deren wirtschaftlichem Abschwung (wie Studi-VZ) oder gar deren Niedergang, die dazu führen können, dass auch einer erfolgreichen Social-Media-Strategie die Grundlage entzogen wird.

Zehn Tipps für Social-Media-Strategien

1. Seien Sie dort präsent, wo auch Ihre Kunden sind.
2. Gestalten Sie in Ihrer Strategie eine einheitliche digitale Identität, die die Marke über alle Kanäle authentisch vermittelt.
3. Wer auf mehreren sozialen Netzwerken aktiv ist, sollte immer auch exklusive Inhalte für jede einzelne Plattform anbieten. Ansonsten kannibalisieren sich die Kanäle.
4. Qualität ist wichtiger als Quantität. Dies gilt für Inhalte und den Community-Aufbau mit Fans/Followers.
5. Nutzen Sie Umfragen, um interaktive Diskussionen und Meinungsaustausch anzuregen.
6. Planen Sie realistische Ziele ein. Ohne Ziele und Systematik wird die Motivation schwierig.
7. Social Media kosten Aufwand, also planen Sie ausreichend Ressourcen mit Know-how dafür ein.
8. Seien Sie dankbar für Feedback. Kunden haben Erwartungen an Unternehmen. Wenn sie bereit sind, diese mit Ihnen zu teilen, ist das ein großer Vorteil für Ihr Unternehmen.
9. Verwenden Sie Social Media Monitoring, um zu erfahren, wie online über Ihre Marke kommuniziert wird.

10. Lernen Sie virtuelle Kontakte auch im echten Leben kennen. Mit dem persönlichen Kontakt wird das virtuelle Treffen verbindlicher und freundlicher.

3 Social Enterprise: interner Social-Media-Einsatz

Bei Social Media geht es vorwiegend um die Nutzung sozialer Netzwerke für die externe Kommunikation. Den internen Einsatz von Social Media nannte man bislang Enterprise 2.0 oder neudeutsch: Social Enterprise. Dies hilft Mitarbeitern, Partnern und Kunden, sich zu verbinden sowie Ideen und Know-how auszutauschen. Zudem ist es eine hervorragende Möglichkeit, um den Umgang mit Social Media zu üben.

Es geht um die Frage: Wie nutzen Unternehmen die neuen Instrumente wie Blogs, Foren und Netzwerke zur internen Optimierung der Geschäftsprozesse? Wie sehen zeitgerechte neue digitale Geschäftsmodelle aus? Wie rechnen sich diese Investitionen? In diesem Kapitel geht es also um Social Software, Cloud-Computing, Social CRM und Crowdsourcing.

„Die Facebook-Ökonomie"

So betitelte das Handelsblatt am 14. Juni 2011 das digitale Denken. Innovative Firmen entdecken neue Geschäftsstrategien im Social-Media-Zeitalter. Der Einsatz von Business Intelligence, Social Enterprise, Social CRM und Crowdsourcing kann in einigen Branchen eine treibende Kraft im Unternehmen sein, die Gewinne steigert und die Marktposition verbessert.

Social Business kann den Gewinn erhöhen

Unternehmen wie BM und Salesforce setzen Social Media intern und extern ein, um Produktivität, Effizienz und Gewinn zu steigern. McKinsey hat dies in einer Studie näher untersucht.

Wie sich der Social-Media-Einsatz lohnt

„Web 2.0 findet seinen Zahltag", lautet die Überschrift der Studie von McKinsey aus 2011. Über 3.000 Unternehmen wurden nach den wirtschaftlichen Effekten beim Social-Media-Einsatz im Unternehmen befragt. Das Ergebnis: Die große Mehrheit der Befragten hat einen wirtschaftlichen Nutzen aus dem Einsatz gezogen. Der Nutzen ist umso größer, je mehr Instrumente eingesetzt werden und je tiefer deren Integration im Alltag ist. 40 Prozent der Unternehmen setzen soziale Netzwerke ein, 38 Prozent ein Unternehmensblog. Zwei Drittel gaben an, ihre Investitionen in das soziale Web zu erweitern. Die wirtschaftlichen Vorteile reichten vom schnelleren Zugang zu Informationen und sinkenden Kommunikationskosten bis zu einem effektiveren Marketing und zufriedeneren Kunden und Lieferanten. Bei etwa einem Fünftel der Unternehmen haben sich die Wettbewerbsvorteile auch schon in steigenden Umsätzen niedergeschlagen.

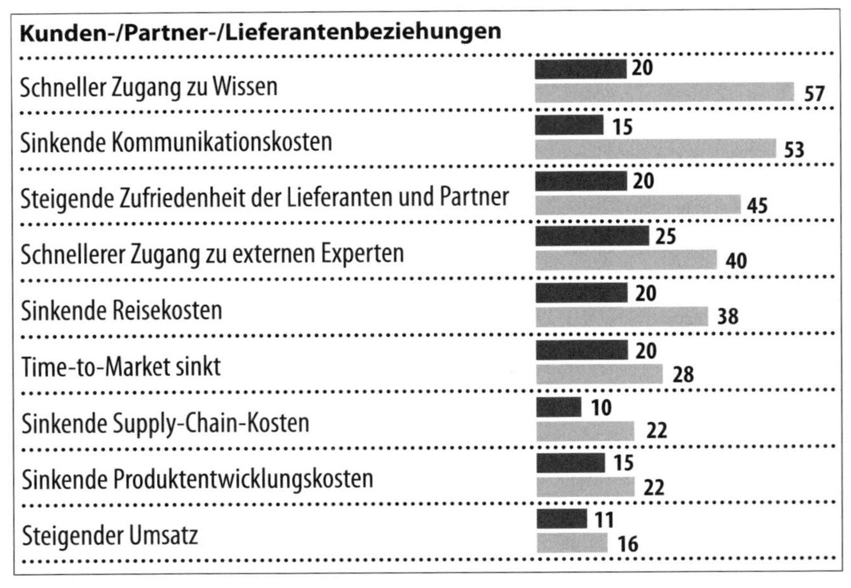

Abb. 9: McKinsey-Studie über den Social-Media-Einsatz in Unternehmen

Welche Vorteile erzielen Unternehmen durch Social Media? Unter den Unternehmen, die soziale Medien einsetzen, erzielten 79 Prozent lediglich geschäftliche Verbesserungen von höchstens fünf Prozent. Diese Gruppe zeichnete sich durch eine geringe interne Nutzung der neuen Instrumente und durch einen niedrigen Einsatz in den Beziehungen zu Kunden und Lieferanten aus.

Drei Unternehmenstypen hätten gelernt, deutlich höhere Vorteile aus dem Einsatz der sozialen Medien zu erzielen. Dazu gehören die 13 Prozent der Unternehmen, die sich vorwiegend intern vernetzen, also zum Beispiel Wikis für Wissensmanagement einsetzen oder mit einem „internen Xing" schneller herausfinden, über welche Qualifikationen ihre Mitarbeiter verfügen. Damit gelingen schnellere Informationsflüsse über Hierarchien hinweg.

Die Zusammenarbeit funktioniere auch zwischen abgegrenzten Abteilungen besser. Weitere fünf Prozent gaben an, sich extern bereits mit Partnern oder Kunden zu vernetzen, und berichteten von Vorteilen in übergreifenden Prozessen. Drei Prozent der befragten Unternehmen bezeichneten sich als vollkommen vernetzt. Sie setzen die neuen Instrumente also intern und extern bereits in erheblichem Umfang ein. Diese Gruppe erzielt nach eigener Einschätzung die höchsten Vorteile aus dem Einsatz der sozialen Medien.

McKinsey hat berechnet, ob es einen Zusammenhang zwischen dem Social-Media-Einsatz und betriebswirtschaftlichen Größen wie Marktanteil und Betriebsgewinn gibt. Marktanteilsgewinne korrelieren dabei mit dem Grad der externen Vernetzung mit Lieferanten und Partnern. Diese Unternehmen haben Vorteile erreicht, weil sie engere Kundenbeziehungen hatten und diese besser in den Kundenservice und die Produktentwicklung einbinden konnten. Auch Unternehmen, die vorwiegend auf eine interne Vernetzung gesetzt haben, berichteten von Marktanteilsgewinnen, allerdings in geringerem Ausmaß.

Höhere operative Margen erzielten die Unternehmen, die ihre internen Strukturen verbessert hatten, also beispielsweise das Silodenken zwischen den Abteilungen und Grenzen in Hierarchie-Ebenen überwunden hatten. Die Folgen waren agilere Unternehmen mit schnelleren Entscheidungsprozessen, die zudem externen Sachverstand besser einfließen lassen konnten. Das Ergebnis waren somit auch höhere Gewinne.

Von steigenden Marktanteilen und höheren Margen als Folgen des Social-Media-Einsatzes berichteten 27 Prozent der Unternehmen. Unternehmen, die hochgradig vernetzt arbeiten, gehören mit hoher Wahrscheinlichkeit zur Gruppe der Unternehmen mit den größten wirtschaftlichen Erfolgen. Diese Unternehmen zeichneten sich durch die steilste Lernkurve aus, was ihren Vorsprung gegenüber der Konkurrenz erhöht.

Das Fazit der Studie: Interne und externe Netzwerke bieten viele Vorteile und zahlen sich in barer Münze aus. Erfolgreiche Führungskräfte steuern voll vernetzte Unternehmen. Unternehmen müssen soziale Medien in den Arbeitsalltag ihrer Angestellten integrieren. Nur wenn die Mitarbeiter den Einsatz täglich üben, wird er auch in das Tagesgeschäft einfließen und seine Vorteile entfalten. Unternehmen sollten auch die Barrieren für den kulturellen Wandel beseitigen. Voll vernetzte Unternehmen haben die besten Informationsflüsse, die den Talenten im Haus die nötige Flexibilität für die Entscheidungen geben.

Social Software: IT mit Intelligenz

Software mit „sozialer Intelligenz“: Ist das überhaupt möglich? Vielleicht ist es das, was Menschen von Software-Lösungen in Zukunft erwarten. Während früher die Daten von Kontaktbörsen wie Schober für Direkt-Marketing-Kampagnen für teures Geld eingekauft wurden, pflegen die Kunden ihre Daten in sozialen Netzwerken selbst. Die Unternehmen könnten Geld sparen, wenn sie darauf strukturiert und systematisch zurückgreifen könnten. Die ersten Ansätze für Social CRM gibt es bereits und sie werden nachfolgend untersucht.

Wenn Unternehmen ihre Gewinne durch Social-Media-Einsatz fördern wollen, dann stellt sich die Frage, wie sie dies umsetzen sollen. Ein Ansatz dazu ist, dass unsere Software intelligenter werden muss und soziale Netzwerk-Phänomene abbilden soll. Doch wie sollen IT-Lösungen funktionieren, die die Zusammenarbeit von Mitarbeitern, Partnern und Kunden fördern – und zugleich mobil erreichbar, flexibel und kostengünstig sind?

Cloud Computing: die Reise in die Wolken

Wenn man im Social-Media-Zeitalter lebt und *digital natives* kostenfreie Google Docs verwenden, anstatt kostenpflichtige Microsoftlizenzen zu kaufen, und ihre Daten in der Cloud bei Dropbox ablegen, um sie mobil zu nutzen, dann ist es Zeit für neue Softwarelösungen. Das dachte sich jedenfalls der Gründer von Salesforce: Marc Benioff, der CRM-Software mit Cloud-Ablage entwickelte nach dem Prinzip: Mieten statt kaufen.

Etwa 100.000 Kunden zählen zum Kundestamm von Salesforce, darunter Unternehmen wie Dell, Allianz, Deutsche Bank und Siemens. Sie legen somit verkaufsfördernde Prozesse in die Hände von Salesforce und sparen sich damit hohe IT-Kosten, denn alternative Lösungen mit Oracle-Datenbanken und SAP-Systemen wären um ein Vielfaches teurer. Zudem ist Salesforce überall mobil erreichbar und flexibel skalierbar.

Forbes hat Salesforce in 2011 zum wachstumsstärksten Unternehmen der Welt gekürt. Mit Chatter hat Salesforce eine Lösung zur Kommunikation entwickelt, die die E-Mail ablöst. Damit gründen Mitarbeiter ihr eigenes privates Social Media Networking in der Firma: Profile anlegen, Statusmeldungen von ihren Projekten sowie Links und Dokumente posten. So können Mitarbeiter auf der Arbeit genauso intuitiv kommunizieren, wie sie es von Facebook, Twitter und Co gewohnt sind.

Ziele sind im Social Businesse: Vernetzung und problemlösendes Denken. Durch Vernetzung steigt die Fähigkeit, gemeinsam neue Lösungswege zu finden. Die begleitenden Werte sind: Offenheit, Transparenz und Vernetzung. Das sind auch die neuen Rahmenbedingungen, die Digital Natives von einem innovativen Arbeitgeber erwarten. Für die Always-online-Generation ist die hierachieflache kollaborative Arbeitsweise eine Erwartung an ihre Arbeitswelt, so die Accenture-Studie. Weitere typische Formate für innovative Event-Formate in Social Enterprise sind Jam Session und Open Space, die IBM seit vielen Jahren erfolgreich einsetzt.

Das skandinavische IT-Unternehmen Tieto öffnet sich für die Social-Media-Fähigkeiten und das Know-how der eigenen Mitarbeiter. Weltweit treffen sich die etwa 17.000 Mitarbeiter im „Future Office" (ein auf Social-Media-Techniken basierendes Intranet), um gemeinsame Themen online zu besprechen. Sie vermarkten Lösungen, gründen Themen- und Fachexpertenkreise und teilen ihr Wissen und ihre Kontakte. „Solche organisationsinternen Kommunikationsprozesse und Strukturen erzeugen Dynamik und positive Effekte fürs Unternehmen und seine Kunden", so Philipp Rosenthal, Head of Service Design von Tieto Deutschland. Nicht nur Mitarbeiter wollen heute anders arbeiten, auch Kunden wollen anders bedient werden.

Social CRM: Wissen, was Kunden wollen

Sie kennen sicherlich CRM-Systeme (Customer Relationship Management). Das ist Software, die Unternehmen dabei hilft, die Beziehungen zu den Kunden zu pflegen. Doch was ist Social CRM?

Don Peppers von Peppers & Rogers ist einer der strategischen Vordenker auf diesem Gebiet. Die Kundenrevolution begann bereits vor 20 Jahren, als er sein Buch „One-to-one" schrieb. Heute sind digitale Technologien und mündige Verbraucher die neuen Herausforderungen für Unternehmen. Dabei geht es um die Frage, wie man von CRM zu Social CRM kommt, also wie Unternehmen die persönlichen Daten aus Social Media für ihr CRM nutzen können, ohne den Datenschutz zu umgehen.

Viele Unternehmen kämpfen mit ihren Kundendaten im CRM. Laut Peppers ermöglichen CMR-Daten oftmals nur ungenaue Segmentierung und knappe Informationen für zielgruppenorientierte Angebote. Zumeist herrscht noch Push-Denken vor: Unternehmen wollen ihre Produkte verkaufen und pushen ihre Informationen, anstatt sie bedürfnisorientiert zu verteilen. Das beste Vorgehen besteht darin, genau zu verstehen, was die Vorlieben der Kunden sind. Traditionelle CRM-Systeme können dies zumeist nicht leisten. Kundenbedürfnisse werden dabei häufig nicht aufgenommen und somit in der Kommunikation ignoriert. Daher sinken die Responsezahlen bei Marketing-Maßnahmen, sodass die Kosten für die Maßnahmen immer weiter steigen.

Mit Social CRM aktualisiert der Kunde seine Daten selbst. Menschen in sozialen Netzwerken geben offen Informationen über sich selbst preis: Wohnort, Alter, was sie gerne essen, wie sie entspannen und wohin sie in den Urlaub fahren. Ihr Leben spiegelt sich auf Facebook wider. So gesehen sind soziale Netzwerke eine Goldgrube an Informationen für Unternehmen. Mit Social CRM kann man dieses Wissen unternehmerisch nutzen. Mit Analyse-Tools können Segmentierungen geschaffen werden und Content-Kampagnen gebildet werden, die bessere Ergebnisse in der Kundenbindung erzielen, weil sie auf Fakten statt Vermutungen beruhen. Man kann den Erfolg in Echtzeit messen. Dies reduziert die Kosten für die Kundengewinnung und man kann zielgruppenorientierte Angebote erstellen. Doch Social-CRM-Funktionen sind nicht identisch mit den klassischen CRM-Funktionen. Insofern ändert sich vieles im CRM-Bereich.

Changing the Game

Mit Social-CRM-Systemen werden laut Peppers Kunden zu Partnern im Marketing. Sie fühlen sich durch das „Mitmachen" bestärkt und geben nur dann ihre Loyalität auf, wenn sie das Gefühl haben, im Stich gelassen zu werden oder bessere Angebote zu erhalten. Mit Social CRM können Unternehmen Kundenbedürfnisse zu erkennen und Kunden-Communities zu ihrer Marke aufzubauen. Peppers meint: „Kunden erinnern sich – auch wenn Sie dies nicht tun. Kunden haben ihr eigenes ‚Gehirn' – wie Sie Ihre CRM-Datenbank."

Social CRM verlangt ein Umdenken: Es geht nicht mehr darum, Kunden zu managen oder zu verwalten (wie in klassischen CRM-Systemen), sondern dem Kunden die Kontrolle über die Beziehungen zu geben. Mit Social CRM bieten Unternehmen ihren Kunden interaktive Dialoge auf Augenhöhe.

Kunden sind in Social Media aktiv. Sie unterhalten ein eigenes Profil mit aktuellen Daten, Vorlieben und Kaufgewohnheiten und geben ihre Empfehlungen mit Kommentaren oder eigenen Beiträgen an Freunde weiter. Welche CRM-Systeme, seien sie noch so gut gepflegt, enthalten solche aktuellen Daten? Keine!

Facebook, Xing, Blogs, Twitter, YouTube & Co. eröffnen Unternehmen völlig neue Möglichkeiten im interaktiven Dialog mit ihren Zielkunden. Dabei gilt: Erfolgreiches Social CRM ist keine Einbahnstraße. Firmen können dabei von ihren Kunden lernen. Doch bei der Nutzung von persönlichen Daten geht es auch um Datenschutz, denn die Nutzungsrechte müssen vom Unternehmen eingeholt werden, so jedenfalls sieht es die deutsche Gesetzeslage vor. Doch wofür interessieren sich eigentlich die Kunden? Und welche Anreize können Unternehmen ihnen geben, um die Datenfreigabe zu erlangen?

In Social Media geht es um Menschen – und nicht um Marken

Eine IBM-Studie zeigt: Mehr als die Hälfte der Kunden will sich nicht mit Unternehmen vernetzen, sondern sucht persönliche Vorteile auf sozialen Plattformen. Wenn man diese Daten zum Suchen und Bieten in ein offenes System (Framework) überführen könnte, wäre das ein genialer Schachzug, denn dann übernehmen die Kunden die eigene Datenpflege, die in Eigenregie sehr aufwändig und somit kostspielig ist. Vergleichen Sie selbst die Unterschiede in der Tabelle.

CRM	Social CRM
Das Unternehmen managt Kundendaten und organisiert die Beziehungen.	Kunden managen ihre Daten und organisieren ihre Beziehungen selbst.
Die Software fokussiert die Ziele des Unternehmens.	Die Software fokussiert die Ziele des Kunden.

Das Unternehmen definiert die Kommunikationskanäle.	Die Kunden definieren die Kommunikationskanäle.
Das Unternehmen kommuniziert in einer Einbahnstraße.	Die Kommunikation ist interaktiv.
Das Unternehmen liefert Botschaften zum Kunden.	Botschaften werden extern weitergegeben.

Soziale Netzwerke und CRM

Social CRM bieten Unternehmen einen reichen Fundus an verwertbaren Kundendaten. Natürlich sind dabei auch Kontakte zu potenziellen Käufern von großem Interesse. Allerdings müssen bei der Analyse von sozialen Bindungen rechtliche Vorgaben eingehalten werden, beispielsweise im Hinblick auf den Datenschutz, der in Deutschland sensibel diskutiert wird.

Die Methoden zur Datenanalyse von sozialen Netzwerken werden immer leistungsfähiger. Anbieter von Open-Source- und Software-Anbietern bieten inzwischen detaillierte Analysen großer Netzwerke an. Unternehmen können diese Lösungen nutzen, selbst wenn sie nicht in Social Media aktiv sind.

Firmen betrachten ihre Kunden im CRM-System heute zumeist als isoliert agierende Personen. Die Kommunikation und die Beziehungen zwischen Menschen werden für Marketing, Kommunikation und Vertrieb nur sehr selten berücksichtigt.

So stellen sich einige Fragen: „Wie ist die Nutzung von Daten über soziale Bindungen zwischen Kunden technisch möglich? Ist die Analyse der Daten auch datenschutzrechtlich zulässig? Welche Erkenntnisse gewinnen Unternehmen durch die Datenanalyse?“ Die Antworten werden nun näher beleuchtet.

Um Informationen über Kundennetzwerke zu nutzen, werden die Daten zunächst technisch erschlossen. Ein Verfahren ist beispielsweise die Dublettenprüfung auf Haushaltsebene. So erkennt man Familien und Wohngemeinschaften, die besonders gut geeignet für die Ansprache sind, weil sie eine hohe Kommunikationsdichte haben.

Datenquellen sind meist zahlreich vorhanden. Viele Unternehmen setzen zur Neukundengewinnung Empfehlungssysteme ein. Der geworbene Kunde und der werbende Kunde kennen sich wahrscheinlich. Auch in der Telekommunikation liegen Verbindungsdaten vor. Im Versandhandel gibt es oft Rabatte für Gemeinschaftsbesteller. Für Firmenkunden sind oftmals spezialisierte Dienstleister tätig, die Daten über Beteiligungen und Konzernverflechtungen anbieten.

Dieses Beispiel zeigt, dass in vielen Fällen bereits Daten über Kundenbeziehungen vorliegen. Mit wenig Aufwand lassen sich daraus Datenbeziehungen ableiten. Oftmals zeigt sich in der Praxis, dass eine strategische Integration von Social Media in das CRM-System nicht gegeben ist. Wie man Social CRM erfolgreich meistert, zeigt das folgende Best-Practice-Beispiel.

Best Practice: Social-CRM-Pionier Bosch

Für das Projekt zur Integration von Social-Media-Daten in das CRM verlieh die COMPUTERWOCHE die Auszeichnung „Social-CRM-Pionier" an das Traditionsunternehmen Bosch, denn die Projektziele wurden „in time und in budget" erreicht. Auf der Facebook-Seite von „Bosch Blau" werden Profi-Elektrowerkzeuge diskutiert. Bosch ist ein internationales Technologie- und Dienstleistungsunternehmen mit mehr als 350 Tochtergesellschaften, rund 285.000 Mitarbeitern und einem Umsatz von 47,3 Milliarden Euro im Jahr 2010.

Beim Social CRM von Bosch stehen folgende Ziele im Vordergrund: Kundenbindung, Neukundengewinnung, Branding und Imagepflege. Dazu wurden die Facebook-Profile und zusätzliche Informationen, etwa die Einstellung zur Marke Bosch, analysiert.

Feedback vom Kunden ist bei Bosch Blau erwünscht, denn es bietet die Chance, unmittelbar die Probleme des Kunden zu lösen und diese Antworten gleichzeitig für die Besucher der Fanpage als Engagement sichtbar zu machen. Dabei stellt sich Bosch die Fragen: „Wer sind eigentlich unsere Fans? Zählen sie überhaupt zu unserer Zielgruppe? Und wenn ja: Wie stark sind die Überschneidungen mit anderen Kommunikationskanälen wie zum Beispiel der Bosch-Blau-Community ‚Bob'?"

Um das zu erfahren, wählte Senior Brand Manager Christoph Bühlen die Social-Media-Analyse-Software „Social Insight Connect" von Globalpark. Das Tool wird in Form einer App in bestehende Facebook-Seiten eingebunden und ermittelt aus den Profilen der Fans Daten wie Alter, Branche und Standort.

„Dadurch wissen wir nun zum Beispiel, wie stark die einzelnen Branchen auf unserer Facebook-Seite vertreten sind", sagt Bühlen. So machen Holzhandwerker und Auszubildende den größten Anteil der Facebook-Fangemeinde aus.

Fans werden zu Testern

Im Rahmen der Facebook-Aktion „Echt Bosch! Jetzt testen!" konnte ein zweistelliger Prozentanteil der Fans zum Mitmachen bewegt werden. „Die Ergebnisse zeigen die hohe Akzeptanz in unserer Zielgruppe und damit, dass das Facebook-Engagement von großer Bedeutung für unser Marketing ist", erklärt Bühlen.

Analyse sozialer Bindungen und Datenschutz

Im nächsten Schritt wird Social CRM auch operativ durch die Integration von Social Insight Connect mit dem SAP CRM umgesetzt. Dazu sind neben technischen auch organisatorische und datenschutzrechtliche Fragen zu klären. Die Fanpage hatte im September 2011 fast 10.000 Fans.

Fazit Social CRM: Festhalten lässt sich, dass die Verzahnung von Social Media und CRM-Systemen noch in den Kinderschuhen steckt. Die Chancen zur Einbindung der sozialen Netzwerke wie Facebook, Twitter, Xing und Co sind groß. Die technischen und rechtlichen Hürden sind dennoch in der Praxis beachtlich. Es gibt vier Ebenen in der Analyse: Insights, Response, Proactive und Crowdsourcing.

Ein Anwendungsbeispiel: Der Support kann mit der Datenanalyse aus Social CRM Probleme der Kunden erkennen (Insights), durch Antworten Lösungen geben, Kampagnenvorschläge ans Marketing übermitteln und Selbst-Service-Angebote wie Communities, Wikis und Foren für Produkt-Optimierungen mit Votings anbieten.

Schwarmintelligenz und Crowdsourcing

Die Weisheit der Masse kann dabei helfen, Gold zu finden. Der kanadische Bergbaukonzern Goldcorp stellte 400 Megabyte Daten des Goldfelds Red Lake online und rief User zur „Goldcorp Challenge“ auf. 100 neue Stellen wurden gefunden! Die Firma war begeistert und ließ für das Wissen der Hobby-Geologen 575.000 Dollar Preisgeld springen. Online-Experten sind sich sicher, dass das Beispiel Goldcorp auch für andere Unternehmen interessant ist.

Viele Konzerne setzen bereits Schwarmintelligenz, auch „Crowdsourcing“„ genannt, ein. Ob Procter & Gamble, Dell oder Starbucks: Unternehmen zapfen damit bereits die Weisheit der Massen an. Crowdsourcing könnte dazu führen, dass sich die Entwicklungsabteilungen vieler Firmen verkleinern oder in Zukunft ganz anders funktionieren. In vielen Unternehmen werden bereits Ideen der Kunden systematisch intern verarbeitet.

Kunden könnten die Marktforschung für Firmen übernehmen und auch die Entwicklung und das Produktdesign, glauben Experten: „Die Entwicklung beginnt gerade erst, das Potenzial ist längst nicht ausgeschöpft“, sagt Nikolaus Franke, Professor an der Wirtschaftsuniversität Wien, im Handelsblatt-Beitrag vom 12.11.2011.

Wie die favorisierten Netzwerke in Zukunft heißen, das ist schwer zu prognostizieren. Deutlich wird jedoch der Trend, dass sich „König Kunde“ immer mehr Macht sichert. So könnten Menschen im Netz bald Sportschuhe entwerfen und mit Votings darüber abstimmen, welches Modell in Produktion geht. Sie könnten den Duft für ein neues Parfüm bestimmen und vieles mehr. „2020 wird das eine selbstverständliche

Form sein, wie Unternehmen an Innovationen kommen", ist Franke überzeugt.

Crowdsourcing in der Mode

Erste Beispiele gibt es im Modebereich, wo User beispielsweise Motive auf T-Shirts bei Spreadshirt.de selbst gestalten. Bei stylefruits.de können User Outfits kombinieren, einen eigenen Stil kreieren und alle Artikel direkt bei den Shop-Partnern online bestellen! Auf Lookk.com können junge Designer ihre Kreationen vorstellen. Per Online-Abstimmung entscheiden die Nutzer der Seite dann, welche Kleidungsstücke in Serienproduktion gehen. Noch weiter geht die Plattform UseaBrand.com: Hier können die Surfer selbst ihre eigenen Modeentwürfe einreichen. Auch andere Konsumgüterhersteller arbeiten mit ähnlichen Aktionen. Beispielsweise kann man sich bei mymuesli.com sein ganz persönliches Lieblingsmüsli mixen und bestellen.

Die Nutzung der „Schwarmintelligenz" kann aber auch schiefgehen. Henkel hat die Spülmittelflasche seiner Marke „Pril" von Facebook-Fans gestalten lassen und musste dabei Lehrgeld zahlen: Die Facebook-Fans sollten das Etikett einer Pril-Flasche entwerfen und anschließend über den Gewinner abstimmen. Ein skurriler Gag hat gewonnen: Das Etikett hatte die Aufschrift: „Pril – schmeckt lecker nach Hähnchen." Henkel versuchte zu intervenieren. Darauf reagierte die Netzgemeinde recht ungehalten und Henkel erhielt Boykottaufrufe. Um solche Fälle zu meiden, ist es ratsam, in den Spielregeln ein Vetorecht oder eine interne Abstimmung der besten Ideen festzuhalten.

Best Practice: Otto macht Model-Casting

Mehr als 23.000 User machten sich einen Spaß daraus, bei einem Casting für das neue Werbegesicht bei Facebook einen Mann in Frauenkleidern zum besten Otto-Model zu wählen. Der von Otto ausgelobte Preis, ein professionelles Mode-Fotoshooting, ging wie angekündigt an den

Sieger: an den Studenten Sascha, der sich eine Karnevalsperücke aufgesetzt und als „Brigitte" beworben hatte. Der lockere Umgang mit dem Online-Flash-Mob sorgte für viele positive Berichterstattungen. Irritiert sei man allerdings schon gewesen, sagte Unternehmenssprecher Thomas Voigt. Doch es war klar: „Man muss mitlachen." Viele Firmen könnten diesen Beispielen folgen und mit etwas Vertrauen in die soziale Community und einer Prise Humor ihre innovative Positionierung am Markt stärken.

Auch bei L'Oréal brachte die Model-Suche über Facebook für ein Colorationsprodukt ein unerwünschtes Ergebnis. Der Kosmetikkonzern reagierte allerdings nicht so souverän wie Otto und entschied sich für eine andere Kandidatin. Das ist keine professionelle Umgangsweise mit Social Media.

Mitunter sind es auch eigene Mitarbeiter, die Unternehmen in den Rücken fallen. Ein Beispiel: Einige Daimler-Beschäftigten drückten den „Gefällt-mir"-Knopf in der Facebook-Gruppe „Daimler-Kollegen gegen Stuttgart 21", als Konzernchef Dieter Zetsche als „Spitze des Lügenpacks" bezeichnet wurde. Die Mitarbeiter hatten anschließend eine Einladung zum Gespräch in der Personalabteilung und danach verschwanden ihre Likes.

Dies wirft die Frage auf, wo die persönliche Meinung des Mitarbeiters endet und die Zensur des Unternehmens beginnt. Solche Rechtsfälle treten in den USA verstärkt auf und werden auch bei uns zunehmen. Bleibt zu hoffen, dass in Kürze auch die rechtlichen Rahmenbedingungen für solche digitalen Vorfälle in der Gesetzeslage geklärt sind.

Unternehmen wie Vodafone, Otto und Tchibo haben deshalb vorgesorglich „Social Media Guidelines" für ihre Mitarbeiter entwickelt. Tchibo etwa hat die Leitlinien für seine mehr als 10.000 Mitarbeiter in einem Online-Video bei YouTube veröffentlicht: Zeichentrickfigur Herr Bohne verdeutlicht dabei mit Witz die wichtigste Regel: sich in sozialen Netzwerken, wenn es um das eigene Unternehmen geht, stets auch als

Mitarbeiter dieses Unternehmens zu erkennen geben. Eine wichtige Konsequenz daraus klingt banal, wird aber oft vergessen: „Denkt nach, bevor ihr etwas schreibt."

Experten vermuten, die Wirtschaft werde schnell lernen. Wichtig ist, dass Fairness im Crowdsourcing die oberste Priorität hat. Durch die ersten absolvierten Projekte werden für das Thema „Schwarmintelligenz" feste Regeln erstellt. Mitwirkende müssen dabei belohnt werden, wie bei der Bergbaufirma Goldcorp.

Der Kaffeeröster Tchibo stellt unter „Tchibo ideas" eine Plattform bereit, in der Kunden ihre Ideen für neue Produkte entwickeln und vorantreiben können. „Crowdsourcing" heißt dieser Ansatz in der Fachsprache.

Best Practice: BMW Crowdsourcing

Der Premiumautohersteller hat seinen Weg ins Netz vorbereitet, indem er zunächst eine eigene Abteilung für Innovationsmarketing einrichtete, die für Social Media verantwortlich ist. Die Social-Media-Kampagne, die 2008 die Markteinführung des BMW-Geländewagens X1 begleitete, war ein großer Erfolg: Filme im Netz sorgten schon vor der offiziellen Präsentation für viel Gesprächsstoff online. Als BMW das neue Modell im Autosalon in Paris vorstellte, übertrug das Unternehmen die Premiere im Stream online und verknüpfte sie mit weiteren Social-Media-Aktivitäten. Das Konzept förderte das Branding, die Innovationskraft und den Absatz des Geländewagens.

CHECKLISTE

Anhand dieser Checkliste können Sie prüfen, ob Innovationen und Crowdsourcing für Ihr Unternehmen interessant sind.

- In welchen Bereichen Ihres Unternehmens fördern Sie die Entwicklung von Ideen zur Produktverbesserung?
- Wie setzen Sie Innovationen im Marketing ein?

- Wo in Ihrem Unternehmen fehlt es Ihrer Meinung nach an Innovationsfreude?
- Wie entwickeln Ihre Mitarbeiter, Partner und Kunden kontinuierliche Produkt-Innovationen, die Ihre Kunden begeistern?
- Wie organisieren Sie den Austausch von Wissen, Informationen und Ideen im Unternehmen?
- Wie mobilisieren Sie Ihr Ideenmanagement: intern und extern?
- Inwiefern fördern und belohnen Sie kreative Mitarbeiter, Partner und Kunden?
- Welche Werte gelten in Bezug auf kreative Menschen, ihre Ideen und die Möglichkeit, diese ins Unternehmen einzubringen?
- Sind die Menschen bereit, ihr Wissen zu teilen?
- Werden Fehler toleriert?

Fazit: Beim Crowdsourcing entwickeln Kunden ihre Ideen für neue Produkte auf Plattformen. Unternehmen nutzen die Ideen von Kunden, um Innovationen für ihre Produkte zu gewinnen. Andere User bewerten die Vorschläge und der Einreichende kann einen Preis für seine Verbesserungsvorschläge erhalten. Unternehmen generieren damit neue Alleinstellungsmerkmale und können sich Wettbewerbsvorteile am Markt verschaffen. Die Menschen müssen beim Crowdsourcing zum Mitmachen motiviert und für ihr Engagement belohnt werden.

Wie Unternehmen ihre Effizienz steigern

Google hat IW Consult beauftragt, Unternehmen nach der Nutzung von Google-Tools zu befragen. Rund 4.000 Kunden haben geantwortet. Die Ergebnisse bieten einen Überblick über den Stand der Google-Nutzung und die Bedeutung einzelner Anwendungen mit Stand Juni 2011. Die beliebtesten Tools in der deutschen Wirtschaft sind neben der Google-Suche das Google-Werbeprogramm AdWords, das Analysetool Analytics, der Übersetzer und Alerts.

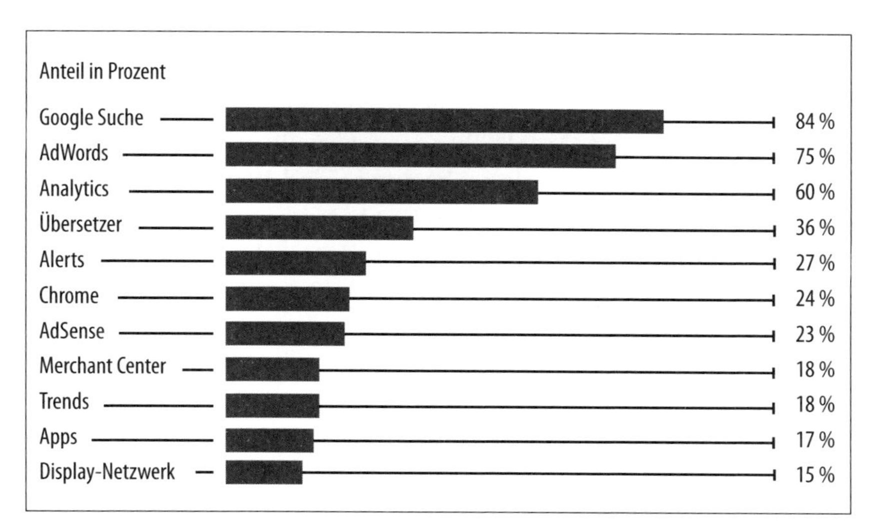

Abb. 10: Die beliebtesten Google Tools

Natürlich ist die **Google-Suche** die Nummer 1. Für Unternehmen ist es existenziell wichtig, mit Produkten bei der Google-Suche ganz weit vorn zu sein, da die Umsatzwirkung durch die Online-Präsenz gefördert wird. Die Frage „Wie kommt man bei Google auf die erste Seite?“ bewegt also viele Unternehmen und schafft Aufträge für Marketing-Agenturen. Die Suche ist relevant für die Arbeitsproduktivität im Unternehmen.

Kundenkontakte und Umsätze lassen sich durch Werbung in der Google-Suche steigern: Keyword-Werbung mit **Adwords**. Erstes Ziel ist dabei die Kontaktgewinnung. Auch KMU mit wenig Ressourcen können durch SEO-optimierte Texte Kunden erreichen, die über andere Vertriebswege nicht erreicht werden.

Das dritte Erfolgsprodukt von Google ist **Analytics**, ein Standard-Tool zur Analyse der Zugriffe auf die eigenen Webseiten, um so einen Weg zur Optimierung des eigenen Webauftritts zu finden. Die Datenschutzdiskussion hat der Akzeptanz des Produktes nicht geschadet.

Bemerkenswert ist der stark gestiegene Einsatz der Übersetzungsprogramme. Mehr als 50 Prozent der internationalen Unternehmen im

Automobil- und Fahrzeugbau sowie im Maschinenbau setzen das Übersetzungs-Tool **Google Translate** ein. Die Ergebnisse von automatischen Übersetzungen haben deutlich an Qualität gewonnen.

Google Alerts und **Google Trends** werden als wertvolle Unterstützung in der effizienten **Marktbeobachtung und Wettbewerbsanalyse** eingesetzt. Die höchste Durchdringung ist in Markenunternehmen sowie in hoch innovativen und internationalen Unternehmen zu sehen. Die Positionierung der Produkte und die positive Darstellung des Unternehmens sind entscheidend im Wettbewerb.

Ein Schattendasein führen noch die **Google Apps**. Obwohl sich einige Tools schon in der Praxis bewährt haben wie Kalender, Mails, Wikis, Video und Chat, haben sie sich in den Unternehmen noch nicht durchgesetzt. Hintergrund sind vermutlich die Angst vor der „Datenkrake" Google und auch die Sicherheitsbedenken zum Cloud-Computing. Der Einsatz von **Google Chrome** liegt immerhin bei 24 Prozent.

Und was ist mit **Google+**? Das steckt noch in den Kinderschuhen. Es gibt Profilseiten für Personen und Business Pages für Unternehmen und sie werden bereits häufig genutzt, auch wenn die Möglichkeiten noch nicht hinlänglich ausgeschöpft werden. Experten halten es für sinnvoll, das Social Network bereits jetzt als Person und Unternehmen auszuprobieren. Denn der Einsatz von Google+ zahlt natürlich auf das Google-Suchergebnis ein.

Tools für mehr Produktivität am Arbeitsplatz

Es gibt viele Tools, die die Arbeit effizienter gestalten – auch für KMU und Freelancer ist das wichtig. Im Folgenden werden einige Tools vorgestellt, die zumeist webbasiert sind, so dass die Daten per Cloud-Computing online aufgerufen werden können. Die Applikationen verfügen zumeist über eine kostenfreie Basisversion, die bei Bedarf durch ein Upgrade zu einer professionelleren Variante hochgerüstet wird. Die Auswahl enthält nur Tools mit einer hohen Verbreitung, was die Zukunftsaussicht erhöht. Datensicherheit bleibt dabei allerdings ein Risiko, so dass bei sensiblen Daten Vorsicht geboten ist. Einige Social-Enterprise-Anwendungen für wertschöpfende Prozesse:

- Kommunikation: Chat, Prezi, Blogs, Wiki, Google Translator, Newsroom
- Management: Bookmarks, Mindmaps, Google Docs, Webtransfer, Clouds, Doodle
- Vertrieb: Skype, Teamviewer, Business Networking wie Xing und LinkedIn
- Service: Twitter, Kunden-Foren, -Communities, -Club

Fazit: Mit Social Media lassen sich nicht nur Umsatzsteigerungen durch den externen Einsatz erzielen, sondern auch durch die interne Nutzung mit Social Business. Um die eigene Wettbewerbsfähigkeit zu erhöhen, können Unternehmen ihre Kunden durch Social CRM nach deren „Social-Media-Potenzial" segmentieren und entsprechende Social-Media-Angebote dort platzieren, wo die Kunden präsent sind. Ein erster Schritt hierzu ist, Kunden beispielsweise durch Crowdsourcing besser in die Produktentwicklung einzubeziehen. In der internen Nutzung werden die Geschäftsprozesse optimiert, was die Effizienz und Produktivität am Arbeitsplatz und die interne Wertschöpfungskette verbessert.

4 Social-Media-Marketing: das Mitmachweb für Kunden

Wie lassen sich Social Media im Marketing einsetzen? Im Social-Media-Marketing geht um Beziehungen zwischen Menschen. Durch das Aufbauen von Vertrauen werden Branding optimiert und der Abverkauf gesteigert. Menschen können dabei als Markenbotschafter eingesetzt werden. Es geht auch um das Marketing auf den einzelnen Kanälen wie Facebook-, Twitter- und YouTube-Marketing mit viralen Effekten. Viele Best-Practice-Beispiele werden im Folgenden aufgezeigt sowie Negativbeispiele, aus denen man lernen kann, wie man es nicht machen sollte. Kurz: Es geht um die Dos und Don'ts im Social-Media-Marketing mit vielen Anregungen und Tipps.

Für viele Unternehmen und Marken wird Social-Media-Marketing immer wichtiger. Nach anfänglichen, oft auch eher zufälligen Erfolgen kann man nun verstärkt beobachten, dass Marken mittlerweile auf solide Konzepte mit abteilungsübergreifenden Strategien setzen, um einen langfristigen Erfolg im Social Web zu erzielen. Und zu einer erfolgreichen Strategie gehört als ein wichtiger Faktor auch das Social-Media-Marketing dazu.

Einige Unternehmen haben inzwischen den Weg in die sozialen Medien gewagt – einige erfolgreich, andere weniger erfolgreich. Als Schlüssel zum Erfolg lässt sich zunächst die Einstellung festhalten, nicht als anonymes Unternehmen aufzutreten, sondern durch Authentizität, Transparenz und mit Persönlichkeit zu punkten, um eine vertrauensvolle Beziehung aufzubauen.

US-Konzerne zeigen, dass ein intelligentes Social-Media-Marketing nicht nur das Image fördert, sondern auch den Gewinn. Unternehmen vermarkten dort ihre Produkte, finden neue Mitarbeiter, lassen ihren Kundendienst online arbeiten und nutzen die Plattform zur Verbreitung ihrer News. Dazu gleich ein praktisches Beispiel: Starbucks!

Best Practice: Starbucks

Der Kaffeehersteller Starbucks punktet mit einer erfolgreichen Social-Media-Strategie. Starbucks bedient viele Social-Media-Angebote auf Facebook, YouTube, Flickr, Twitter und einen eigenen Corporate Blog namens: „My Starbucks Idea". Starbucks wird als das Unternehmen mit einer der erfolgreichsten Social-Media-Strategien gesehen. Die Aktivitäten zielen auf die Bedürfnisse, Verlangen und Vorlieben der Kunden ab und stärken sowohl die Kundenbindung als auch die Kundengewinnung. Der Erfolg besteht unter anderem darin, dass es Starbucks gelungen ist, Lifestyle zu vermitteln und sich dem Dialog mit den Kunden interaktiv zu öffnen. Die Marketing-Strategie wird nun im Detail untersucht.

Der Handelskonzern rekrutiert bereits einen großen Teil seiner Nachwuchskräfte auf der Freunde-Plattform und setzt Crowdsourcing ein.

Starbucks ist eine der erfolgreichsten Marken auf Facebook. Das belegen allein 25 Mio. US-Facebook-Fans, die durch regelmäßige Social-Media-Aktionen profitieren. Es gibt beispielsweise Kampagnen zu Halloween und zur Starbucks Gift Card. Ein weiterer Garant für den Erfolg von Starbucks auf Facebook ist der internationale Auftritt.

Starbucks hat die Konkurrenz längst überholt. Dunkin' Donuts etwa hat nur fünf Millionen Fans. Optimierungsfähig ist wohl auch die Facebook-Präsenz von McCafé. Der Café-Ableger von McDonald's hat gerade einmal 40.000 Fans.

Starbucks nutzt einen umfassenden Social-Media-Mix. Neben Facebook und Twitter gibt es noch einen YouTube-Channel, einen Blog und die Web-Gemeinschaft „My Starbucks Idea", wo Kunden ihre eigenen Vorstellungen und Anregungen einbringen können. Zunehmend Bedeutung gewinnen in letzter Zeit das mobile Internet und lokale Dienste. Die iPhone-App zeigt in den USA die nächste Starbucks-Filiale und auf Wunsch auch gleich noch an, ob in der Filiale ein Arbeitsplatz frei ist.

Starbucks verknüpft die Online- mit der Offline-Welt. Der Konzern kündigt beispielsweise eine Umweltschutzaktion auf Facebook an und setzt sie dann auf einer Straße in New York in die Wirklichkeit um. Zur Marketing-Unterstützung für einen neuen Instantkaffee rief das Unternehmen seine Fans auf, sich bei der Zubereitung dieses Kaffees an allen möglichen und unmöglichen Orten der Welt zu fotografieren und die Fotos auf Facebook zu veröffentlichen.

Die US-Amerikanerin Alexandra Wheeler ist verantwortlich für die globale Digitalstrategie. Sie verbindet Produkt-Promotion mit ernsthafter Kundenkommunikation. „Bei Social Media dreht sich alles um Beziehungen, nicht um Marketing", sagt sie. Deshalb trommelt sie nicht für Produkte, sondern baut auch eine Beziehung zu Kunden auf. Sie will den Kontakt der Kunden untereinander fördern. Wenn man die Pinnwand-Einträge liest, sieht man, dass es thematisch weniger um das Produkt Kaffee, sondern eher um Themen aus dem Leben geht: Liebe, Freundschaft, Heimat, Job, Umweltschutz und vieles mehr.

Das Wir-Gefühl der Starbucks-Gemeinde

Die Kunden lieben Starbucks und teilen dies auch mit. Das erzeugt eine Sogwirkung für die Marke. Experten meinen, dass der Erfolg in den sozialen Netzen bei Starbucks maßgeblich dazu beigetragen hat, dass der Gewinn von 2009 bis 2010 auf 946 Millionen Dollar mehr als verdoppelt werden konnte.

Was sind die Erfolgsfaktoren dafür? Der Schlüssel zum Erfolg: Authentizität und Kundeneinbindung. In jedem Land werden individuelle Kampagnen erstellt und die Kommunikation mit den Fans wird aktiv, engagiert und persönlich betrieben. Die Präsenzen auf Facebook zeigen 26 Starbucks-Länderseiten, die mit einer einheitlichen Namensgebung versehen sind. Um für die einzelnen Seiten, Aktionen und Applikationen zusätzliche Reichweite zu generieren, schaltet Starbucks in regelmäßigen Abständen Anzeigen auf Facebook.

Starbucks hat für das Weihnachtsgeschäft 2011 eine mobile Applikation mit Augmented-Reality-Funktionen (dazu mehr im letzten Kapitel) angeboten. Mit der App namens „Cup Magic“ kann der Nutzer die Weihnachtsbecher und viele weitere Artikel der Starbucks-Filialen aktivieren. Fünf Charaktere, die sich hinter den Produkten verbergen, interagieren mit dem User. Wenn der Nutzer alle fünf Charaktere aktiviert hat, nimmt er automatisch an einer Gewinnspiel-Verlosung teil.

Neben den innovativen Möglichkeiten verfügt die App auch über Features wie „eCards versenden“ und Social-Sharing-Funktionen. Die App ist ein erster Vorstoß von Starbucks in Richtung Augmented Reality und soll Kunden in der Weihnachtszeit „überraschen und begeistern“, wie Alexandra Wheeler meint.

Starbucks' Marketing-Erfolgsstrategie

Die Abbildung aus dem Blog des Marketing-Experten Brian Solis zeigt den Facebook-Marketing-Kreislauf von Starbucks verständlich auf:

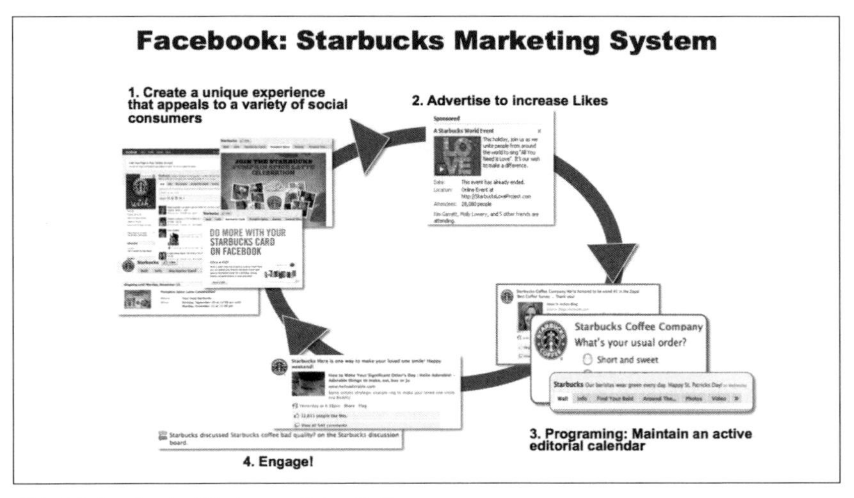

Abb. 11: Starbucks Circle von Brian Solis

- Fans werden auf eine einzigartige, interessante und ansprechende Art und Weise angesprochen.
- Durch Werbe-Anzeigen gewinnt die Facebook-Fanpage mehr „Likes".
- Die redaktionelle Betreuung wird genau geplant. Nutzwerthaltige und interaktive Inhalte werden publiziert, die den User ansprechen und zu Aktionen wie Empfehlungrn animieren.
- Engage: An Diskussionen wird teilgenommen und Kommentare, Beiträge auf der Seite werden moderiert.

Dieser Einsatz zahlt sich aus: Starbucks ist eine der größten Marken auf Facebook. Nur Facebook (55 Mio), Coca Cola (35 Mio) und YouTube (46 Mio) haben noch mehr Fans.

Best Practice: BMW

Es gibt auch deutsche Unternehmen mit vorbildhaftem Social-Media-Engagement. Viele Autohersteller haben beispielsweise die Revolution im Netz frühzeitig genutzt. Bei BMW zählen Social Media längst zum festen Bestandteil im Marketing. Der Autobauer hat konsequent eine eigene Abteilung für Innovationen und Social Media eingerichtet.

Die Social-Media-Kampagne, die 2008 die Markteinführung des BMW-Geländewagens X1 begleitete, gilt bis heute als lehrbuchhaft: Filme im Netz sorgten schon vor der offiziellen Präsentation für viel Gesprächsstoff online. Als BMW das neue Modell im Pariser Autosalon vorstellte, übertrug man die Premiere online und verknüpfte sie mit Social-Media-Aktivitäten. Die Experten stimmten überein: Das Konzept war ein Riesenerfolg und förderte den Absatz des Geländewagens.

Dabei nimmt Facebook den größten Stellenwert ein. BMW punktet mit dem reichweitenstärksten Kanal in der Automobilbranche – mit etwa sieben Millionen Fans. Die bayrische Automarke hat auch eine eigene exklusive Community-Plattform namens „M Power World" kreiert, auf der sich schon 5000 BMW-Fahrer mit der Auto-Fahrgestellnummer registriert haben. Für das BMW 1er M Coupé fand die Kommunikation auch schon vorab auf dieser Plattform statt. Interessenten, Kunden und Fans kannten Details schon vor dem offiziellen Produktlaunch.

Intern nutzt BMW Web-2.0-Anwendungen unter anderem für kollaborative Projektarbeit und zur Abwicklung seines Vorschlagwesens. Der Autobauer hat schon zum zweiten Mal einen Ideenwettbewerb ausgeschrieben. Aktuell geht's um Interieur-Design.

Wie ist der Erfolg der BMW-Aktivitäten messbar?

Zahlen stellen keinen alleinigen Gradmesser für den Erfolg dar. „Durch den Dialog haben wir bereits sehr viel Wissen gewonnen. Die Themen, deren Akzeptanz und die Tonalität der Aussagen helfen uns, die Kunden besser zu verstehen", sagt Martina Daschinger von der Konzernkommunikation von BMW. Zwar wird ein Auto immer noch beim Autohändler vor Ort gekauft. Die Recherchen zur Meinungsbildung und Kaufentscheidung finden jedoch online statt. „Annähernd 100 Prozent der Gebrauchtwagen- und bis zu 75 Prozent der Neuwagenkunden informieren sich vorab im Internet", ist Daschingers Beobachtung. Nun plant BMW, ein vollelektrisches Stadtauto auf den Markt zu bringen: das ActiveE. Das Problem: Viele Autofahrer stehen der E-Technik noch skeptisch gegenüber. Sie fürchten beispielsweise, mit leeren Batterien stehen zu bleiben. Um diese Bedenken zu zerstreuen, will BMW den Elektro-Prototypen Autofahrern zum kostenlosen Testen zur Verfügung stellen. Der Plan: Die Tester machen gute Erfahrungen damit und verteilen ihre Berichte per Facebook und Co. an ihre Freunde. Das ist eine zukunftsträchtige Vermarktung für ein innovatives Produkt, das genau zu dem Spirit der neuen Zielgruppen passt. BMW setzt mit den Kunden-Testfahrern auf die richtige Maßnahme, denn was in Zukunft Produkte verkauft, ist weniger die Reklame, sondern vielmehr die persönliche Empfehlung von Mensch zu Mensch.

Best Practice: Red Bull

Ein anschauliches Praxisbeispiel, wie man eine erfolgreiche Markenbildung mit Social Media unterstützt, ist Red Bull – mit über 22 Mio. Fans auf Facebook. Mit seinen Extrem-Sport-Sponsorings, Events und PR-Aktionen erreicht Red Bull die Medien über alle Kanäle und lädt seine Marke kontinuierlich auf. Das fördert durch interaktive Kommunikation die strategische Markenbildung. Den Geschäftserfolg verdankt das im Vergleich zu anderen Soft Drinks relativ teure Getränk neben der nachgesagten belebenden Wirkung vor allem der Werbung, unter anderem mit dem Slogan: „Red Bull verleiht Flügel."

Red Bull sponsert eine Vielzahl sportlicher Events wie etwa Formel 1. Zu den bekanntesten Events im Extremsport zählen die Freestyle-Motocross-Serie „Red Bull X-Fighters", die Luftrennen-Serie „Red Bull Air Race Series" und „Red Bull Crashed Ice". Die Rennen werden von Sky übertragen und sind auf der Red Bull Air Race Website als Videos abrufbar. Außerdem ist Red Bull auch in Blogs präsent.

Die Fans können alles live übers Netz miterleben, kommentieren und weiterverbreiten. Somit entsteht eine Markenbildung, an der die Fans partizipieren. Der typischen Angst vieler Marketers vor Kontrollverlust: „Was machen die Fans bloß mit meiner Marke?" wird durch Offenheit begegnet. Das Mitmachen bezieht sich aber weniger auf das Produkt (Inhaltsstoffe, Geschmack, Wirkung, Logo-Entwicklung), sondern fokussiert den Erlebnisgehalt rund um die Marke.

Was kann man aus dem Redbull-Beispiel lernen?

Fokussieren Sie sich nicht auf die vier klassischen Marketing-Ps (Produkt, Preis, Promotion, Placement), sondern überlegen Sie sich kreative, attraktive und interaktive Mitmach-Aktionen rund um Ihre Marke wie Events und Wettbewerbe. Besonders erfolgreich sind Angebote, die das Storytelling anregen und mit multimedialen Inhalten das virale Marketing befeuern.

Grundlagen: Facebook-Marketing

Facebook bietet viele Möglichkeiten, Marken und Produkte eines Unternehmens interessant zu präsentieren. Deshalb wird Facebook-Marketing hier etwas konkreter thematisiert. Immer mehr Unternehmen versuchen mit kreativen Ideen hier zu punkten und neue Fans zu gewinnen. Dabei werden die innovative Positionierung, Branding und Community-Building gefördert. Menschen diskutieren auf Facebook ihre Themen mit anderen, liken und empfehlen Beiträge aus Blogs, YouTube oder Facebook. Sie werden zu Fans und wirken als Werbeträger.

Das Besondere an Facebook sind die hohe Vernetzung, die Interaktion, das schnelle Tempo und die Innovationsfreudigkeit der Plattform und die viralen Funktionen durch den „Like"-Button und Kommentare. Besonders beliebt ist Facebook im Marketing von Mensch zu Mensch. Man erfährt, was Freunde mögen, kaufen und denken. Man teilt sich gleichermaßen mit.

Ein Facebook-Nutzer hat durchschnittlich 190 Freunde. Und diese Zahl ist beachtlich, weil jeder dieser Freunde die Empfehlungen der anderen liest. Diese Netzwerkeffekte können sowohl Konzerne, KMUs sowie B2B- und B2C-Unternehmen nutzen!

Die Generation Facebook trifft Freunde zwar auch live, aber vornehmlich online und gerne auch mobil online. Weltweit treffen sich bei Facebook fast eine Milliarde Mitglieder. Sie legen in Facebook private Informationen wie Alter, Geschlecht und Konsumgewohnheiten offen. Sie geben Empfehlungen, Kritiken und Meinungen an ihre Freunde weiter. Hier tummeln sich auch immer mehr Firmen, um mit Kunden und Interessenten zu kommunizieren und ihre Produkte zu bewerben. Facebook ist die aktuell wohl wichtigste Social-Media-Plattform, weil es sehr gute Möglichkeiten für das Marketing bietet.

Grundsätzlich sollte man den Unterschied zwischen einer Fanpage und einem Profil kennen – nur die Fanpage ist für Unternehmen gedacht und wird von Facebook auch akzeptiert. Immer wieder findet man bei Facebook aber auch Unternehmen, die stattdessen ein Personenprofil erstellt haben. Das ist nicht nur riskant, weil Facebook diese durch die Nutzungsbestimmungen gedeckt jederzeit abschalten kann, sondern auch unklug, denn viele Facebook-Nutzer weigern sich, Unternehmensprofile als „Freund" hinzuzufügen. Zudem zeigt ein Unternehmen damit, dass es sich mit Facebook nicht wirklich auskennt. Facebook kann man für verschiedene Ziele nutzen, die mit vielen Praxisbeispielen auf allfacebook.de genauer erläutert werden.

- **Facebook Pages:** Sie stellen den eigenen Unternehmensauftritt innerhalb von Facebook dar (auch bekannt als: Facebook-Seite, Fanpage, Facebook Unternehmensprofil ...).
- **Facebook Places:** Sie repräsentieren echte Orte innerhalb von Facebook wie Bars und Hotels. Sie unterscheiden sich in der „Check-in"-Funktionalität von einer Facebook-Page. Nutzer können durch diese Funktion allen ihren Bekannten auf Facebook mitteilen, wo sie sich gerade befinden, und werden somit zum Werbeträge für das Unternehmen.
- **Facebook Ads:** Facebook-Werbe-Anzeigen bucht man mit diesem System. Die Werbung wird auf allen Seiten des Social Networks angezeigt. Interaktive Anzeigen, die „Facebook Engagement Ads", erlauben Nutzer-Interaktion direkt innerhalb der Werbeanzeige.
- **Facebook Plattform:** beinhaltet alles, was sich nicht auf Pages oder Ads bezieht, wie
  - **Facebook Apps:** Das sind Applikationen, die innerhalb von Facebook.com angesiedelt sind. Besonders beliebt sind Spiele. Die Apps werden nicht von Facebook selbst entwickelt, sondern von externen Entwicklern. Im Prinzip kann also jeder selbst diese Applikationen erstellen.
  - **Facebook OpenGraph:** Über diese Facebook-Connect-Schnittstelle können Entwickler auf die Daten des Social Network zugreifen und Applikationen programmieren. Der OpenGraph verbindet auch Facebook mit dem eigenen Webauftritt. Externe Webseiten können nach einer Authorisierung Zugriff auf die Daten eines Nutzers erhalten und Facebook-Funktionalitäten im eigenen Webauf-

tritt zulassen, z.B. auch Single-Sign-On. Zum OpenGraph zählen auch die Like-Buttons, Like-Box und weitere Social Plug-ins innerhalb von Facebook.

- **Facebook Community Pages:** Die Gemeinschaftsseiten werden von der Communities verwaltet und aggregieren verschiedene Informationen. Sie sind für das Marketing von Unternehmen nur bedingt sinnvoll, da diese kaum Einfluss auf Community-Pages nehmen können.
- **Facebook Groups:** Gruppen können wie auch Pages von allen Nutzern angelegt werden. Sie unterscheiden sich äußerlich kaum von Facebook-Pages, sind aber in ihren Funktionen anders. Sie eigenen sich nur bedingt für das Marketing innerhalb von Facebook. Sie dienen eher zur internen Kommunikation einer geschlossenen Gruppe wie etwa von Teilnehmern eines Lehrgangs einer Bildungseinrichtung.

Die ersten Fans für eine neue Fanpage kann man übrigens schnell aus den eigenen Reihen generieren: Bitten Sie Mitarbeiter, Freunde und Bekannte, Fan zu werden. So hat man die erforderlichen 25 Fans für eine Vanity-URL (= sprechender Fanpage-Name) schnell zusammen und es kann richtig losgehen.

Muss jedes Unternehmen auf Facebook sein?

Nein, nicht jedes Unternehmen muss auf Facebook sein. Ihre Marke muss dort sein, wo Ihre Zielgruppe präsent ist. Wenn Ihre Kunden im B2B-Bereich unterwegs sind, sollte das Unternehmen beispielsweise eher auf Xing Präsenz zeigen. Vielleicht denken Sie jetzt: Xing ist nicht so hip wie Facebook, aber es geht nicht ums Trendysein, sondern um das Gewinnen der richtigen Kunden mit hoher Reichweite – je nach Branche, Produkt und Ziel. Wenn Sie beispielsweise Support leisten wollen, ist möglicherweise Twitter die richtige Wahl. Und wenn Sie detaillierte Produktkenntnisse und Hintergründe vermitteln wollen, dann sollten Sie über einen Corporate Blog nachdenken.

Wie deutsche Unternehmen auf Facebook agieren

Immer mehr deutsche Unternehmen richten sich eine Facebook-Fanpage ein. Sie erkennen, wie wichtig eine gute Präsenz auf Facebook ist. Amerikanische Firmen gehen dabei allerdings mit Meilenschritten voran. Unter den DAX-Konzernen ist Adidas am erfolgreichsten. 25 Mitarbeiter beschäftigt Adidas für Social Media: Sie twittern, facebooken und youTuben. Events wie eine Fußball-WM werden als Facebook-Kampagne genutzt. Dabei werden Filme für die Fans auf YouTube produziert.

Adidas will mit Social Media die Kernmarken neu positionieren und verfolgt die Ziele Kundenbindung, Markenpflege und Werbung. Das Internet ist das Leitmedium, denn junge Konsumenten erreicht man am besten online. Deshalb schichten sie ihre Marketingausgaben um. Der Online-Anteil wächst zulasten der klassischen Kanäle TV und Print. Der Sportartikel-Hersteller hat über elf Millionen Fans allein auf der deutschen Fanpage.

Was Facebook-User liken und warum

Der Like-Button hat die Online-Welt wie kein zweites Element revolutioniert. Überall kann mittlerweile heute fast alles „geliked" werden. Aber welche Inhalte erzeugen einen Klick auf den Button: „Gefällt mir"? Und warum?

Content ist immer noch King. Pinnwand-Beiträge, Fotos, Kommentare und Videos erhalten die meisten Klicks. Die Gründe fürs Liken liegen oftmals im Support: Lösen von Kundenproblemen und im Info-Entertainment, wenn die User durch die Inhalte gut unterhalten werden und Mehrwert erhalten. Erst mit weitem Abstand folgt der Grund: „Ich mag die Marke." Mehr dazu: blog.crowdscience.com

Wie Sie Fans auf Facebook gewinnen

Ein Konzept mit einer guten technischen Lösung, Infotainment mit Mehrwert und Rich-Media-Einsatz sowie eine professionelle Moderation von User Generated Content mit Support ermöglichen das Gewinnen von Fans auf Facebook.

Tipps zur Erstellung einer Facebook-Fanpage:

- Erstellen Sie eine aussagekräftige Fanpage mit allen wichtigen Informationen. Eine Landingpage oder ein Blog für Nicht-Fans kann bei der Fan-Generierung hilfreich sein.
- Nutzen Sie Social-Plug-ins von Facebook für Ihre Website – Ihre Fans können Inhalte somit einfach bei Facebook posten oder liken, so dass deren Freunde dies sehen können.

Guter Social Media Content ist wichtig, wenn Sie Fans auf Facebook gewinnen wollen. Sorgen Sie also für regelmäßige Inhalte bei Facebook, um mehr Beachtung, Engagement und Viralität bei den Fans zu erzielen. Beachten Sie beim Texten, dass die meisten Fans die Inhalte in ihrem Newsfeed entdecken und nicht auf der Fanpage selbst. Ansonsten werden wichtige Details vielleicht gar nicht angezeigt, weil der Post zu lang ist und im Newsfeed nicht komplett angezeigt wird. Zehn Tipps zur Social-Media-Content-Produktion:

1. Bieten Sie regelmäßig hochwertigen Content mit Mehrwert an.
2. Sorgen Sie für hohe virale Verbreitung durch „Gefällt mir“ und Kommentare.
3. Schlagen Sie Ihren Freunden die Fanseite als Favorit vor.
4. Machen Sie Umfragen auf Facebook.
5. Schalten Sie Anzeigen auf Facebook.
6. Verlinken Sie Ihre Fanpage mit allen Marketing-Maßnahmen wie Website oder Mail-Signatur.
7. Drucken Sie die URL auf alle Print-Unterlagen wie Broschüren, Visitenkarten und Plakate.
8. Lustige, skurrile oder kuriose Inhalte zwischen den informativen Inhalten lockern das Gesamtbild der Fanpage auf. Dazu eignen sich auch Beiträge aus den eigenen Reihen.
9. Verwenden Sie keine automatischen Veröffentlichungsdienste zur Content-Verteilung. Sie wollen Menschen erreichen und die Inhalte

sollten deshalb auch einen persönlichen Charakter haben: *human touch*.

10. Moderation: Nutzen Sie Facebook in beide Richtungen. Fans wollen gehört werden, also posten Sie nicht nur, sondern hören Sie auch zu und antworten Sie individuell auf persönliche Fragen.

Facebook-Aktionen mit Beispielen

- Gelegentliche Gewinnspiele, Geschenke oder Wettbewerbe für die Fans erhöhen das Engagement und sorgen für neue Fans. Beachten Sie dabei aber unbedingt die Facebook-Richtlinien für Gewinnspiele.
- Aktionen sollten immer mit den Facebook Insights analysiert werden, um für spätere Aktionen Verbesserungspotenzial zu erkennen und die Wirksamkeit verschiedener Aktionsformen auszuloten.
- Weitere Insights liefern spezielle Apps wie Wisdom auf Facebook: apps.facebook.com/wisdomapp.

Personalisiertes Marketing mit Best Practice

Personalisiertes Marketing mit Social-Media-Einsatz spricht Kunden direkt und emotional an und sorgt somit für mehr Nähe zu den Kunden.

Personalisierung zur Kundenbindung

Coca Cola hat in Israel eine sehr interessante Marketing-Kampagne gestartet. Ein Banner Ad verspricht den Kunden ein personalisiertes Dosendesign, das sie via Facebook mit persönlichen Bildern ausstatten können. Coca Cola druckt das fertige Design auf die Dose und schickt sie an die Freunde. Das Ziel von Coca Cola war es, eine Social-Media-Kampagne aufzustellen, die das Interesse der Kunden weckt und gleichzeitig auch die Interaktion fördert. Erreicht wurde das Ziel durch die emotionale Ansprache. Eine Dose eines beliebten Erfrischungsgetränks mit dem eigenen Design und einem Bild von sich selbst ausstatten zu können, die man dann an gute Freunde verschickt – damit scheint Coca Cola bei den Kunden gut anzukommen. Wer sein eigenes Bild auf ein Produkt eines Unternehmens drucken lässt, identifiziert sich intensiver mit der Marke.

Personalisiertes Marketing sorgt für Klicks

Interessanter Nebeneffekt ist bei dieser Kampagne die erstaunlich hohe Klickrate. Der Banner wurde etwa achtmal öfter geklickt als herkömmliche Banner. Ist Bannerwerbung ansonsten bei potenziellen Kunden eher verpönt, sorgt personalisiertes Marketing in diesem Fall für Interesse, Klicks und Interaktion. Ein simpler Klick auf den Banner reicht aus, um das Profilbild des Nutzers zu integrieren. Da sich eine solche Aktion auch sehr gut dazu eignet, neue Fans für eine Fanpage zu bekommen, dürfte personalisiertes Marketing via Facebook Connect auch für andere Unternehmen interessant sein. Noch nicht abschließend geklärt ist freilich, ob solche Aktionen nicht gegen die Nutzungsbestimmungen von Facebook verstoßen. Außer Traffic hat Facebook von solchen Kampagnen ja keinen Vorteil.

Best Practice: Porsche

Porsche ist mit vorbildhaften Facebook-Aktionen in Social Media präsent. Im November 2010 hat Porsche auf Facebook die Eine-Million-Fans-Marke geknackt. Zu diesem Anlass versprach Porsche die Namen der Facebooknutzer auf einen Wagen zu gravieren und so den Fans zu danken. Über eine Facebook-Applikation konnten Nutzer an der Aktion teilnehmen und ihren Namen dort vermerken. Auf einer Microsite kann man sich die Produktion des Wagens ansehen und überprüfen, ob und wo der Name auf dem Sportwagen 911 GT3 R Hybrid real abgedruckt ist. Wer sich den Wagen in echt ansehen möchte, kann dies im Porsche-Museum in Stuttgart tun. Ähnliche Aktionen gab es bereits bei Nivea Deutschland, wo die Namen auf einer Cremedose aufschienen. Zudem betreibt Porsche einen der erfolgreichsten YouTube-Video-Channels mit aktuell über 15 Mio. Upload-Aufrufen und 35.000 Abonnenten. Auch auf

Flickr ist das Unternehmen bereits sehr aktiv. Zudem präsentiert Porsche diese Inhalte auch in einem ansprechenden Social-Media-Newsroom. Das Social-Media-Engagement trägt bereits Früchte: Aktuell hat Porsche 2 Millionen Fans auf Facebook.

Wie virales Marketing mit Social Media gelingt

Das Ziel ist, dass Informationen von Mensch zu Mensch weitergegeben werden. Da eine vertraute Person positiv darüber berichtet, wird die Empfehlung nachhaltig positiv vom anderen wahrgenommen. Solche Empfehlungen wirken glaub- und vertrauenswürdiger als Werbung. Social Media sind inzwischen leicht zugänglich, weil fast jeder einen Internetzugang hat. Virales Marketing ist also ein Türöffner für Unternehmen, die ihre Kundenbeziehungen fördern und ihre Markenbekanntheit steigern möchten.

Was ist virales Marketing?

Beim viralen Marketing geht es um die ansteckende Verbreitung von Botschaften. Unternehmen versuchen, verlockende Marketing-Angebote zu generieren, die so gut bei der Zielgruppe ankommen, dass jeder darüber redet und sich die Botschaften in Windeseile – eben wie ein Virus – verbreiten. Virales Marketing geschieht vor allem online, indem etwa ein Werbespot von Nutzern verlinkt bzw. an andere Nutzer empfohlen wird. Deshalb folgt noch ein Beitrag über multimediale Inhalte, um attraktive Formate für Audio und Video zu entwickeln.

Best Practice: Old Spice

Die virale Social-Media-Kampagne von Old Spice hatte bereits 2010 große Erfolge erzielt. Der Altherrenduft hat sich durch seinen erfolgreichen Relaunch zu einer trendigen Marke verjüngt. Nun ist eine neue Aktion am

Start: „I'm back." Millionen Klicks auf YouTube beweisen auch wieder die hohe Attraktivität der neuen Aktion.

Im Februar 2011 startete Old Spice eine neue virale Kampagne mit Testimonial Isaiah Mustafa. Nur mit einem Handtuch bekleidet, präsentiert der ehemalige Footballprofi in einem Teaservideo seine Argumente, warum auch die nächste Social-Media-Kampagne von Old Spice definitiv ein Erfolg wird.

Allein bis November 2011 konnte das Old-Spice-Teaser-Video auf YouTube bereits über 1,6 Millionen Abrufe verbuchen. Das beweist: Ein einzigartiges Konzept und eine professionelle Umsetzung verhelfen nachhaltig zum Erfolg. Der Weg ist frei. Wir können gespannt sein, ob Old Spice mit dieser neuen Kampagne den eigenen Erfolg toppt.

Mitmach-Aktionen werden im Social-Media-Marketing immer beliebter. Kunden dürfen mitmischen und sorgen mit ihrer interaktiven Ausrichtung für reges Interesse. Das ist ein geschickter Schachzug, der mit viralem Marketing viele Kunden infiziert und begeistert.

Best Practice: Rügenwalder

Zur Kreation einer neuen Wurstsorte nutzt die Rügenwalder Mühle zusammen mit der Agentur elbkind das soziale Netzwerk Facebook: Für die neue Sorte „Genuss des Jahres" hält der Hersteller auf Facebook Ausschau nach Wurstexperten und nutzt Social-Media-Marketing. Über Facebook wurden fünf Wursttester gesucht. Auf der Fanpage der Rügenwalder Mühle konnte man sich über das Teilnahmeformular als Wursttester bewerben. Bewerber mussten lediglich ein Bewerbungsbild sowie einen Bewerbungstext hochladen. Zudem ging es darum, möglichst viele Fans zu mobilisieren und zur Abstimmung zu motivieren. Dann konnte jeder Nutzer für einen Bewerber voten. Damit wurden fünf Wurstexperten ermittelt, die in die Rügenwalder Mühle nach Bad Zwischenahn eingeladen wurden. Dort durften sie vor Ort neue Sorten kreieren. Präsentiert werden die zehn Sorten erneut auf Facebook, wo die Community abermals aufgerufen ist, für ihre Lieblingssorte zu voten. Doch das ist noch nicht alles: Parallel werden weitere 50 Teilnehmer per Community-Voting ermittelt, die beim finalen Geschmackstest die Top-3-Lieblingssorten testen dürfen. Auch diese Teilnehmer kommen in den Genuss, die Herstellerräume vor Ort kennenzulernen: Bei einem Verköstigungs-Event werden die Top-3-Sorten bewertet. Aus allen Resultaten wird schlussendlich der Gewinner gekürt: „Genuss des Jahres 2011."

Der Wursttest unter dem Motto „Abheben, abbeißen, abkassieren" fand in luftiger Höhe von 1.500 Metern statt. Die fünf Teilnehmer erhielten ein Preisgeld von jeweils 1.500 Euro. Diese virale Kampagne sorgte für Resonanz im Social Web. Allein die Fanpage hat etwa 30.000 Fans und auch der YouTube-Film wurde 30.000 Mal angeschaut. Begleitet wurde die Aktion vom Comedy-Duo Mundstuhl. Rügenwalder wollte mit der Kampagne auf die neuartige Verpackung seiner Würstchen aufmerksam machen, die ohne Wurstwasser in einem wiederverschließbaren Becher angeboten werden. Das Produkt kam anschließend auf den Markt.

Viele Kunden nutzen Facebook, um sich über Marken, Produkte und Unternehmen zu informieren – entsprechend groß ist das Interesse an Marken auf Facebook und im Speziellen an solchen Mitmach-Aktionen, die über Facebook kommuniziert werden. Der große Vorteil für Unternehmen und Kunden: Statt Einwegkommunikation findet ein interaktiver Dialog statt. Den Kunden wird Interesse an ihrer Meinung vermittelt und sie gestalten unternehmerische Entscheidungen in der Produktgestaltung oder in Innovationsprozessen mit. Dabei unterstützt der virale Faktor das Geschehen. Die Funktionen zum Weitersagen und Teilen in der Bewerbung und der „Gefällt-mir"-Button auf Facebook sorgen für eine schnelle Verbreitung der Aktion.

Rügenwalder Mühle ist nicht das einzige Unternehmen, das Mitmach-Kampagnen im Rahmen von Social-Media-Marketing einsetzt – auch Ritter Sport, Milka und McDonald's etwa setzten bereits auf Kundenmeinungen.

Virales Marketing basiert auf Empfehlungsmarketing

Empfehlungen sind in vielen Branchen das beste Marketing. Wichtig bei einem aktiven Einsatz ist: Benutzen Sie virales Marketing nicht als Trend, sondern achten Sie darauf, dass Sie die Botschaften, die Sie viral verbreiten, in der Realität auch einlösen. Was hilft es Ihnen, wenn Sie Millionen von Fans gewinnen, die Ihren Produktfilm cool finden und ihn an Freunde viral empfehlen, dann aber wieder enttäuscht abwandern, weil der Coolness-Faktor nicht auf Dauer eingehalten wird. Deshalb muss man prüfen, was wirklich zur Marke passt, wenn man mit Social Media einen nachhaltigen Effekt mit viralem Marketing erzielen will.

Fragen Sie sich also, ob Sie nur schnell einen hohen Profit herausholen wollen oder ob Sie einen Kunden auch nachhaltig an sich binden möchten. Mit letzterem Ansatz werden Sie langfristig mehr Erfolg haben. Das bedeutet aber auch, dass Sie wirklich gut in Ihrem Business sein müssen. Testen Sie Ihr Potenzial für Empfehlungsmarketing mit diesen zehn Fragen:

1. Wie viele Neukunden bringt Ihr Empfehlungsmarketing?
2. Wie systematisch gehen Sie dabei vor?
3. Wie empfehlenswert ist Ihr Unternehmen?
4. Wie gestalten Sie Ihre Kundenbeziehungen online?
5. Wie empfehlenswert sind Ihre Produkte und Service-Leistungen?
6. Wie attraktiv sind Nutzen und Mehrwert für Ihre Kunden?
7. Wie innovativ sind Ihre Produkte und wie darf der Kunde sie mitgestalten?
8. Wie intensiv nutzen Sie Storytelling in Gesprächen?
9. Wie häufig nehmen Sie Chancen für Empfehlungen wahr?
10. Wie binden Sie Ihre Kunden in diesen Prozess aktiv ein?

Beim viralen Marketing rücken die „Influencer" in den Fokus. Das Urteil der Meinungsmacher und Referenzgeber beeinflusst die Meinungsbildung und das Konsumverhalten ganzer Gruppen. Denn viele hören erst einmal, was die „Opinion Leader" zu sagen haben. So kommt es, dass Menschen sich an den aktiven Influencern orientieren, die das Sagen haben. Die Influencer kann man an hohem Vernetzungsgrad und vielen eigenen Beiträgen in sozialen Netzwerken erkennen.

Wie belohnt man Empfehlungen?

Soll man Kunden dafür bezahlen, dass sie positiv über ein Unternehmen oder ein Produkt sprechen? Sicher motiviert man durch eine Belohnung den Empfehlungsgeber. Doch soll die Belohnung ideell oder materiell sein? Das ist eine Streitfrage im Empfehlungsmarketing, die die Gemüter erhitzt.

Die Motivation für Empfehlungen ist meist Fürsorge: Menschen geben Empfehlungen an ihre Freunde aus freien Stücken weiter, weil sie ihnen positive Kauferlebnisse wünschen und sie vor Enttäuschungen bewahren wollen. Eine Empfehlung ist also zumeist glaubwürdig und freiwillig von einem Empfehler getätigt. Erst wenn die empfehlende Person glaubwürdig ist, ist auch die Empfehlung vertrauenswürdig. Die Überzeugungskraft der Mundpropaganda besteht darin, dass Empfehlungen aufgrund persönlicher Überzeugung weitergegeben werden und nicht, weil der Empfehler einen Gewinn davon erhält. Doch wie sieht das Belohnungsprinzip in der Realität konkret aus? Da sich die Begriffe im Empfehlungsmarketing ähneln, folgt hier ein Vorschlag, wie man sie definieren und zugleich die Belohnungseffekte besser verstehen kann:

- **Affiliate Marketing:** Dabei kommt es zu keiner Empfehlung, sondern der „Empfehler" leitet potenzielle Kunden an Unternehmen weiter und erhält als Gegenleistung eine Provision. Der Empfehler wird also direkt am Umsatz des Unternehmens beteiligt und dafür entlohnt, dass er Leads, also die Daten potenzieller Kunden, weiterreicht.
- **Influencer Marketing:** Eine VIP-Persönlichkeit des öffentlichen Lebens oder ein gut vernetzter Online-Multiplikator wird zum Botschafter des Unternehmens. Hier ist es üblich, den Multiplikator für seine positiven Äußerungen zu belohnen.
- **Virales Marketing:** Ein verbreitungswürdiger Inhalt wird über „Internet" verbreitet. In den meisten Fällen wird die Botschaft zu einem

virusartigen Selbstläufer. Um das Virus zu verbreiten, kann man Seeding-Maßnahmen einsetzen und Blogger dafür bezahlen, dass sie den viralen Content auf ihrem Blog veröffentlichen, was allerdings auch umstritten ist.

- **Markenbotschafter:** Agenturen wie trnd oder BzzAgents senden Testprodukte an potenzielle Multiplikatoren, die dann für positive Mundpropaganda sorgen. Die Ambassadors bewerben sich als Markenbotschafter und werden per Voting von der Internetgemeinde gewählt. Sie erhalten exklusive Produkte kostenlos und dürfen ihre Meinung an Freunde verbreiten und Produkte mitgestalten.

Die Beispiele zeigen, dass es durchaus Praxis ist, einem Empfehler eine Gegenleistung für seine Empfehlung zu bieten. Als Unternehmer sollte man jedoch nicht unbedingt den Fokus auf finanzielle Leistungen setzen. Daneben kommen auch ideelle Vorteile und materielle Leistungen in Betracht. Potenzielle Empfehler können beispielsweise durch das Nutzen von Testprodukten oder durch Rabattangebote, Umfragen oder Tell-a-Friend-Aktionen motiviert werden.

Markenbotschafter in Social Media mit Best Practice

Ambassadors sind Fans einer Marke, die positive Mundpropaganda dafür machen. In Amerika nutzen viele Unternehmen schon den Effekt, dass man „Markengeflüster" zum Marketing-Instrument macht. Die Werbeausgaben für Mundpropaganda-Marketing sind dort hoch und steigen immer weiter. Doch auch Mundpropaganda-Marketing ist kein Hexenwerk.

Wie gelingt Marketing mit Markenbotschaftern?

Ambassadors erhalten kostenlose Testprodukte. Sie probieren die Produkte, diskutieren darüber im Freundeskreis und schreiben Berichte in sozialen Netzwerken. Die Markenbotschafter werden bei der Produktgestaltung aktiv eingebunden. Damit erhält das Unternehmen wertvolle

Anregungen, wie man die Produkte verbessern kann. Nach der Mundpropaganda-Kampagne werden die Online-Gespräche ausgewertet und analysiert. Somit gewinnt das Unternehmen umfassende Erkenntnisse über Kundenwünsche und Vorlieben.

Best Practice: Ritter Sport

Bei Ritter Sport werden beispielsweise die Markenbotschafter regelmäßig mit der Verköstigung neuer Sorten belohnt. Für Schoko-Liebhaber kann also der Anreiz sein, als einer der Ersten eine neue Sorte gratis zu probieren und die eigene Meinung dazu kundzutun.

Bei einer Aktion wollte Ritter Sport mit Social Media die Sorte Ritter Sport Olympia neu beleben. Also wurden Blogs eingerichtet: Ritter-Sport-Blog und Olympia-Blog. Facebook, Twitter und YouTube wurden aktiviert.

Für Ritter Sport Olympia wurde ein Video-Wettbewerb ins Leben gerufen. Dann wurde eine Comeback-Party organisiert, ein Buch veröffentlicht und eine Viral-Video-Kampagne organisiert. Die crossmediale Kampagne wurde sogar im TV ausgestrahlt. Begleitet wurde das Ganze mit Plakat- und TV-Werbung. Mitmachen durften auch die Leser des Blogs von Ritter Sport. Bei der Kreation einer neuen Schokoladensorte setzt das Unternehmen auf die Unterstützung seiner Fans. Kreativer Input war willkommen. Zunächst rief Ritter Sport dazu auf, Vorschläge für eine neue Schokoladensorte abzugeben. Nach dem Eingehen der Vorschläge folgte die zweite Runde: Es wurden 20 Vorschläge ausgewählt und im Blog sowie auf Facebook vorgestellt. Jeder konnte seine Meinung und seine Lieblingssorte aus den Vorschlägen mitteilen. Der Sieger heißt: „Cookies & Cream". Heute sind Social Media und crossmediales Marketing fester Bestandteil der Marketingstrategie von Ritter Sport.

Das Best-Practice-Beispiel zeigt, dass Selbstbestimmung immer gut ankommt. Rittersport-Fans kreieren ihre Lieblingsschokolade und werden in Entscheidungsprozesse mit einbezogen, die sonst ohne Endkunden stattfinden. Die Gelegenheit, anderen seine eigene Meinung mitzuteilen und damit sogar noch Ergebnisse zu beeinflussen, löst bei vielen das Verlangen aus, „mitzumischen" – für die Kampagne und das Produkt an sich also ein lohnenswerter Effekt.

Live kann man übrigens auch in Berlin seine eigene Schokolade bei Ritter Sport im Ladenlokal mischen, was ein kreatives und kulinarisches Erlebnis ist. Zudem zeigt es, wie gelungen Ritter Sport Online- und Social-Media-Aktionen mit Events, Crowdsourcing und Points of Sales verbindet. Übrigens war meine eigene Schokolade mit dem Mix aus Erdbeeren, Erdnüssen und Chili eine echte Überraschung. Tipp: Gestalten Sie Ihre eigene Schokolade, wenn Sie wieder einmal in Berlin sind!

In Deutschland ist die Agentur TRND Marktführer für Mundpropaganda-Marketing. TRND hat im Internet ein Netzwerk aus über 460.000 Multiplikatoren aus Deutschland, Österreich und der Schweiz aufgebaut, die mit Begeisterung über ihre Vorlieben sprechen. Seit Anfang 2005 wurden über 300 Kampagnen für Kunden wie P&G, Wrigley, Henkel, GSK, Bosch, Unilever, L'Oréal, Ferrero, Philips, smart und Microsoft realisiert. Für jede Kampagne werden bis zu 10.000 Teilnehmer aus dem Pool der Markenbotschafter ausgewählt. Diese Markenbotschafter erhalten von den werbenden Unternehmen Testprodukte für sich und ihre Freunde.

Die Unternehmen profitieren doppelt: Die Markenbotschafter machen **Mundpropaganda-Marketing** im eigenen Freundeskreis, und die Unternehmen erhalten Verbesserungsvorschläge für die Produkte. Außerdem werden die Markenbotschafter bereits bei der Produktgestaltung involviert.

Wichtig ist: Nicht nur Kunden, sondern auch Mitarbeiter können zu Markenbotschaftern werden. Auch diese sind Garanten für die Einhaltung des Markenversprechens und tragen zum Aufbau der Marke bei. Überzeugte und mit einer Marke vertraute Mitarbeiter nehmen eine wichtige Rolle als **Markenbotschafter** ein.

Warum Sie Webvideos einsetzen sollten

Filme üben durch ihren Mix aus bewegten Bildern, Ton und Text eine enorme Anziehungskraft aus. Kein Wunder, dass immer mehr Unternehmen Webvideos für ihr Marketing nutzen. Vor allem kleine und mittlere Unternehmen profitieren, weil durch die digitale Produktion Filme nun auch für kleine Budgets erschwinglich sind und durch virales Marketing eine hohe Reichweite und somit große Wirkung erzielen können.

Webvideos sind informativ, trendy und kostengünstig. Sie genießen eine hohe Aufmerksamkeit beim Zuschauer. Bei Gefallen werden sie virusartig weitergeleitet an Freunde, Kollegen und Bekannte. Das spart hohe Werbekosten, weil keine Werbeträger wie TV bezahlt werden müssen! Denken Sie nur an den preisgekrönten Film von „Horst Schlämmer" (Hape Kerkeling) für VW: „Ich kaufe doch keinen Unfallwagen!", der etwa eine Million Abrufe auf YouTube hatte und millionenfach weiterempfohlen wurde. Sicher haben Sie auch dabei gelacht, oder?

Filmexperte und -produzent Gerald Meyer von AV-Image zum Filmeinsatz: „Die Zeiten haben sich geändert – der Konkurrenzdruck ist größer geworden. Ihr Mitbewerber, der ein Video für seine Werbung einsetzt, ist Ihnen in der Werbewirksamkeit voraus. Der Kunde möchte Infos bekommen, die ihn gleichzeitig unterhalten und ihn zum Mitmachen anregen."

Webvideos werden in Zukunft noch mehr an Stellenwert im Marketing gewinnen. Viele Studien belegen die starke Verkaufsförderung durch Videos. Da Filme heute aufgrund der digitalen Produktion viel günstiger geworden sind und zugleich die Umsatzsteigerung im Vergleich zur klassischen Werbung unschlagbar wirksam und zugleich günstig ist, wird deren Stellenwert im Marketing-Mix noch weiter massiv zunehmen.

Der schnelle Zugriff auf gezielte Informationen online wird immer wichtiger. Dazu ist virales Marketing eine perfekte Maßnahme. Denn Anbieter, Produkte oder Dienstleistungen werden „gegoogelt", um im Nu die gewünschten Informationen zur Kaufentscheidung zu finden. Und Filme vermitteln viel Inhalt mit Emotionen.

Posten Sie oft Fotos, Audio und Video. Sie besitzen einen starken viralen Charakter und geben einer Marke und Unternehmen ein authentisches Gesicht. Beachten Sie aber bei Bildern und Video das Copyright, denn Sie geben die Rechte an Facebook ab. Einige Beispiele zum Foto- und Video-Einsatz:

- Image-, Produkt- oder Firmen-Präsentation beispielsweise auf Slideshare
- Video auf YouTube zur viralen Verbreitung für Facebook, Website, Blog, Twitter
- Audio-Beiträge wie Radiobeiträge, Podcast, Interviews etc.
- Fotos aus Ihrem Unternehmen:
  - Mitarbeiter der Facebook-Site
  - Szenen: Dienstleistung, Firmenveranstaltung, Produkte
  - Zufriedene Kunden, Fotos zu aktuellen Themen

Virales Marketing im Internet wirkt nachhaltig

Mit dem Internet hat die Mund-zu-Mund-Propaganda eine Renaissance erlebt. Grund dafür ist die Leichtigkeit: das einfache Handling und die enorme Geschwindigkeit, mit der sich Informationen mittels Websites, Foren oder E-Mails verbreiten. Kein anderes Marketinginstrument hatte jemals ein so großes Potenzial, klassische Massenkommunikation zu revolutionieren.

Die Verbreitung der Marketingbotschaft durch den „Kundenmund" ist nicht nur wesentlich kostengünstiger ist als herkömmliche Instrumente. Viel entscheidender ist, dass Viral Marketing anders als traditionelle Werbung die natürlichen Beziehungen in menschlichen Netzwerken nutzt: Wenn eine Botschaft den aufdringlichen Werbecharakter verliert – indem sie von Freund zu Freund weitergetragen wird –, werden enorme Potenziale in der Kunden-Kommunikation erschlossen.

Empfehlungsmarketing durch virales Marketing

Empfehler sind Ihre besten Verkäufer! Das Gute daran ist, dass die Empfehlung von Kunden nichts kostet. Lobt ein Kunde ein Unternehmen, dann stehen die Chancen gut, dass es zu einem Abschluss kommt. Mund-zu-Mund-Propaganda das effizienteste Marketing. Es ist der stärkste Hebel der Kaufentscheidung – egal, ob es sich um Spiele, Reisen oder Versicherungen handelt. Den Empfehlungen der besten Freunde vertraut man eben.

Wenn jemand in der Offline-Welt eine Empfehlung ausspricht, so ist der Empfängerkreis durch die zur Verfügung stehende Zeit und die Reichweite des Empfehlers begrenzt. Ein normaler Mensch trifft nur eine Handvoll gute Bekannte in der Woche. Und es ist unwahrscheinlich, dass jemand zum Telefon greift und alle seine Freunde anruft, nur um ihnen eine Empfehlung für ein Produkt auszusprechen. Online sieht das ganz anders aus. Hier ist die Verteilung an Freunde dank Social Media nur einen Mausklick entfernt.

Mit Webvideos fördern Unternehmen die Gedächtnisleistung ihrer Kunden. So stellt etwa die Tomorrow Focus AG in ihrer Studie zur Werbewirksamkeit von Webvideos fest, dass Online-Videowerbung eine höhere Wirkung in den Bereichen Aufmerksamkeit und Erinnerung erzielt als andere Werbeformen im Internet. Auch für das Google-Ranking einer Site werden Webvideos immer interessanter. Die Ergebnislisten von Google liefern gerne Videos zu Suchanfragen, und zwar *ergänzend* zu den zehn bereits vorhandenen Treffern auf der ersten Ergebnisseite. Webvideos bieten Ihnen also eine zusätzliche Chance, auf die erste Ergebnisseite bei Google zu gelangen – auch ohne das Schalten kostenpflichtiger Google Adwords!

Schlagen Sie drei Fliegen mit einer Klappe! Mit Videos unterhalten Sie Ihre Kunden, verkaufen Sie Ihre Produkte und lassen sich über Google von Interessenten finden! Ihr Film gibt Ihnen die Möglichkeit, Ihr Unternehmen, Ihre Mitarbeiter und Leistungen multimedial zu präsentieren. Durch das Ansprechen mehrerer Sinne werden Inhalte zudem nachhaltiger im Gehirn gespeichert.

Im B2B-Umfeld spielen Videos eine immer größere Rolle. Geschäftskunden suchen auf Websites verstärkt nach Videos. Laut dem Marktforschungsinstitut MarketingSherpa haben Online-Videos nach der Mundpropaganda den wichtigsten Einfluss zur Kaufentscheidung von Entscheidungsträger. Als Unternehmer können Sie diese Entwicklung hervorragend für Ihr Marketing nutzen!

Best Practice: Stihl

Das schwäbische Familienunternehmen Stihl entwickelt, fertigt und vertreibt als weltweiter Marktführer Motorsägen. Bei YouTube, Twitter und Facebook macht der Konzern mit Filmen auf sich aufmerksam. Der Film „Stihl-Infotainment“ wurde sogar mit den Deutschen Wirtschaftsfilmpreis in der Kategorie „Filme aus der Wirtschaft“ ausgezeichnet. Der Film porträtiert das Berufsleben von zwei Ingenieuren in der Stihl-Entwicklung. Stihl hat den Film in Auftrag gegeben, um junge Ingenieure und Studienabsolventen für Stihl zu gewinnen. Es sollte ein Film produziert werden, der durch authentische Atmosphäre, Emotionalität und Witz überzeugt. Im Film wirken Mitarbeiter aus Forschung und Entwicklung mit.

Erzählen Sie Ihre Geschichten im Film

Komplexe Sachverhalte lassen sich einfach mit Filmen erklären. Emotionen lassen sich leicht mit einem Film wecken. Denken Sie an Ihren Lieblingsfilm. Vermutlich haben Sie noch eine Sequenz vor Augen, die Ihnen ans Herz ging und Sie emotional berührt hat, oder? Also, Sie kennen es selbst! Mehr zum Storytelling folgt im Kapitel Kommunikation.

Präsentieren Sie sich und Ihre Produkte in einem Video, das Sie auf Ihrer Webseite und in Business-Portalen anbieten. So vermitteln Sie online einen ersten Eindruck von Ihrer Persönlichkeit – authentisch und emotional. Geben Sie Ihren Botschaften mit Webvideos ein Gesicht! Alle Branchen profitieren durch den Einsatz von Webvideos, besonders aber Dienstleistungen, Online-Shops und Einzelkämpfer.

Ihrer Kreativität sind keine Grenzen gesetzt

Sie können frei sprechen, sich interviewen lassen oder eine Aufnahme von einem Fachvortrag vor Publikum nutzen. Oder Sie nutzen einen professionellen Sprecher, der Ihren Film moderiert. Auch komplexe Zusammenhänge oder Projekte lassen sich in einem Video verständlich und unterhaltsam darstellen. Sie können unterschiedliche Hilfsmittel verwenden. Achten Sie beim Inhalt immer darauf, dass Sie nutzenorientiert präsentieren und für den Zuschauer verständlich sprechen.

Das richtige Format finden

Um Ihren Film zu planen, überlegen Sie, welcher Filmtyp zu Ihrem Anliegen passt. Fünf bewährte Formate:

- Ein **Imagefilm** transportiert die Firmenidentität.
- Ihr **Produktfilm** präsentiert spezielle Produkte.
- **Schulungsfilme** motivieren für Anwendungen und vermitteln Wissen.
- **Employer-Branding**-Filme fördern das Arbeitgeber-Image.
- **Referenzfilme** zeigen Kundenmeinungen mit O-Tönen.

Wie erkenne ich einen guten Filmproduzenten?

Gerald Meyer von AV-Image meint dazu: „Der Filmproduzent sollte zu Ihnen, zu Ihrem Unternehmen und Ihrem Thema passen. Er sollte auf Ihre Wünsche eingehen und offen sein für Ihre Ideen. Ein Storyboard (bei größeren Projekten auch ein Drehbuch) sollte auf jeden Fall im Angebot enthalten sein, denn darin werden die Ideen, die Story und die Inhalte festgelegt. Damit vermeiden Sie böse Überraschungen. Mit einem Anbieter, der für ein Video 500 Euro verlangt, kann etwas nicht stimmen, dieser Betrag deckt nicht die Kosten, die für ein seriöses Video benötigt werden.

Lassen Sie sich Arbeitsproben zeigen, die es meist als Demo-Video auf der Homepage des Anbieters gibt. Und entscheiden Sie: Wie gefällt Ihnen die Machart der gezeigten Videos?"

Was es kostet: Beispiele zur Kalkulation

Nach oben gibt es keine Grenzen. Für die Kalkulation gelten laut AV-Image drei nachvollziehbare Grundregeln:

- Je kleiner das Filmteam, desto günstiger ist die Produktion.
- Je weniger Drehorte, desto günstiger ist die Produktion.
- Je einfacher der Inhalt, desto preiswerter kann der Film produziert werden.

Video spricht wie kein anderes Medium unmittelbar die Emotionen Ihrer Kunden an. Nutzen Sie diese Möglichkeit, um sich direkt in den Kopf Ihrer Kunden zu bringen. Zeigen Sie sich und präsentieren Sie eindrucksvoll Ihr Unternehmen, Ihre Person und Ihre Leistungen.

CHECKLISTE

Lohnt sich ein Film für Ihr Unternehmen?

Mit dieser Checkliste können Sie prüfen, ob ein Filmprojekt für Sie lohnenswert ist. Wenn Sie nur eine Frage mit „Ja" beantwortet haben, ist er bereits ein Gewinn!

1. Möchten Sie bei Ihren Kunden Emotionen für ein Produkt wecken?
2. Wollen Sie verstärkt Vertrauen in Ihre Produkte oder in Ihr Unternehmen schaffen?
3. Verkaufen Sie komplexe Leistungen, deren Nutzen man nicht auf Anhieb versteht?
4. Gibt es Produkte oder Vorgänge, die einer bildlichen Anleitung bedürfen?
5. Geht es Ihnen darum, die Qualität Ihrer Produkte oder Dienstleistungen darzustellen?
6. Gibt es wichtige Produktinformationen, die Sie auf Ihrer Website nicht über Texte vermitteln können?

7. Sind Sie ein Unternehmer (z.B. Trainer, Berater, Anwalt), der seinen Expertenstatus und seine Persönlichkeit durch ein Video zum Ausdruck bringen möchte?

Die mobile Social-Media-Nutzung nimmt zu

Mit Smartphones ist es leichter als je zuvor, unterwegs online zu bleiben und in Social Media aktiv zu sein. Die Social-Media-Nutzung ist in Europa durch die steigende Akzeptanz von Smartphones massiv gewachsen. Die mobile Nutzung von Twitter und LinkedIn hat sich sogar verdoppelt.

ComScore hat im November 2011 einen Überblick über die mobile Social-Media-Nutzung in den fünf führenden europäischen Ländern – Deutschland, Frankreich, Großbritannien, Italien und Spanien – veröffentlicht. Die Studie zeigt, dass die Zahl der Nutzer, die in der EU5-Region mit mobilen Endgeräten auf Social-Media-Webseiten zugegriffen haben, innerhalb eines Jahres um 44 Prozent gewachsen ist. Insgesamt haben 55,1 Millionen Nutzer in den fünf Ländern im September 2011 Social Networks oder Blogs mit mobilen Endgeräten aufgerufen.

Bemerkenswert ist, dass die Wachstumsrate der täglichen Social-Media-Nutzung noch höher ist als der Anstieg der gesamten mobilen Social-Media-Nutzung. Daher kann man vermuten, dass sich diese Nutzung als unverzichtbarer Bestandteil fest in das tägliche Leben der Menschen integriert. Social-Media-Anbieter investieren deshalb weiter in die Verbesserung der User Experience auf mobilen Endgeräten.

Neuer, lukrativer Wachstumsmarkt

Die deutschen Handy-Nutzer haben im Jahr 2010 rund 900 Millionen mobile Anwendungen auf ihre Mobiltelefone geladen. Damit hat sich die Zahl der App-Downloads im Vergleich zu 2009 mehr als verdoppelt (plus 112 Prozent). Das berichtet der Hightech-Verband BITKOM.

Die vielfältigen Anwendungen sind ein Schlüssel für den Erfolg des mobilen Internet. Für fast jeden Zweck gibt es heute eine App! Die Anwendungen reichen von Spielen oder Nachrichten über E-Book-Reader bis zu Fahrplan- und Übersetzungsdiensten. Nach BITKOM-Berechnungen existieren derzeit weltweit rund 520.000 Apps.

Im Jahr 2010 waren fast 90 Prozent aller in Deutschland heruntergeladenen Apps kostenlos. Mit den 110 Millionen kostenpflichtigen Apps wurde im Jahr 2010 ein Umsatz von 357 Millionen Euro erzielt. Das entspricht einem Plus von 88 Prozent im Vergleich zu 2009. Der Durchschnittspreis der kostenpflichtigen Apps lag bei 3,25 Euro. Die Download- und Umsatzzahlen mit mobilen Apps werden weiter steil ansteigen.

Die erfolgreichsten Apps aller Zeiten

Unter den Top 10 der beliebtesten Gratisanwendungen im deutschen Store fürs iPhone finden sich beispielsweise der Musikerkennungsdienst Shazam, die Social-Network-App von Facebook und die iHandy-Wasserwaage. Bei den Bezahl-Apps liegen die Kult-Games Doodle Jump und auch Angry Birds weit vorn. In Deutschland schneiden Spiele hervorragend ab. Alleine in den Top 10 der bezahlten Apps ist fünfmal Zockerfutter vertreten.

Im Gratis-Sektor sind vorrangig Apps vertreten, die als Ersatz beliebter Websites fungieren. Den ersten Platz sichert sich etwa Facebook, gefolgt von eBay und Skype auf den hinteren Rängen der Top 10. Weiter sind praktische Dienste wie die Musikerkennung Shazam, der Lokalitätenfinder AroundMe oder die virtuelle Weltreise Google Earth mit von der Partie. Die beliebtesten Kategorien bei den Apps sind also Spiele, Musik, Wetter, Nachrichten und soziale Netzwerke.

Der Social-Media-Einsatz mit viralem Marketing, Markenbotschaftern, personalisiertem Marketing mit Facebook-Einsatz ermöglicht Unternehmen effizientes Marketing, also viel Wirkung mit relativ wenig Aufwand zu erzielen. Während die Konversionsrate bei klassischen Marketingkampagnen gerade einmal bei rund zwölf Prozent liegt, schafft

Mundpropaganda zumeist 80 bis 90 Prozent. Voraussetzung ist, dass Marketiers ihre Kunden und Multiplikatoren verstehen. Influencer sind offen für exklusive Inhalte und starke Marken. Sind diese vorhanden, tragen sie die Botschaft an ihre Freunde weiter.

Location Based Services boomt

Jeder vierte Deutsche besitzt ein Smartphone und kann mit ortsbezogener Werbung angesprochen werden. Laut Studie von Morgan Stanley wird sich das mobile Internet schneller ausbreiten als das computerbezogene Internet in der Vergangenheit. Innerhalb der nächsten fünf Jahre werden dann mehr Nutzer mit dem Handy ins Internet gehen als mit dem Computer. 71 Prozent der Deutschen sagen, dass sie den Empfang von Werbung auf ihren Mobiltelefonen positiv bewerten, wenn sie dabei einen Mehrwert erhalten, so die Studie Mobile Advertising aus 2010.

Immer mehr Haushalte in der EU verzichten auf einen Festnetzanschluss. 27 Prozent der Haushalte besaßen Anfang 2011 ausschließlich

Abb. 12: Haushalte, die nur noch per Handy telefonieren

einen Mobilfunkanschluss. Spitzenreiter sind Tschechien und Finnland. Dort wird in 81 bzw. 78 Prozent der Haushalte ausnahmslos das Handy genutzt. Das gab der Hightech-Verband BITKOM auf Basis aktueller Daten der europäischen Statistikbehörde Eurostat bekannt.

Doch viele Unternehmen haben die Mechanismen der Location Based Services noch nicht verstanden. Damit lassen sie ein kostenloses und effektives Marketinginstrument ungenutzt. Ob nun Cafés, Bars, Hotels, Boutiquen oder Handelsketten: Jedes lokale Unternehmen kann über LBS wie Foursquare, Facebook Places oder Google Places neue Kunden in den Laden locken. Unternehmen können dort eine Präsenz erstellen und gezielt Produkte anbieten.

Foursquare, Google Latitude, Facebook Places und Twitter Places gehören sicher zu den größten Aufsteigern bei den mobilen Diensten. Einige Unternehmen sind schon auf LBS aufmerksam geworden und selbst Twitter und Facebook versuchen sich ihren Anteil am Trend zu sichern.

Warum checken Menschen sich mit LBS ein? Vielen geht es darum, Freunde zu treffen oder neue Zufallsbekanntschaften zu machen. Food, Shopping und Reisen liegen bei Foursquare im Trend. Einige nutzen Gowalla, Foursquare & Co. auch für das Co-Working oder um die Aktivitäten bestimmter Personen zu verfolgen. So können Eltern etwa die Wege ihrer Kinder im Auge behalten. In Zukunft liegt die Motivation zum Einchecken möglicherweise in der Nutzung von Rabatt-Coupons.

Bei einigen Nutzern ist der spielerische Eifer nach Wettbewerb eine treibende Kraft. Der Wettstreit nach neuen „Pins", „Badges" und der Führung auf dem „Leaderboard" ist für viele Nutzer Grund genug, sich überall einzuchecken. Für sie ist es ein Fun-Faktor mit Suchtpotenzial. Der Spieltrieb auf Foursquare verleitet dazu, dass die Nutzer „am Ball" bleiben, also fröhlich dem Wettbewerb an prestigeträchtigen Check-ins frönen. Immerhin würden ganze 40 Prozent der Foursquare-Nutzer aufgrund eines Sonderangebots zu einem bestimmten Anbieter gehen, was die Attraktivität von Foursquare als Tool zur Stammkundenpflege deutlich macht. Auch der Kampf um die Krone des „Mayors" treibt Foursquare User regelmäßig wieder in das Lokal ihrer Wahl.

Empfehlungen von Freunden oder auch deren Präsenz an bestimmten Orten sind jedoch nicht so wirkungskräftig, was einmal mehr verdeutlicht, dass es vor allem das Prinzip der Incentivierung ist, das mit Abstand am besten bei der (Re-)Aktivierung von (Neu-)Kundschaft funktioniert, genauso wie sich auch Bewertungen von Kunden am besten durch einen geldwerten Vorteil ankurbeln lassen. Menschen suchen eben in erster Linie ihre Vorteile.

Location Based Services locken also den Kunden von der Straße in den Laden und sind somit zunächst ein Vertriebstool. Aber auch für die Kundenbindung lassen sich positive Effekte erzielen. Die Vorgehensweise ist ganz einfach: Unternehmen müssen sich bei den Diensten wie Foursquare eine Präsenz anlegen. Dann können sie User mit Angeboten oder Tipps ansprechen, wenn diese sich in der Nähe einloggen. Das Anlegen der Deals oder Specials ist für Unternehmen kostenlos.

Da auch Facebook mit Places und Deals einen Location Based Service anbietet, ist deren Nutzung in Deutschland im Jahr 2011 ebenfalls sprunghaft gestiegen. Etwa vier Millionen mobile Facebook-User können Unternehmen mit einer Werbebotschaft ansprechen, schätzen Experten. Gezielt und kostenlos können Unternehmen damit werben. Unser Rat: Unternehmen mit lokalem Bezug sollten möglichst bald eine Präsenz anlegen und sich damit entscheidende Wettbewerbsvorteile sichern.

Stellen Sie sich folgende Situation vor: Auf der Fahrt in der Stadtbahn schaut sich eine junge Frau per iPhone nach neuen Pumps um. Die praktische App zeigt ihr tolle Schuhe, die in einem Schuhgeschäft in der City günstig angeboten werden. Und ein weiteres Angebot lockt: Ein anderes Geschäft macht gerade eine 20-Prozent-Rabatt-Aktion. So findet sie nicht nur neue Pumps, sondern hat auch noch ein paar Euro gespart. Schnell wird der „Schnäppchen-Fund" über Facebook und Twitter im Freundeskreis verbreitet und das Unternehmen weiterempfohlen. Dieses Beispiel zeigt, wie Unternehmen neue Kunden ansprechen, überzeugen und halten können, wenn sie Location Based Services nutzen und ihre Produkte und Dienstleistungen dort präsentieren. Folgende Best-Practice-Beispiele zeigen den praktischen Foursquare-Einsatz im aktiven Marketing.

Best Practice: Kiosk-App für die Schweizer Valora

Alle Kioske der Valora (größte Kioskkette der Schweiz) sind in einer App zu finden. Zusammen mit dem Coupon-Angebot des europaweit größten Mobile-Couponing-Marktplatzes COUPIES ist sie so ein umfassendes Schnäppchen-Paradies. Die App zeigt dem User verfügbare Deals in der direkten Umgebung. Dies geschieht über eine Karte oder in der „Augmented-Reality"-Ansicht über die Kamera des mobilen Geräts. Findet der Nutzer ein interessantes Angebot, muss er nur noch den entsprechenden Deal auf seinem Handy speichern und an der Kasse vorzeigen – schon wird der Rabatt gewährt. Checkt er vorher in einem Kiosk ein, bekommt er sogar noch mehr Angebote freigeschaltet. In Zukunft schalten auch umliegende Händler ihre Angebote in der App frei und profitieren so von der Nähe zu ihrem Kiosk. Schon zum Start der App sind einige Partner außerhalb des Kioskgeschäftes mit eigenen Deals beteiligt.

Best Practice: stories! Buchhandlung in Hamburg

Die stories! Buchhandlung in Hamburg weiß, wie sie ihre Kunden jetzt auch mobil glücklich macht: Die Buchhandlung hat ihr Angebot um einen mobilen Service erweitert und gibt mit der iPhone-Applikation von Ubilabs ihren Kunden Leseempfehlungen auf besondere Art.

Die Applikation ist dem Design der stories! Buchhandlung in Hamburg-Hoheluft nachempfunden. Somit soll dem User der Eindruck vermittelt werden, dass der Buchladen an vielen Orten präsent ist – und jederzeit zu einem spontanen Besuch einlädt.

„Wir helfen unseren Kunden, aus der Vielfalt an Büchern eine Auswahl zu treffen, und geben gerne Empfehlungen – ab sofort auch als mobile und interaktive Inspirationsquelle für unterwegs", so Annerose Beurich, *Geschäftsführende Gesellschafterin bei stories! Die Buchhandlung.*

Und so funktioniert die stories!-App

Wer die stories!-App lädt, gelangt im ersten Schritt zur mit Buchtipps gespickten Satelliten-Kartenansicht Hamburgs. In dieser kann er nach Belieben zoomen und sich die Marker, einen zu jedem empfohlenen Buch, auf bestimmten Kartenausschnitten anzeigen lassen.

Wird das Smartphone senkrecht gehalten, wechselt die App in den Augmented Reality-View. Je nach Himmelsrichtung werden die nächstliegenden Buch-Marker auf dem Kamera-Livebild sichtbar. Über den Buchtitel gelangt der User zum persönlichen Empfehlungstext eines stories!-Buchhändlers mit der Ortsinformation und Fakten zum Buch, wie ISBN, Verlag, Autor, Preis und auch einem „Merken"- und einem „Bestellen"-Button. Mehr Informationen auf ubilabs.net.

Ist **SoLoMo** (= mobiles Marketing mit Location Based Services) „the Next Big Thing"?

Einige Zeichen stehen auf Grün: Das Smartphone ist erschwinglich geworden, in der Bevölkerung weit verbreitet und der mobile Internetzugang ebenfalls. Es fehlt noch der praktische Nutzen, den die Unternehmer durch attraktive Angebote leisten müssen. Solange dieser fehlt, sind die Nutzer auf den Spieltrieb ausgerichtet, doch das reicht auf Dauer nicht aus. Bleibt zu hoffen, dass Unternehmen den Trend erkennen und LBS oder SoLoMo als Chance nutzen.

Zukunftstrend: Augmented Reality

Es geht um eine erweiterte Realität durch computergestützte Erweiterungen. Die multimedialen Informationen sprechen alle Sinne an. Zumeist geht es um die visuelle Darstellung, also um die Ergänzung von Bildern oder Videos mit computergenerierten Zusatzinformationen oder virtuellen Objekten mittels Einblendung oder Überlagerung. Bei Fußballspielübertragungen ist erweiterte Realität z. B. das Einblenden von Entfernungen bei Freistößen mithilfe eines Kreises oder einer Linie.

- **Lego** zeigt den Verpackungsinhalt am Point of Sale per Augmented Reality in deidimensionaler Ansicht.
- **Shiseido** sorgt mit Augmented Reality für virtuelles Make-up.
- **Adidas** macht den Schuh zum Spielobjekt: Die Schuhe haben in der Lasche einen Code für den Zugriff auf interaktive Erlebnisse. Die Markenkampagne sollte das Image stärken. Die Inhalte wurden episodisch jeden Monat auf YouTube, in Blogs und weiteren Online-Medien sowie auf Facebook veröffentlicht. Die Kampagne lief 2010 in elf Ländern. Jeder Beitrag wurde zur Präsentation einer bestimmten Kollektion geschaffen, wie etwa der Star-Wars-Kollektion. Laut Adidas haben Social Media wesentlich zur guten Geschäftsentwicklung beigetragen.

Wird Augmented Reality das nächste große Ding?

t3n.de.zählt fünf Gründe dafür auf:

- Smartphones und Tablets werden als Geräte zur AR-Nutzung benötigt. Chiphersteller versprechen für die Zukunft hohe Rechenleistung für aufwendige AR-Algorithmen, die wie Science Fiction wirken. Die Zeit arbeitet hier ganz klar für die AR-Provider.
- AR ist das Eldorado für Marketing. Das Shopping-Erlebnis für Kunden zu personalisieren und zum Bestandteil der allgemeinen Erlebniswirklichkeit zu machen, ist seit langem Anspruch und Ziel der Werber. Mit AR lässt sich die (virtuelle) Erlebniswirklichkeit mit sinnlicher Werbung anreichern, die personalisiert ist und zur Umgebung passt.
- Das Paradigma der Zukunft – Ubiquitous Computing – wird mit AR noch interessanter. Denn PCs sind allgegenwärtig. Wir sind *always on*. Es wird in Zukunft darum gehen, die richtige Handlungsoptionen zur richtigen Zeit am richtigen Ort verfügbar zu haben. Wie sieht sie aus, die alltägliche Anwendung für Augmented Reality? Die Ausstaffierung der realen Umgebung mit relevanten Informationen – wie etwa das Einblenden von Infos für Touristen bei der Sight-Seeing-Tour mit Hinweisen, wo es die beste Pizza gibt.

- Menschen spielen gerne. Der durchschnittliche Gamer hat im Alter von 21 Jahren 10.000 Stunden gespielt. Augmented Reality bietet ein ungeheures Potenzial für die Gaming-Industrie. Deshalb arbeiten Chiphersteller eng mit der AR-Branche zusammen, denn Spiele waren schon oft die Killeranwendung, die einer Technologie zum Durchbruch verhalf. Für Spiele ist Spaß entscheidend. Deshalb ist die Spezial-Brille wichtig, denn wer will beim Real-Doom dauernd das iPad mitschleppen? Sony stellte auf der InsideAR einen Prototypen aus: Die Brille hat Lagesensoren, wird von einem androidbetriebenen, handyartigen Gerät mit Strom und Bild versorgt und vermittelt einen Eindruck, wie man in Zukunft 3D-Spiele spielen wird.
- Augmented Reality ist vielleicht sogar ein Grundbedürfnis des Menschen. So hat es Jan Hederen, Strategy Manager bei Ericsson, formuliert: „Wir versuchen, uns und unsere Umgebung mit Information, Wert und Ästhetik anzureichern. Wenn die technischen Möglichkeiten es also mühelos zulassen, werden wir sie nutzen, um unsere digitale Umgebung mit der realen Welt zu verschmelzen." Insofern hat das Motto „Making the Digital a Natural Experience", einen visionären Touch.

Es gibt zahleiche Anwendungsbereiche für AR, zumeist als Hilfestellung für komplexe Aufgaben, vor allem in Konstruktion, Wartung und Medizin. Ein Beispiel: Durch Anzeigen von Zusatzinformationen werden für einen Mechaniker die Teile eines Gerätes mit Arbeitsanweisungen „beschriftet". Oder der Chirurg hat bei der OP einen „Röntgenblick" zur Verfügung: aus der Tomographie oder vom Ultraschallgerät. Auch die Visualisierung von Architektur ist hilfreich, wenn man sich vorstellen möchte, wie man zerstörte historische Gebäude in zukünftige Architekturprojekte verwandelt.

Auch in der industriellen Fertigung können mittels AR digitale Planungsdaten effizient mit realen Geometrien abgeglichen werden. Die Technologie ermöglicht auch die Navigation im Gebäude, z. B. bei der Wartung von Industrieanlagen. Die Navigation im Flugzeug zählt zu den ältesten Anwendungen.

Fazit: In diesem Kapitel ging es um erfolgreiches Social-Media-Marketing. Als Mitmachweb für Kunden eignet sich insbesondere Facebook-Marketing, wie man am Best-Practice-Beispiel Starbucks gut erkennen kann. Ein spannendes Beispiel für personalisiertes Marketing ist Porsche. Redbull zeigt interaktive Verknüpfungen zwischen Events und Social Media auf, die das Branding fördern. Virales Marketing mit der Rügenwalder Mühle und Old Spice veranschaulicht, wie vertriebsorientiertes Marketing gelingt. Wie man Markenbotschafter ins Social Marketing integriert, zeigt das Beispiel Ritter Sport. Warum sich Rich-Media-Einsatz mit Audio und Video besonders eignet, wurde ebenfalls erläutert. Zukunftstrends wurden untersucht, zum Beispiel die verstärkte mobile Social-Media-Nutzung mit Location Based Services (LBS) und Augmented Reality.

5 Social Media Relations: Online Communications

Unternehmen, die nur Pressemitteilungen versenden, werden in Zukunft nicht mehr viel zu lachen haben. In Social-Media-Relations wird die klassische Medienarbeit durch multimediale Inhalte (wie Video und Audio) und technische Elemente (wie RSS-Feeds, Cloudtags) mit interaktiven Angeboten erweitert. Gebündelt werden die Infos in einem Social Media Newsroom, der die Presse-Rubrik auf der Website ablöst. Zudem sind die Zielgruppen erweitert: Neben Journalisten werden auch Blogger, Kunden und generell Interessenten angesprochen. Und auch Reputationsmanagement und Corporate Blogging zählen zu den neuen Aufgabenfeldern.

Bei vielen Unternehmen ist einfach noch nicht angekommen, dass sich die Kommunikation komplett gewandelt hat. Beim Social-Media-Einsatz in der PR sind heute durchdachte und abgestimmte Maßnahmen eine wichtige Voraussetzung.

Social Media Content mit integrierter Kommunikation

Alle mit Kommunikation befassten Bereiche in Unternehmen müssen also organisatorisch-strukturell und inhaltlich vernetzt und mit einem integrierten Kommunikationsansatz gesteuert werden. Erst damit gelingt es, Kommunikationsziele im Zusammenspiel aller Instrumente einer Organisation nach außen und innen als konsistentes Gesamterscheinungsbild zu präsentieren. Optimal folgen dazu alle Organisationsbereiche wie PR, Marketing, Unternehmensführung einem Gesamtplan, der Ziele, Maßnahmen und Controlling erfasst. Dabei erhält die Online-Kommunikation einen höheren Stellenwert, da die Social-Media-Aktivitäten ausschließlich über das Internet stattfinden. Damit werden Online-Medien, soziale Netzwerke und eigene Websites und Corporate Blogs genutzt. Vor allem jüngere Menschen zeigen eine ständige Präsenz im Internet und kommunizieren in Social Networks. Der Fokus hängt deshalb von der Mediennutzung der Zielgruppe ab.

Studie: Großer Nachholbedarf in der PR

Nur eine Minderheit der deutschen Unternehmen hält sich für gut gerüstet, Social Media einzusetzen. Mehr als ein Viertel der Befragten meint, das eigene Unternehmen sei schlecht vorbereitet auf Social Media, auch wenn Social Media in den Pressestellen der Unternehmen als „wertvolles Arbeitswerkzeug“ und „notwendiges Übel“ angekommen sind. Das zeigt der Social-Media-Trendmonitor 2011 „Zwischen Hype und Hoffnung: Die Nutzung sozialer Netzwerke in Journalismus und PR“ der dpa-Tochter news aktuell und Faktenkontor. 5.120 Fach- und Führungskräfte aus PR-Agenturen, Pressestellen und Redaktionen haben sich an der Untersuchung beteiligt.

Die Studie zeigt: Stringente Social-Media-Strategien sind noch selten. Wie früher, als der Internet-Einsatz im Unternehmen begann, muss auch jetzt in vielen Unternehmen vieles geklärt werden, beispielsweise in welche Abteilung Social Media eigentlich gehören. Nur jede vierte Pressestelle (28 Prozent) und jede dritte Redaktion (33 Prozent) hält sich laut Studie für den Umgang mit Social Media für „gut“ bis „sehr gut gerüstet“. Dabei sind Online-Redaktionen (43 Prozent) und Nachrichtenagenturen (33 Prozent) optimistischer. Großen Nachholbedarf haben laut Studie Verwaltungen und Verbände.

Nur jeder Sechste ist „Profi"

„Ich bin Profi“, behauptet nur jeder sechste Journalist und Mitarbeiter einer PR-Agentur von sich, von den Pressesprechern sogar nur jeder zehnte. Fast die Hälfte der Journalisten empfindet Social Media als „wertvolles Arbeitswerkzeug“. Vor allem in Online-Redaktionen, Nachrichten-

Agenturen und bei Rundfunk-Sendern ist man überdurchschnittlich aufgeschlossen. Mehr als die Hälfte aller PR-Profis setzt Social Media im Arbeitsalltag ein.

Journalisten bevorzugen Facebook

Journalisten arbeiten am intensivsten mit Facebook (59 Prozent), gefolgt von YouTube (48 Prozent) und Xing (42 Prozent). Twitter logiert auf Platz vier. Erstaunlich ist, dass laut Studie noch immer jeder sechste Journalist komplett auf die Nutzung sozialer Dienste im Arbeitsalltag verzichtet.

Auch in Pressestellen ist Facebook das beliebteste Social Network bei der täglichen Arbeit (62 Prozent), gefolgt von Xing (48 Prozent) und Twitter auf Platz drei (47 Prozent). YouTube steht an vierter Stelle (41 Prozent). Überraschend ist hier, dass 15 Prozent aller Mitarbeiter von Pressestellen komplett auf Social Media für ihre Kommunikation verzichten.

Zuständig für den Einsatz von Social-Media-Tools in Redaktionen sind vor allem die Online-Redakteure. In Unternehmen sind es die Presseabteilungen, gefolgt vom Marketingteam.

Kaum Investitionen in Social Media

Alle sind sich einig, dass der Social-Media-Einsatz im Arbeitsalltag weiter steigen wird. Trotzdem plant fast die Hälfte aller Unternehmen und Redaktionen keine Investition in Social Media. Das ist bedauerlich: Denn Social Media erleichtern den schnellen kommunikativen Austausch zwischen Redaktionen und PR-Verantwortlichen.

Ergebnisse der Studie im Überblick

- 64 Prozent der Journalisten, 79 Prozent der Pressestellen, 84 Prozent der PR-Agenturmitarbeiter sind sich einig: Die eigenen Social-Media-Aktivitäten werden weiter wachsen.

- 51 Prozent der Journalisten und 64 Prozent der Pressestellen meinen: Social Media revolutionieren die Kommunikationsarbeit von Unternehmen.
- 23 Prozent der PR-Agenturen denken beim Thema Social Media auch an neue Arbeitsplätze.
- 25 Prozent der Pressestellen meinen: Social Media machen meine Arbeit schwieriger. 22 Prozent glauben, dass damit die Arbeit effektiver wird.
- Die meisten Journalisten, Pressesprecher und PR-Fachkräfte twittern, bloggen oder kommentieren drei Mal pro Woche aktiv für das eigene Unternehmen. Ein Drittel aller Befragten setzt Social Media überhaupt nicht ein. Kompletter Berichtsband: ots.de/R6Fv1

Ein Social Media Newsroom verschafft Überblick

Doch wie soll man nun die Einbindung multimedialer Formate wie Fotos, Videos, Texte im Pressebereich auf der eigenen Website übersichtlich bewerkstelligen? Der Newsroom ist dazu die geeignete Lösung! Den Newsroom auf der eigenen Website benutzen Unternehmen für effizientes und redaktionelles Arbeiten mit aktuellen multimedialen Informationen. Er basiert auf der Verschmelzung sämtlicher Online-Formate, um sowohl Journalisten, Bloggern, Interessenten als auch Kunden und Mitarbeitern einen schnellen, aktuellen und umfassenden Überblick über alle Social-Media-Kanäle zu geben.

Preisgekrönter Social Media Newsroom von T-Systems

Die Jury des Econ Awards hat die Vergabe am 17.11.2011 in Berlin wie folgt begründet: „Mit ihrem eindrucksvollen Social-Media-Newsroom präsentiert sich die T-Systems Multimedia Solutions GmbH als Social Enterprise. Rund 120 Mitarbeiter twittern und bloggen zu unternehmensrelevanten Themen und geben so T-Systems ein authentisches Gesicht. Der innovative Newsroom vereint alle Social-Media-Kanäle und ist ein exzellentes Best-Practice-Beispiel für eine gelebte Web-2.0-Strategie."

Eingebunden sind die Streams von Twitter, Facebook, YouTube, Slideshare sowie ein RSS-Feed.

Viele Vorteile sprechen für den Einsatz eines Newsrooms:

1. Multiplikatoren erwarten Online-Newsroom
2. Newsroom wird oft besucht
3. Bietet Übersicht über Unternehmensinfos
4. Ist 24 Stunden am Tag erreichbar
5. Automatisiert News-Services durch Stream
6. Bietet Übersicht über Inhalte
7. Ermöglicht unabhängige Verteilung
8. Erreicht klassische und neue Multiplikatoren
9. Verbindet Plattformen und Inhalte
10. Integriert Social-Media-Kanäle
11. Mehrfachnutzung von Inhalten möglich
12. Mehr Bindung und Zufriedenheit der Multiplitaoren
13. Liefert Zahlen und Statistiken in der Webstatistik
14. Fördert die Suchmaschinenoptimierung
15. Schneller Return on Investment (ROI).

Unternehmensführung mit Social Media Governance

Aufgabe der Social Media Governance ist es, Standards für verantwortungsvolle Unternehmensführung mit Qualitätssicherung vorzugeben. Damit werden Unternehmensprozesse strukturell und organisatorisch gesteuert, um die Transparenz von Unternehmen zu verbessern. Die Social-Media-Potenziale zur Steuerung der Kommunikation werden freilich von vielen Unternehmen bei weitem noch nicht ausgeschöpft. Das ist das Ergebnis der Studie „Social-Media-Governance 2011", die Forscher der Universität Leipzig gemeinsam mit der PR-Agentur Fink & Fuchs und dem Magazin „Pressesprecher" durchgeführt haben. Rund 600 Kommunikationsverantwortliche im deutschsprachigen Raum wurden dabei befragt.

Social-Media-Potenziale

Zwar gehören Social Media immer mehr zum Arbeitsalltag. Zwei Drittel der befragten PR-Verantwortlichen nutzen demnach regelmäßig Online-Communities wie Facebook, Xing oder LinkedIn für berufliche Zwecke. Relativ gut Bescheid wissen die Kommunikatoren über die Social-Media-Landschaft, den dort gefragten Kommunikationsstil, die Dialogführung im Internet sowie zu rechtlichen Fragen.

Allerdings mangelt es an Erfahrung bei der Entwicklung von Social-Media-Strategien, bei der Evaluation sowie beim Community-Management. Doch genau das seien die zentralen Kompetenzen für die Ausschöpfung der Potenziale des Social Web, sagt die Studie. Übrigens: Bei Behörden, politischen Institutionen und Verbänden ist das Kompetenzniveau signifikant niedriger als in Unternehmen und Non-Profit-Organisationen.

In den folgenden fünf Feldern ortet die Studie Handlungsbedarf:

- **Systematische Analyse:** Nur knapp ein Drittel aller Organisationen verfügt über die notwendigen Tools, um soziale Medien und die dort diskutierten Inhalte zu monitoren. Doch genau das ist zur frühzeitigen Identifikation von Chancen und Risiken notwendig.
- **Klare Erfolgskriterien:** Investitionen in Social Media erfordern klare Zielvorgaben und relevante Messwerte, die weit über die Messung von Follower-Zahlen und Web-Traffic hinausgehen. So sind Messungen zum Einfluss von Social Media auf Geschäftsprozesse im Sinne von Verschlankung, Qualität oder Geschäftsanbahnung und Abverkauf zentral wichtig.
- **Qualifikation:** Um mit der rasanten Entwicklung bei Social Media mithalten zu können, müssen die Kommunikationsverantwortlichen deutlich mehr in Qualifikation investieren.
- **Stringente Organisation:** Angesichts der wachsenden Anzahl von Anwendungsfeldern und unternehmensinternen Abteilungen, die in die Social-Media-Arbeit involviert sind, werden übergeordnete Social Media Boards wichtig.

- **Kulturelle Anschlussfähigkeit:** Das Social-Media-Engagement erfordert von Unternehmen ein klares Bekenntnis zur Offenheit. Dabei geht es nicht um „naives Träumen von herrschaftsfreien Diskursen mit Kunden und anderen Stakeholdern", sondern um den Abgleich mit den Prinzipien des Wettbewerbs und um legitimes organisatorisches Handeln. Wie viel Dialog zu welchen Themen mit welchen Grenzen von wem geführt wird, wird zukünftig nicht nur Kommunikationsmanager intensiv beschäftigen.

Der Ergebnisbericht ist auf der Website von Fink & Fuchs online verfügbar.

Social Media Guidelines geben Leitplanken vor

Zur Sicherung der Online-Reputation für Unternehmen eignet sich der Einsatz von Social Media Guidelines. Sie dienen Führungskräften und Mitarbeitern zur Orientierung im Social Web. Social Media Guidelines klären über Chancen und Risiken auf und sensibilisieren im Umgang mit Facebook, Twitter, Blogs und Co. Viele Mitarbeiter nutzen Social Web sowohl privat als auch beruflich, ohne sich möglicher Folgen bewusst zu sein. Neben Risiken sollte auch über rechtliche Konsequenzen aufgeklärt werden. Themen wie Datenschutz, Urheberrecht und Sicherheit sollten dabei ebenso besprochen werden wie respektvoller Umgang mit Kollegen, Kunden und Wettbewerbern. Erstaunlich ist, dass viele Unternehmen in ihrem Social-Media-Engagement die Social Media Guidelines und Policys oft noch sträflich vernachlässigen.

Richtlinien zur Nutzung der sozialen Medien dienen den Interessen von Mitarbeitern und Unternehmen. Bei vielen Mitarbeitern herrscht Unsicherheit, was im Internet geschrieben werden darf, was aus Unternehmenssicht akzeptiert wird und wer bei Fragen zur Verfügung steht. Diese Aufgabe sollten Unternehmen frühzeitig einplanen. Dazu bedarf es eines abgestimmten Konzepts, wobei sowohl die Erfahrung der Personal- und Kommunikationsabteilung als auch juristisches Know-how sowie Seminare eingebracht werden sollten.

Echtzeit-Medien geben jedem die Möglichkeit, alle denkbaren Informationen sofort im Internet zu veröffentlichen. Deshalb bergen sie gewisse Risiken: So können auch unternehmensrelevante und vertrauliche Informationen verbreitet werden. Dass vertrauliche Inhalte auf allen Ebenen schnell (und teilweise nativ) ihren Weg ins Netz finden, zeigt folgendes Beispiel:

Praxisbeispiel: Kenneth Cole

Der US-Modedesigner Kenneth Cole liefert ein Lehrstück, wie man Twitter nicht nutzen sollte. Eine unbedachte 140-Zeichen-Nachricht über die Unruhen in Kairo reichte aus, um viele User gegen ihn aufzubringen: „Millionen sind in Aufruhr in Kairo. Das Gerücht geht um, sie hörten, dass unsere neue Frühjahrskollektion online verfügbar ist." Als er seine Kurznachricht bei Twitter eintippte, dachte der New Yorker Modedesigner vermutlich, das sei witzig. Er ahnte nicht, dass er mit seiner Äußerung ein Debakel heraufbeschwor: für sich und seine Firma. Es dauerte nur wenige Sekunden, bis er erkannte, dass sein Scherz keine gute Idee gewesen war. Sofort brach ein Shitstorm aus: ein Sturm der Entrüstung. Coles Nachricht verbreitete sich lawinenartig – versehen mit wenig schmeichelhaften Kommentaren. Die einen verwiesen darauf, dass in Kairo gerade Menschen sterben, andere beschimpften den Autor als Idioten, wieder andere schworen, nie wieder Schuhe oder Kleidung von Cole zu tragen. Die Marke Kenneth Cole wurde binnen weniger Stunden zur Lachnummer degradiert.

Unerwünschte Veröffentlichungen im Social Web sind mit einem erheblichen Risiko belastet. Abgesehen von negativen Meldungen über Mängel ist z.B. auch die Weitergabe interner Infos bei börsennotierten Unternehmen kritisch. Social Media Guidelines können mit entsprechenden Vorgaben Grenzen aufzeigen, damit Informationen nicht über Social Media ausgeplaudert werden. Strikte Verbote helfen – gerade im Hinblick auf die auch über mobile Endgeräte stets verfügbaren neuen Medien – nicht unbedingt weiter. Statt sich sämtliche Chancen mit Social Web zu verbauen, ist ein individueller Ansatz sinnvoll, bei dem man bewusst entscheidet, welche Werkzeuge in welcher Art eingesetzt werden sollen.

Viele Unternehmer haben Angst, dass ihre Mitarbeiter den ganzen Tag nur im Social Web unproduktiv surfen, ohne ihre Aufgaben zu erledigen. Wie regelt man das? Ein häufig vernachlässigter Aspekt in Social Media Guidelines ist die Klärung der Arbeitszeit. Natürlich können Social Media die Produktivität im Unternehmen fördern. Genauso können sie aber ein großer „Zeitfresser" sein, wenn hier keine unternehmerischen Ziele verfolgt werden. Da der Arbeitnehmer seine Arbeitskraft zu den arbeitsvertraglichen Zeiten dem Unternehmen zur Verfügung stellt, kann somit auch Arbeitszeit verschwendet werden. Wenn ein Unternehmen die Nutzung der sozialen Medien steuern will, dann sollte man konkretisieren, was kommuniziert werden darf und auch:

- ob Social Media während der Arbeitszeit genutzt werden dürfen,
- welche Netzwerke genutzt werden dürfen oder sollen,
- ob es eine zeitliche Begrenzung gibt oder nicht.

Muss man Kollegen und Chefs bei Facebook als Freunde hinzufügen und duzen? Wenn sich Vorgesetzte und Mitarbeiter gegenseitig bei Facebook als Freunde hinzufügen, kann das problematisch sein. Auch wenn die freundschaftliche Ebene zu begrüßen ist, so kann es problematisch sein, dass private und geschäftliche Grenzen verschwimmen.

Der Vorgesetzte kann vielleicht Informationen erlangen, die das Arbeitsverhältnis belasten. Schulungen zu Social Media Guidelines sollen auch in dieser Hinsicht das Problembewusstsein schärfen und das Verständnis fördern.

Wie regelt man die Grenze zwischen privater und beruflicher Nutzung? Ob und wie zwischen Unternehmen und Arbeitnehmer die Social-Media-Nutzung geregelt werden kann, richtet sich nach dem Arbeitsrecht. Social Media Guidelines müssen sich an diesen Vorgaben orientieren und können diese ergänzen.

Wie so oft hinkt die Rechtsprechung dem Internet hinterher. Dies gilt vor allem bei der Nutzung am Arbeitsplatz. Es gibt zwar richterliche Entscheidungen zur privaten Nutzung von Internet. Doch mit der Nutzung des Social Web ergeben sich ganz neue Fragestellungen, die größtenteils noch ungeklärt sind.

Für die Internetnutzung gilt allgemein, dass bei einer fehlenden Duldung des Arbeitgebers eine private Nutzung des Internet grundsätzlich nicht erlaubt ist. Ein Arbeitnehmer, der ohne Erlaubnis des Unternehmens in großem Umfang privat surft, kann folglich abgemahnt oder sogar gekündigt werden. In vielen Unternehmen ist es allerdings so, dass es keine klare Regelung zur privaten Internetnutzung gibt und diese geduldet wird. Um den eigenen Arbeitnehmern diese Unsicherheit zu nehmen, empfiehlt sich also in jedem Fall eine eindeutige Regelung. Wer mehr darüber wissen will, sollte den Fachbeitrag von Herrn Ulbricht in meinem Buch „Social Media für Unternehmen“ lesen.

Bestandteile einer Social Media Policy

Wichtige Inhalte sind beispielsweise:

- Eigenverantwortung des Mitarbeiters
- Hinweise zum Kommunikationsverhalten wie Netiquette
- Umgang mit vertraulichen Informationen des Unternehmens
- Respekt vor Wettbewerbern
- Hinweise zur Einhaltung des Urheberrechts
- Benennung eines Ansprechpartners bei Unsicherheiten
- Bei Identifikation als Mitarbeiter Kenntlichmachung der Inhalte als private Meinung
- Sicherheitsaspekte wie Schutz vor: Viren, Trojanern, Spam und anderen Gefahren
- Hinweise auf Trennung von Privat und Geschäft
- Rechtsfolgen bei Verstößen gegen die Guidelines.

Die Guidelines sollten auch auf die rechtliche Verbindlichkeit hinweisen. Damit besitzt das Unternehmen ein wichtiges Steuerungsinstrument, um unverbindliche Handlungsempfehlungen von (sanktionierbaren) Vorgaben abzugrenzen. Eine entsprechende Policy sollte zudem mit bereits existenten Vorgaben abgestimmt werden, um Kollisionen zu vermeiden.

PRAXISTIPP

Kodak hat eine Social Media Guideline entwickelt, die auch anderen Unternehmen als Vorbild dienen kann. Die Broschüre gibt es zum Download unter kodak.com. Und hier die zehn Tipps auf Deutsch:

1. Know-how: Sammeln Sie Erfahrungen, indem Sie bei Facebook und Twitter zunächst bei Gesprächen zuhören.
2. Transparenz: Sagen Sie, wer Sie sind und für welches Unternehmen Sie arbeiten.
3. Persönlichkeit: Reden Sie wie ein normaler Mensch – keine Fachsprache.
4. Regelmäßigkeit: Schreiben Sie so kontinuierlich, dass Ihre Leser nicht einschlafen.
5. Mehrwert: Verbreiten Sie exklusiven Content: z.B. Tipps, die für Ihre Leser relevant sind.
6. Kommunikation: Social Media sind kein Monolog, sondern ein interaktiver Dialog.
7. Zuhören: Hören Sie zu, was Ihnen die anderen zu sagen haben.
8. Fehler: Falls Fehler passieren, geben Sie sie zu und nehmen Sie Korrekturen vor.
9. Vernetzung: Ego-Botschaften langweilen, verweisen Sie auch einmal auf andere Angebote.
10. Spaß: Wenn Sie Social Web nur als Arbeit sehen, lassen Sie es. Die Leser merken es.

Information, Aufklärung und Schulung der Mitarbeiter sind wichtig. Nur wer bei seinen Mitarbeitern das Bewusstsein für die Sicherheitsrisiken schärft, erspart sich Krisen durch Social-Media-Engagement. Zudem können netzwerkinterne Schutzmechanismen wichtig sein, um Angriffe rechtzeitig zu entdecken. Mit dem richtigen Mix aus Mitarbeiteraufklärung und neuesten Technologien können Firmen jeder Größe von den Vorteilen des Social Networking profitieren. Eine Liste von Blogger Christian Buggisch zeigt 50 öffentlich zugängliche deutschsprachige Social Media Guidelines: buggisch.wordpress.com

Agenda-Setting in Social Media

Die Informationsprozesse in Social Media steuern das Wissen und Denken der Öffentlichkeit. Aufmerksamkeit ist das kostbare (und leider begrenzte) Gut, um das es geht. Die User werden auf diejenigen Themen aufmerksam, die eine besonders weite Verbreitung in Social Media erfahren. Im Agenda-Building versuchen Unternehmen diese kommunikativen Prozesse aktiv zu gestalten, um an der Meinungsbildung teilzunehmen oder gar sie als Meinungsmacher zu dominieren. Dabei spielt das aktive Einbringen von Social-Media-Content eine wichtige Rolle, um die entscheidenden Effekte für die eigene Reputation zu bewirken. Und auch das Erkennen und Einbinden von Influencern, die als Meinungsmacher in Social Media gelten.

Wie findet man Themen?

Content is King, das stimmt auch in Social Media, oder gar: „Interaktion is Queen." Bekanntlich schlägt ja im Schach die Königin den König! Studien zeigen, dass exklusive Inhalte und Entertainment gefragt sind. Es geht darum, zuzuhören, ansprechbar zu sein und zu interagieren. Es kommt auf Ihre Ziele, Produkte und Zielgruppen an, wie Ihr Social-Media-Marketing aussieht. Und es ist Ihr Job, Ihren Kunden ein attraktives Angebot zu machen. Wichtig ist, dass Ihr Themenplan wertschöpfende Inhalte enthält, sonst wird der interaktive Dialog zum Kaffeekränzchen online, der keinen Return on Investment erzielt.

Branded Content sollte produziert werden: Inhalte, die Ihrer Marke einen Unterhaltungswert verleihen, diese emotional aufladen und in Ihre Reputation einzahlen. Durch Branded Content wird der Marken- und

Firmenwert gesteigert. Deshalb werden Unterhaltungsformate umgesetzt, die die potenziellen Käufer interessieren, z.B. Filme, Musik, Events, Mitmach-Aktionen oder Gewinnspiele. Imagefördernd wirken insbesondere Mitmach-Aktionen, die die Bindung des Konsumenten an die Marke erhöhen.

Lesen Sie, was die Konkurrenz macht, was Ihre Kunden bewegt und wie sich der Markt entwickelt. Sprechen Sie mit fachfremden Menschen über Ihr Thema, so gewinnen Sie eine neue Perspektive. Setzen Sie aktuelle Themen in einen anderen Rahmen. Je innovativer Ihr Produkt ist, desto größer sind die Chancen für eine businessorientierte Vermarktung über Social Media.

Wofür interessieren sich potenzielle Kunden überhaupt?

Einen ersten Anhaltspunkt liefert Google: Mit dem Google Keyword-Tool lassen sich zu Suchbegriffen thematisch ähnliche Begriffe suchen – inklusive Angaben, wie häufig die Begriffe gesucht werden. Außerdem verrät das Tool, nach welchen Begriffen Besucher einer bestimmten Website im Web suchen.

Profi-Tipps zur Haarpflege

Wie Unternehmen Keyword-Analysen für ihre Kommunikation nutzen können, das zeigt die Website des Haarpflegekonzerns Schwarzkopf. Anhand von Keyword-Analysen wurden die Kunden-Bedürfnissen systematisch generiert, um die Produkte problemlösungsorientiert zu vermarkten. Dabei sind Tipps und Tricks rund um die Haarpflege gefragt. Das Ziel des Unternehmens: Bei möglichst vielen der nach Angabe des Unternehmens 16 Millionen Google-Suchanfragen pro Jahr zum Thema Haar soll die Schwarzkopf-Seite ganz oben stehen.

Dazu kauft das Unternehmen redaktionell erstellte Inhalte rund um das Thema Haarpflege bei einem Verlag für Lifestyle und Mode ein. Mit konkreten Inhalten zum Styling von Haaren will das Unternehmen potenzielle Kunden über Google auf die Website locken – die dann wiederum auf die Produkte aufmerksam werden (schwarzkopf.de).

Doch wie kann ein Unternehmen außerhalb von Google-Keywordanalysen Content für die sozialen Kanäle produzieren und damit das Erreichen strategischer Unternehmensziele fördern? Ein Ansatz dazu bietet das Kudos-Modell.

Content-Strategie: Das KUDOS-Modell

Der Planungsprozess von Li und Bernoff will Unternehmen einen Leitfaden zur Integration ihrer Kommunikationskanäle in den sozialen Medien bieten. Der Content soll folgende Anforderungen erfüllen:

1. Knowledgable: Die Social-Media-Aktivitäten sollen für den Kunden einen Wiedererkennungswert bieten. Eine Kampagne, die keinen Zusammenhang zum Brand zeigt, hat nur einen geringen Wert.

2. Useful: Der Inhalt soll dem Kunden Nutzen bieten. Dadurch wird die Wahrnehmung einer Kampagne gesteigert. Social-Media-Aktivitäten können z.B. einen Nutzen stiften, wenn sie für User wichtige Informationen im Überblick liefern.

3. Desireable: Der Inhalt soll, neben der Nutzen-Orientierung, als begehrenswerter Mehrwert gestaltet sein. Dies kann beispielsweise durch Spiele, Apps oder Gewinnspiele realisiert werden.

4. Open: Ehrlichkeit aller Maßnahmen ist in den sozialen Medien die Basis, um das Vertrauen der Menschen zu gewinnen. Dazu zählt auch eine authentische, glaubwürdige und transparente Kommunikation.

5. Shareable: Problemloser Zugriff auf Inhalte, um eine schnellere Verbreitung zu gewährleisten. Sinnvoll dafür sind: Download-Möglichkeiten, RSS-Feeds oder Social-Bookmarking-Dienste.

Neues Kräfteverhältnis in der PR

Social Media beiten neue Kräfteverhältnisse in der PR. Zu einer PR-Kampagne zählen:

1. Paid Media (Banner, Anzeigen),
2. Earned Media (Banded Content, Media Relations),
3. Social Media (Facebook, Twitter, YouTube, Blogs) und
4. Owned Media (Website, Events).

Dies erweitert den Blick auf neue Möglichkeiten in der PR-Konzeption.

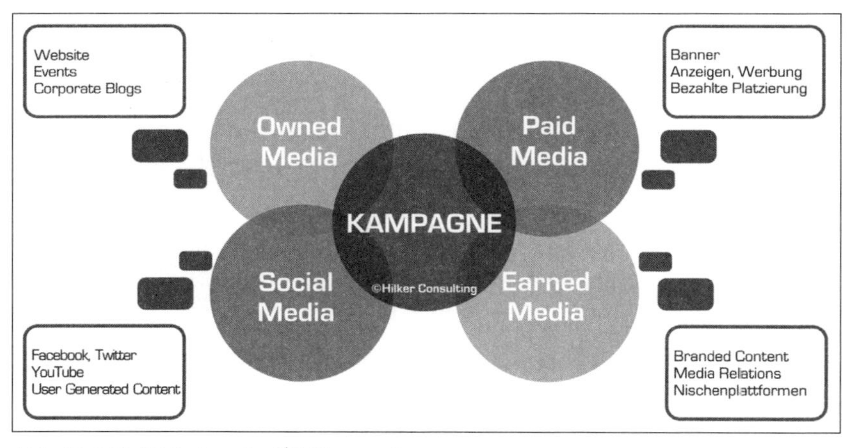

Abb. 13: Möglichkeiten der PR-Konzeption

Eine Social-Media-Konzeption ist wichtig, wenn Sie eine einheitliche Markenwahrnehmung und einen Wiederkennungseffekt erzielen möchten. Und man benötigt auch qualifizierte Mitarbeiter. Social Media kann man nicht so nebenbei mit Praktikanten betreiben. Nicht wenn man gute Unternehmenskommunikation machen will. Zu glauben, Social Media verursachen keine Kosten, ist ein weit verbreiteter Irrtum. Zum Start bedarf es eines Kicks, der Aufmerksamkeit erzeugt. Sonst bekommt man nicht genug Engagement, Reichweite und Interaktion.

Wie Storytelling in Social Media wirkt

Spannende Unternehmensgeschichten berühren den Leser und gehen ihm unter die Haut. Eine Aufzählung von Fakten ist für die meisten wenig interessant. Oft mangelt es dem Herausgeber an der notwendigen Distanz zu seinen Inhalten. Es besteht die Neigung, zu viele Fakten und Informationen hineinzupacken, dabei wird die Botschaft überfrachtet. Deshalb ist Storytelling ein effizienter Weg für nachhaltige Kommunikation.

Das Erzählen von Geschichten

Wir erinnern uns viel leichter an Geschichten, weil wir sie mit Emotionen verknüpfen, und versuchen unbewusst, aus den darin enthaltenen Informationen eine Orientierung für unser Handeln abzuleiten. Nicht immer müssen die Unternehmensgründer im Mittelpunkt stehen; auch unter den Mitarbeitern gibt es viele kreative und interessante Köpfe, über die es sich zu erzählen lohnt. Wenn Sie Ihre Glaubwürdigkeit erhöhen wollen, dann verbreiten Sie nicht ausschließlich Geschichten mit lauter Sonnenschein, sondern thematisieren Sie neben Erfolgen auch Probleme, mit denen Sie gerungen haben. Denn für Geschichten braucht es Helden.

Die Macht der Story

Schon lange ist bekannt, dass Storys, die im Alltag ausgetauscht werden, nicht nur einen hohen Informationsgehalt haben, sondern auch besonders gut im Gedächtnis gespeichert werden können – und zwar als eine Art Mindmap. Erfahrungen mit narrativen Strukturen vermitteln nicht nur isolierte Fakten, sondern auch komplexe Informationen, die in Interaktion mit der Umgebung stehen. Geschichten sind nicht nur eine der ältesten, sondern auch eine der effizientesten Methoden, um Wissen zu vermitteln. Unternehmen wie Xerox nutzen Geschichten im Wissensmanagement, weil sie festgestellt haben, dass sich Erfahrungen und Einsichten auf diese Weise nachhaltig, schnell und praxisnah vermitteln lassen.

Kribbeln im Kopf – mit Storytelling!

Geschichten, Ereignisse oder Erlebnisse zu erzählen, kurz „Storytelling" zu betreiben, ist ein effizientes Mittel, um „gehirnoptimierte" Inhalte zu vermitteln. Gehirnforscher sind sich einig: Storytelling funktioniert einfacher, weil das episodische Gedächtnis des Menschen Geschichten zuverlässiger als Fakten speichern kann. Deshalb wird Storytelling in der PR verstärkt eingesetzt. Das Erzählen von Geschichten eignet sich auch optimal zur Vermittlung von komplexen Inhalten.

Spannende Geschichten setzen das Kopfkino in Gang. Sie erzeugen lebhafte Bilder, werden gut behalten und oft und gerne weitererzählt. Vor allem aber: Wer positiv im Gespräch ist, bei dem kauft man gerne! Verwandeln Sie deshalb Ihre Themen in Geschichten! Diese emotionalen Botschaften kommen direkt im Gehirn an und bleiben in Erinnerung. Storytelling eignet sich für komplexe oder feuilletonistische Themen. Einige Beispiele: Unternehmenshistorie, Human Resources und Branding. Acht Tipps zum Storytelling in der PR:

1. Kurze Geschichten prägen sich besser ein. Konzentrieren Sie sich auf das Wesentliche.
2. Die Erzählstruktur muss logisch aufgebaut sein und zusammenhängend präsentiert werden.
3. Die Hauptperson braucht charakteristische Merkmale.
4. Eine einfach strukturierte Erzählung wird leichter von den Zuhörern aufgenommen.
5. Happy End: Menschen bevorzugen positive Geschichten, dies regt die Phantasie an.
6. Klare Botschaften, die sich wie der sprichwörtliche rote Faden durch die Geschichte ziehen, prägen sich besonders gut ein.
7. Spannung: Eine gute Geschichte folgt immer einer Dramaturgie mit Höhen und Tiefen.
8. Bilder: Metaphern und Symbole bringen Zusammenhänge auf den Punkt.

(Quelle: Siehe auch den Beitrag von Claudia Hilker: „Erfolgsfaktoren für Ihre Presse-Arbeit" in Marketing-Attacke von Stefan Gottschling.)

Jedes Unternehmen hat spannende Geschichten

Wer in die Medien kommen will, sollte relevante und interessante Storys bieten – dies gilt auch für Social Media. Zum Beispiel, wie Mitarbeiter die Kinderbetreuung dank der flexiblen Arbeitszeit meistern. Oder die Auszubildenden, die im Video ihre Lernerfahrungen schildern. Success-Storys zeigen, wie Mitarbeiter spannende Projekte absolvieren. Andere Geschichten können das Interesse der Zielgruppe befriedigen: So kann man aufzeigen, wie sich ein Unternehmen in Sachen Nachhaltigkeit engagiert. Solche Beiträge sollten regelmäßig erstellt, in Medien veröffentlicht und über Social Media verbreitet werden.

Schreiben Sie story- und social-media-gerecht

- **Einfach:** Schreiben Sie so, wie Sie sprechen. Nebensätze und Substantivierungen, Fremdwörter und Passiv möglichst meiden. Besser: Hauptsätze, Verben, Zitate und aktive Formulierungen.
- **Prägnant:** Weniger ist mehr: Konzentrieren Sie sich auf das Wichtigste.
- **Human touch:** Zeigen Sie dem Leser, dass er betroffen ist! Erklären Sie ihm alles, was relevant ist.
- **Geschichten:** Unterhalten Sie die Leser! Spannende, skurrile, witzige und ironische Storys lockern auf. Das hebt Ihren Inhalt positiv ab!
- **Statements:** Haben Sie Mut zur eigenen Meinung. Leser suchen Beiträge zur Orientierung. Schreiben Sie Beiträge, die ihm helfen, Probleme zu meistern.
- **Polarisierung:** Spitzen Sie das Problem zu, um den Konflikt zu verdeutlichen. Machen Sie den Leser neugierig auf das Problem. Aufgabe von Storys ist nicht, Konflikte zu beheben, sondern sie verständlich darzustellen.
- **Lebendig:** Beschreiben Sie alles so anschaulich, als würden Sie es einem Kind erzählen. Der Leser muss sich die Situation vorstellen können. Setzen Sie Zitate ein. Beschreiben Sie Schauplätze und Personen genau und machen Sie Handlungen plastisch, damit Ihre Geschichten unter die Haut gehen.

Social-Media-Storys haben offene Strukturen und sind mit Hyperlinks cross-medial vernetzt. Social Media beschleunigt das Schaffen von Geschichten, weil sich viele daran beteiligen und sich dabei neue Richtungen entwickeln.

In jeder Geschichte ist es wichtig, die Unternehmenswerte richtig einzusetzen. Populär ist beim Storytelling das Erzählen einer persönlichen Geschichte zur Überwindung von Hindernissen oder das Verwirklichen eines Traums. Social-Media-Storys sind vielschichtiger: Sie sprechen die Fantasie an und spielen mit den Grenzen zwischen Realität und Fiktion.

Themenfindung leicht gemacht

Nicht jedes Thema wird von den Usern mit gleicher Begeisterung aufgenommen. Wichtig ist: Passt das Thema in die aktuelle gesellschaftliche, politische oder wirtschaftliche Diskussion? Es darf es nicht abgenutzt sein, sondern muss neue Aspekte beleuchten. Geschichten mit Menschen eignen sich besser als reine Fakten. Was unterscheidet Sie von anderen Unternehmen? Gibt es in Ihrem Unternehmen besondere Menschen oder Projekte? Stellen Sie in einem Fachbeitrag Ihre Kompetenzen vor.

Best Practice: Krones AG

Spannende Storys auf allen Social-Media-Kanälen vermittelt Krones. Das Krones Online-Magazin inszeniert die Marke über Texte, Bilder und Videos attraktiv und macht sie hautnah erlebbar. Das Magazin ist Content-Lieferant für die Social-Media-Aktivitäten und bietet laufend neue Storys. Artikel können kommentiert und empfohlen werden. Der Newsroom informiert darüber, wie im Social Web über Krones gesprochen wird. Der YouTube-Kanal „kronestv“ umfasst derzeit über 200 Videos zu unterschiedlichen Themen, die den Konzern von seiner fachlichen und auch von der menschlichen Seite zeigen. So berichtet etwa eine Auszubildende per Handkamera über ihre Ausbildung zur Industriekauffrau, macht damit den Arbeitsalltag transparent und dient als Markenbotschafterin für Krones.

Auf Facebook werden die Krones-Storys über zwei Profile erzählt. Die „Krones Academy“ führt den Dialog mit den Maschinenbedienern. Im Profil der „Krones AG“ berichten mehrere hundert Krones-Mitarbeiter über ihre Erlebnisse und sorgen für Employer Branding. Unter den über 2.000 Facebook-Fans sind etliche Krones-Mitarbeiter, die eigene Inhalte publizieren, andere Beiträge kommentieren, empfehlen und die Marke Krones als authentische Markenbotschafter nach vorne tragen. Zudem werden weitere Kanäle wie Twitter oder die Business-Plattform Xing zum interaktiven Dialog genutzt.

Klare Regeln und praxisorientierte Strategie

Grundlage für alle Aktivitäten sind die Social Media Guidelines von Krones. Sie regeln die Social-Media-Nutzung während der Arbeitszeit und klären die Mitarbeiter über die richtigen Umgangsformen im Netz und auf. Ein Social Media Styleguide sorgt für ein einheitliches Erscheinungsbild und sichere Wiedererkennung der Marke auf allen Plattformen.
Die Social-Media-Strategie scheint zu funktionieren. So listet das Blog „Wollmilchsau“ Krones im Ranking der deutschen Karriereseiten auf Platz 14 – vor Telekom, BASF, Commerzbank, Unilever, IBM, Deutsche Bahn und Allianz. Und auch bei den im MDAX vertretenen B2B-Unternehmen ist Krones bei den Social-Media-Aktivitäten ein Vorreiter.

Wie unterscheiden sich die Social-Media-Aktivitäten von B2B- und B2C-Unternehmen?

Unternehmen aus dem B2C-Bereich sind deutlich social-media-affiner als Firmen aus dem B2B-Bereich. Dies zeigt eine Umfrage von Damovo unter Besuchern der „Nürnberger Mailingtage“. Damovo hatte eine Befragung unter 200 Marketing- und Vertriebsexperten durchgeführt. Das Thema: „Unternehmenskommunikation 3.0 – Telefonieren Sie noch oder kommunizieren Sie schon? Status quo deutscher Unternehmen.“

Ein wichtiges Resultat der Umfrage: Große Unternehmen verhalten sich abwartend bei der Nutzung von Social Media. 41 Prozent der Unternehmen mit mehr als 500 Mitarbeitern sind schon bei Social Media aktiv. 59 Prozent der Unternehmen mit bis zu 50 Mitarbeitern nutzen Social-Media-Plattformen, bei Unternehmen mit mehr als 50 Mitarbeitern sind es 43 Prozent.

Eine mögliche Ursache für die Unterschiede zwischen B2C- und B2B-Unternehmen: B2C-Unternehmen sind endverbraucherorientiert. Sie achten darauf, was ihre Kunden denken, und halten sich dort auf, wo sich ihre Zielgruppe befindet. Daher sind sie bei der Zielkundenansprache über Social Media den B2B-Unternehmen einen Schritt voraus. Das zeigt sich auch bei einem Vergleich der Social-Media-Nutzung. Sei es Imagebildung, Austausch mit Kunden, Informationskanal, Network oder Kundenakquise – B2C-Unternehmen haben in Social Media die Nase vorn.

Social Media verändern die Kommunikation zwischen Unternehmen und Kunden. Dies gilt sowohl für B2C- als auch für B2B-Unternehmen. Carl Mühlner, Vorsitzender der Geschäftsführung bei Damovo in Düsseldorf, meint: „Statt theoretische Überlegungen anzustellen, was sein könnte und welche möglichen Hindernisse es gibt, lautet mein Rat: ausprobieren. Unternehmen sollten ein klar definiertes Projekt aufsetzen, sich Ziele setzen und testen, welche Social-Media-Plattformen am besten zu ihnen und ihren Kunden passen." Wer sich das nicht alleine zutraue, solle das Know-how von Experten hinzuziehen, die über Erfahrungen mit der Umsetzung und dem Einsatz von Social-Media-Plattformen sowie der Integration verfügen.

Mögliche Ursachen für die Vorreiterrolle kleiner Unternehmen sind flachere Hierarchien, flexiblere Unternehmensstrukturen und kürzere Entscheidungswege. Oft sind kleine Unternehmen für neue Technologien aufgeschlossener als große Organisationen, die daher Gefahr laufen, wichtige Trends zu verpassen.

Facebook wird von fast allen befragten B2C-Unternehmen eingesetzt, während für B2B-Unternehmen Xing die wichtigste Plattform darstellt. Bei Twitter sind keine Unterschiede erkennbar. Bei YouTube und Blogs dagegen dominieren ganz eindeutig wieder die B2C-Unternehmen.

Neue Studien aus den USA belegen, dass dort mehr als die Hälfte der B2B-Unternehmen Social-Media-Marketing betreiben. Dabei zeigen sich die Social-Media-Manager als engagierte Kommunikatoren.

Im weltweiten B2B-Vertrieb werden soziale Medien als Informationslieferanten immer wichtiger wichtiger. Viele Führungskräfte treffen ihre Entscheidungen auf Basis ihrer Kommunikation mit Geschäftspartnern über soziale Netzwerke.

Nach meinen Erfahrungen aus Kundenprojekten erfordern Social Media im B2B-Einsatz höhere Investitionen als im B2C-Segment. In B2C-Branchen lassen sich großartige kreative Marketing-Aktionen gestalten, die mit überschaubaren Ressourcen sichere und messbare Effekte bringen. Im B2B-Bereich entscheiden Kundenorientierung, Leidenschaft und langer Atem über den langfristigen Erfolg. Viele B2C-Firmen starten oftmals ohne Strategie und haben trotz Trial-and-error-Ansatz Erfolge. Beim B2B-Einsatz ist eine Social-Media-Strategie unabdingbar.

Social Media Guidelines, integrierte Kommunikationsstrategien, professionelles Monitoring, Krisenpläne und kontinuierliche Evaluation sind in beiden Segmenten erforderlich. Letztlich zählt heute der Social-Media-Einsatz zum festen Standard in jeder Marketing-Kampagne und ist insofern unverzichtbar in der strategischen Marketing-Kommunikation.

Corporate Blog: Tagebuch für jedermann

Ein Blog ist eine Art Online-Journal und dafür geeignet, Social-Media-Kanäle mit aktuellen Inhalten zu füttern, Newsletter zu ergänzen oder aktuelle Beiträge zu verbreiten. Blogs verbessern die Suchmaschinen-Optimierung. Sie sind vernetzt über Blogroll, Links und Kommentare. Man kann Bilder, Videos, Umfragen und Aktionen dort umsetzen. Wichtig ist, dass man für ein Blog ein redaktionelles Konzept und einen Marketingplan hat, sonst wird es zum Flop. Denn was hilft es, wenn man viele kluge Gedanken im Blog fleißig niederschreibt, aber niemand den Blogbeitrag liest, kommentiert oder empfiehlt?

Best Practice: Walthers Saftblog

Walthers Saftblog zeigt, wie ein Blog den Geschäftserfolg steigern kann. Ein Weblog kann ein Unternehmen komplett verändern, es schneller, offener, kundenorientierter machen. Diese Erfahrung machte die Kelterei Walther, ein angestammter Familienbetrieb bei Dresden. Geschäftsführerin Kirstin Walther: „In den 79 Jahren seit der Gründung der Kelterei im Jahr 1927 hat nichts solchen Einfluss auf die Geschäftsausrichtung des Unternehmens gehabt wie das Weblog." In Walthers Saftblog bloggen die Geschäftsführer Kirstin Walther und Jörg Holzmüller sowie einige Mitarbeiter. Die Kunden, Geschäftspartner, Blogger, User und Experten sind immer top-informiert und involviert, wie auch die Fanpage mit 1.600 Fans zeigt.

Wenn man das Bloggen so konsequent und intensiv betreibt wie die Kelterei Walther, verändert sich viel im Unternehmen: Es entstehen neue Beziehungen, von denen die Kelterei profitiert – in Bezug auf Produktqualität, Bekanntheitsgrad, Vertriebsförderung und Umsatzsteigerung.

Zehn Vorteile von Corporate Blogs

1. Ein Blog trägt dazu bei, dass Unternehmen kundenorientierter arbeiten. Innovationen, Kundenideen und Vorschläge gewinnt das Unternehmen damit.
2. Das Blog verändert die Entscheidungskultur. Täglich erhält das Unternehmen neue Ideen, so dass Entscheidungen weitaus schneller getroffen werden müssen.
3. Ein Blog verändert die Unternehmenskultur. Es wirkt als öffentliches Aushängeschild und erhöht die Wertschätzung bei Mitarbeitern, Kunden und Partnern. Da ihnen die Blogbeiträge vermitteln, dass ihr Einsatz zählt, legen sie sich im Kundenkontakt noch mehr ins Zeug.

4. Ein Blog führt zu neuen Partnerschaften. Durch die öffentliche Präsenz werden Kooperationspartner auf das Unternehmen aufmerksam, die sonst nie den Kontakt zum Unternehmen gesucht hätten.
5. Es entstehen neue Kontakte zu Experten, die auf das Unternehmen zukommen und Unterstützung bei Fragen, die offen im Blog gepostet werden, anbieten.
6. Die Wahrnehmung verändert sich. Das Unternehmen wirkt größer und bedeutsamer als vorher und erhöht seinen Bekanntheitsgrad; damit wirkt es offener und transparenter.
7. Der Respekt der Wettbewerber steigt: Ein kleines Unternehmen kann sich neu positionieren und gewinnt mehr Aufmerksamkeit am Markt, auch bei den Wettbewerbern.
8. Die Website wird häufiger besucht. Ein aktives Blog wird weitaus häufiger besucht und bei Google auch leichter gefunden als eine statische Website. So erhöhen sich die Kundenkontakte.
9. Mehr Vertrauen: Die Kunden fühlen sich gut aufgehoben. Sie tauschen sich untereinander aus und übernehmen Verantwortung für das Unternehmen. Sie verzeihen dem Unternehmen auch eher Fehler.
10. Die Umsätze steigen. Letztlich eine Folge aller genannten Punkte. Ein Blog wirkt sich positiv auf den Gewinn aus, besonders durch Netzwerk-Effekte mit Offline-Kontakten.

Blog-Konzeption mit zehn News-Typen

Welche Themen eignen sich für Blogs? Blogs und Leser sind branchenindividuell. Trotzdem gibt es branchenübergreifende Post-Typen, die besser funktionieren als andere. Ein Mix aus langen und kurzen Artikeln bildet die Basis. Der Mix hat den Vorteil, dass man einerseits mit den langen Artikeln seine Kompetenz demonstriert und diese Artikel oft auch viele relevante Backlinks mit sich bringen. Die kürzeren Artikel andererseits sind schnell geschrieben und sorgen für die Masse an Artikeln, die einfach notwendig sind, um Traffic zu generieren. Allerdings sollten auch die kurzen Artikel einen eigenen Stil haben und nicht einfach Inhalte wiederkäuen.

Diese zehn News-Typen kommen bei Lesern gut an

1. News sind immer gut, sie sollten aber einen eigenen Stil haben. Deshalb sollten sie nur verbreitet werden, wenn die eigenen Erfahrungen und die eigene Meinung einfließen.
2. Interviews: werden gern gelesen und oftmals freuen sich Autoren, wenn man sie um einen Beitrag bittet.
3. Serien über interessante Produkte: Serienartikel mit einem einheitlichen Stil kann man relativ schnell schreiben und Leser freuen sich über Fortsetzungen zu einem Thema.
4. Blog-Schwerpunkte sind Artikel, die das spezifische Blog-Thema umfassend behandeln, also die Basis im Blog bilden. Damit beweist man seine Themenkompetenz.
5. Mit Produktberichten gewinnt man Traffic auf der Website. Auch Rezensionen, Kritiken und Bewertungen sind eine gute Idee, wenn sie inhaltlich passen.
6. Listenbeiträge: Statt zu viel Fließtext zu schreiben, fassen Sie besser die wichtigsten Punkte in Listen zusammen. Ein Beispiel: „Die zehn Tipps zum Blog-Marketing" als Liste.
7. Geschenke: Gratiszugaben wie E-Books, Freeware, Rabatte, Gutscheine sind sehr attraktiv für Leser.
8. How-to und Anleitungen sind praktische Artikel, die Leser mögen, weil sie es sofort nachmachen können.
9. Case Studies: Anwender- und Erfahrungsberichte geben einem Blog ein klares Profil.
10. Multimediale Inhalte: Audio und Video sind sehr beliebt bei den Usern und fördern die Zugriffszahlen.

Inhalts- und Ressourcenplanung

Nach der Recherche geht es in der Wissensbasis darum, eigene Themen zu finden und einen eigenen Inhaltsplan aufzustellen, das heißt einen wöchentlichen Plan, welche Post-Typen man wann schreibt. Vorab sollte man überlegen:

- Wie viel Zeit soll zum Bloggen eingesetzt werden?
- Wie sollen die Inhalte abgestimmt werden?
- Wie soll die Vermarktung passieren?

Der Redaktionsplan dient zur Orientierung und soll Sicherheit durch Planung geben. Denn einer der häufigsten Gründe, warum Blogger nicht bloggen, ist, dass sie sich in einer Kreativitätskrise befinden: also vor einem leeren Blatt Papier sitzen und auf kreative Einfälle warten, die sich nicht einstellen.

Durch Planung lassen sich Texte vorbereiten und der Schreibdruck reduziert sich. Zudem bekommen die Leser dadurch regelmäßig neuen Lesestoff, was wichtig ist, um Stammleser zu gewinnen.

Diese Wochenplanung ist nur ein Gerüst. Natürlich wird man immer wieder aus verschiedenen Gründen vom Plan abweichen, entweder weil sich ganz aktuell eine News entwickelt oder weil man einmal nicht kann. Ein Beispiel:

- Montag: Erstellung eines längeres Beitrags einer wöchentlich wiederkehrenden Serie
- Dienstag: Publikation des Beitrags und Verteilung über Social-Media-Kanäle
- Mittwoch: Kommentare auf eigenen und externen Blogs schreiben
- Donnerstag: kurzen Artikel schreiben und veröffentlichen plus Umfrage
- Freitag: Abstimmung und Planung der nächsten Woche

Wöchentlich werden beispielsweise ein kurzer Beitrag (200 Wörter) und ein langer Beitrag (400 Wörter) veröffentlicht. Beiträge über 500 Wörtern werden selten zu Ende gelesen. Bevor der Text zu lang gerät, erstellen Sie also besser zwei Beiträge.

Zehn Tipps zur Blog-Vermarktung

Es gibt viele Vermarktungsmaßnahmen für Corporate Blogs. Hier sind zehn Tipps im Überblick:

1. **Einzigartigkeit:** Alles, was Ihren Blog einzigartig macht, sorgt für neue Leser. Der USP (Unique Selling Proposition) ist die Besonderheit zur Differenzierung von Mitbewerber-Blogs und muss offensiv kommuniziert werden.
2. **Virales Marketing** kann viel Aufmerksamkeit erzeugen. Besondere Inhalte, Aktionen, aufregende Infos sollten zur Weiterempfehlung einfach per Mausklick verfügbar sein.
3. **Social Media:** Ein Social-Media-Profil in Xing, Facebook, Twitter und Flickr ist hilfreich zur Vermarktung. Man kann dort interessante Inhalte einstellen und auch automatisch Inhalte vom eigenen Blog veröffentlichen und diese Profile auf das Blog verlinken.
4. **Social Bookmarking:** Websites wie mister-wong.de, technorati.com und delicio.us sind optimal, um themenspezifische Link-Sammlungen anzulegen. Sie werden von anderen Usern genutzt und natürlich dürfen darin auch eigene Links vorkommen.
5. **Twitter:** Man folgt interessanten Menschen aus der Branche, retweetet interessante Tweets und schreibt auch selber passende Tweets. Wenn die Leute aus der Branche Twitter nutzen, kann man damit viel Aufmerksamkeit erzeugen.
6. **Gastartikel:** In anderen Blogs schreibt man, um Know-how zu demonstrieren und auch um die Leser auf den eigenen Blog aufmerksam zu machen. Gastartikel können viele neue Leser anziehen.
7. **Gewinnspiele** sorgen immer für Aufmerksamkeit, sie sollten aber zu den Zielkunden passen.
8. **Pressearbeit:** Es gibt viele kostenlose Presseportale im Web, wo man einen Pressetext über wichtige News einreichen kann. Das bringt zwar nicht Massen an Besuchern, sorgt aber für Aufmerksamkeit.
9. **Social News:** Websites wie t3n.de/socialnews, webnews.de und seoigg.de sind optimal, um eigene Artikel einzureichen. Voten Leser

diese Artikel dann auf die Startseite, kommen viele neue Besucher und daraus können auch wieder Stammleser werden.

10. **Kommentieren:** Das Kommentieren sowohl im eigenen Blog als auch in relevanten anderen Blogs hilft, Leser auf sich aufmerksam zu machen.

Mehr Tipps gibt es im Blog: www.socialmedia24.eu

Reputationsmanagement im Praxis-Einsatz

„Es dauert 20 Jahre, sich eine Reputation zu erwerben, und fünf Minuten, sie zu verlieren." (Warren Buffett)

Reputationsmanagement baut die Reputation von Unternehmen systematisch positiv auf. Unter Reputation wird allgemein der gute Ruf bzw. das öffentliche Ansehen von Personen, Gruppen, Organisationen und Unternehmen verstanden. Dabei geht es um die Wahrnehmung der jeweiligen Person, Gruppe, Organisation oder des Unternehmens bei den relevanten Stakeholdern. Betriebswirtschaftlich wird Reputation als immaterieller Wert bilanziert, so dass es das Ziel von Unternehmen ist, den Unternehmenswert nachhaltig zu steigern. Aufgrund der wachsenden Bedeutung von Online-Medien wird das Reputationsmanagement auch um Social Media ergänzt. Dabei werden die Informationen in der Online-Welt auf Internetseiten, in sozialen Netzwerken, Blogs, Suchmaschinen fortlaufend in einem Monitoring analysiert. Zudem wird es durch proaktives Kommunikationsmanagement mit integrierter Online-Kommunikation ergänzt.

Viele Unternehmen unterschätzen den Einfluss unzufriedener Kunden, Geschäftspartner und Mitarbeiter. Früher bedeuteten unzufriedene Kunden für große Unternehmen im schlimmsten Fall ein paar verlorene Käufer. Wer sich über ein Produkt ärgerte, erzählte das vielleicht der Familie, Freunden und Bekannten. Die Halbwertszeit war kurz und die Reichweite war gering. Doch heute gibt es Blogs, Foren, Bewertungsportale, Preisvergleichsseiten und private Nachrichtendienste. Sie ermöglichen es jedem Einzelnen, mit geringem Aufwand eine große Öffentlichkeit zu erreichen und damit eine hohe Reichweite zu erzielen. Viele Unternehmen haben diese Entwicklung noch nicht erkannt. Manchmal schadet ihnen das sehr, wie die folgenden drei Fälle zeigen.

Praxisbeispiel: United Airlines

Der Country-Sänger Dave Carroll legt sich mit der Fluggesellschaft United Airlines an, er ringt einer Weltmarke eine Entschuldigung ab – und nutzt so seine einflussreiche Rolle als Kunde in der globalen Wirtschaftswelt. Die Fluggesellschaft hätte Dave Carroll seine zerstörte Gitarre einfach ersetzen sollen. Dann wäre ihr viel Ärger erspart geblieben. Dem Musiker hätte allerdings kaum etwas Besseres passieren können. Der Konflikt mit dem Kundenservice und sein Film über das Debakel haben ihn und seine Band berühmt gemacht. Nach Monaten erfolgloser Gespräche mit Service-Mitarbeitern schrieb Carroll seinen Song über seine frustrierenden Erlebnisse. Er gab ihm den Titel „United breaks Guitars", drehte ein kleines Video dazu und stellte es bei YouTube online. Was United dann erlebte, war ein PR-Desaster: Innerhalb kurzer Zeit klickten mehrere Millionen Menschen das Video an, verbreiteten es an Freunde und schrieben mehr als 26.000 Kommentare dazu, die oftmals von schlechtem Service handelten.

Nun war Dave Carroll nicht mehr ein Kunde unter vielen in der Warteschleife der Service-Hotline. Er war ein öffentlicher Kunde, dessen Unmut der Reputation des Unternehmens schadete. United Airlines entschuldigten sich. Das Video indes findet bis heute neue Fans und dient als interner Schulungsfilm für die Service-Mitarbeiter. Dave Carroll war in der Auseinandersetzung der Gewinner: Er geht international auf Konzerttour und wird von Firmen als Redner zum Thema Kundenservice gebucht.

Der Fall illustriert auf besonders dramatische Weise die drastische Veränderung der Machtverteilung zwischen Kunden und Unternehmen, die vor allem Social Media fördert. Der Trendforscher Peter Wippermann sagt sogar: „Die Machtverhältnisse haben sich umgekehrt." Ein weiterer Fall hat sich bei Jack Wolfskin ereignet.

Praxisbeispiel: Jack Wolfskin

Jack Wolfskin mahnte Hobbykünstler und Kleinhändler wegen Produktpiraterie ab. Der Vorfall: Sie hatten ihre handgefertigten Waren mit einer Tierpfote versehen, die auch das Logo von Jack Wolfskin ziert. Die Anwälte des Unternehmens forderten eine Unterlassungserklärung und 1.000 Euro. Die Abgemahnten organisierten sich im „Pfötchenclub" online und verkauften Aktionsprodukte, um Geld für Anwaltshonorare zu sammeln. Nach über 3.000 Twitter-Einträgen, mehreren hundert Online-Berichten und den ersten Kunden, die mit Boykott drohten, spürten die Konzernmamanager, dass sie die Kontrolle über die Öffentlichkeit verloren hatten, und nahmen die Forderungen zurück. „Die heftige Kritik unserer Kunden in diesen Fällen hat uns veranlasst, unser Vorgehen kritisch zu hinterfragen", erklärte Wolfskin-Geschäftsführer Manfred Hell.

Diese Praxisbeispiele zeigen auf, wie stark die Macht der Kunden durch Social Media gewachsen ist. Sie twittern, bloggen und tauschen sich über soziale Netzwerke wie Facebook aus – über positive und negative Erfahrungen mit Marken. Wichtig es für Unternehmen, diese Online-Gespräche zu erkennen und daran teilzunehmen. Und auch die Meinungen der Kunden über Unternehmen, Produkte und Leistungen ins Produktmarketing aufzunehmen und im Beschwerde- oder Krisenfall frühzeitig zu reagieren. Denn in Social Media geht es darum, wie man Kunden aktiv ins Marketing und partnerschaftlich in die eigenen Prozesse einbindet. Der Kern dieser Reputationskrisen oder Ursache für den Shitstorm ist immer das Gefühl mangelnder Wertschätzung und Ignoranz auf Seiten der Kritiker. Dabei spielt es keine Rolle, ob sie im Recht sind oder nicht. Doch selbst wenn der moderne Kunde seinen Willen durchgesetzt hat, bleibt vom Ärger meistens etwas hängen. Denn das Internet vergisst nicht. Für Unternehmen kann das besonders bitter sein.

Vielen Unternehmen fehlt nach wie vor der Überblick über die Möglichkeiten der sozialen Netzwerke. Und sie haben folglich auch keine Strategie für Social Media. Dabei zeigen US-Konzerne, dass ein intelligenter Auftritt im Social Web nicht nur die Reputation fördert, sondern auch Umsatz und Gewinn. Doch hier stoßen die Firmen oft auf jemanden, mit dem sie zuvor in dieser Heftigkeit selten konfrontiert wurden: den ungezügelten Kunden, der auch vor schlimmster Schmähkritik nicht zurückschreckt. Denn an der Tastatur, das wissen die Psychologen, sind die Menschen in der Regel hemmungsloser als am Telefon. Zudem gibt es speziell in Deutschland noch einen Hemmfaktor:

„German Angst" verunsichert viele deutsche Unternehmen. Social Web ist eine Mundpropaganda-Plattform. Die Unternehmen müssen die Kontrolle abgeben und ihre Marken in die Hände der Kunden legen. Das ist neu und eine große Hausforderung – gerade für die Deutschen mit ihrer Angst und dem starken Wunsch, alles zu kontrollieren.

Praxisbeispiel: Dell Hell

Dell hat zunächst schlechte Erfahrungen mit Social Media gemacht. Der amerikanische Autor und Journalist Jeff Jarvis hatte in seinem Blog 2005 den Service von Dell kritisiert. Daraufhin hatte Dell eine schwere Image-Krise mit herben Umsatzeinbrüchen und Kursverlusten durchzustehen (siehe auch Social Media für Unternehmen von Claudia Hilker 2010). Heute hat Dell keine Angst vor Angriffen in Social Media. Michael Buck, Social-Media-Manager von Dell, meint: „Wir haben gute Erfahrungen in Social Media gemacht. Und es gibt auch keine Alternative: Über ein Unternehmen wie Dell wird so oder so geredet. Die Frage ist nur, ob wir daran beteiligt sind oder nicht."

Dell lernt gerade von Kritikern und Nörglern viel. Und Social Media ziehen sich bei Dell durchs ganze Unternehmen. Ein Kernteam von etwa 30 Mitarbeitern kümmert sich darum. Sie liefern Inhalte in die Kanäle, übernehmen das Monitoring und beantworten Beiträge in Xing, Twitter, Facebooks, Blogs und Co. Außerdem gibt es Social-Media-Experten in weiteren Abteilungen wie Finanz, Personal und Marketing.

Zudem schult das Social-Media-Team die anderen Mitarbeiter. Mehr als 8.000 der 100.0000 Mitarbeiter sind für Social Media geschult. Ziel ist, dass jeder geschult wird, der es für seine Aufgabe als wichtig erachtet.

Dells Guideline

Die Social Media Guideline wird bewusst einfach gehalten:

- Sei erkennbar als Dell-Mitarbeiter und spricht in deinem Namen.
- Beachte den rechtlichen und moralischen Rahmen.
- Schütze Geschäftsgeheimnisse.
- Sei nett, habe Spaß und knüpfe Kontakte.
- Handle verantwortungsbewusst.

Reaktionszeiten von Dell im Social Web. Dell will jede Anfrage in 24 Stunden beantworten. In der Praxis stammen rund 60 Prozent der Inhalte von Kunden, Also sind die Kunden oft schneller als das Dell-Team. In den USA hat Dell auch Blogger eingeladen, um von ihnen zu lernen.

Der ROI steht bei Dell nicht im Vordergrund. Der Umsatz steht nicht an erster Stelle, sondern das Vertrauen des Kunden zu gewinnen. Wenn das gelingt, klappt auch der Verkauf. Als Direktvertriebsorganisation hatte Dell schon immer einen direkten Draht zum Kunden. Die Zufriedenheit des Kunden schlägt sich auf die Produktauswahl und die Bonuszahlung der Mitarbeiter nieder. Sind viele Kunden unzufrieden mit dem Produkt, so wird es aus dem Verkauf genommen. Insofern nimmt der Einfluss von Social Media auf Entscheidungen im Unternehmen zu. Mehr über Dell im Kapitel Vertrieb.

Online-Reputationsmanagement

Gute Bewertungen sind wichtig, denn sie animieren zum Kauf. Der Kunde gibt aus zwei Gründen eine Online-Bewertung ab: Sein Kauferlebnis war positiv und er möchte eine Empfehlung weitergeben. Oder aber er möchte seine negative Erfahrung mit einem Anbieter weitergeben, um andere Kunden zu warnen. Da negative Bewertungen für die Online-Reputation eines Unternehmens von großem Nachteil sind, sollten diese gezielt für gute Beurteilungen sorgen.

Wie macht man das? Ohne zu manipulieren, denn das wäre auch wieder negativ. Menschen sind naturgemäß eher bequem. Hat man ein positives Kauferlebnis, so ist man zufrieden und entspannt. Das Ziel ist zwar erreicht, aber der Käufer zu entspannt für Weiterempfehlungen. Geht etwas beim Kauf schief oder fühlte man sich von einem Anbieter schlecht behandelt, so baut sich Spannung auf, die man gerne durch eine negative Bewertung entlädt. Positive Bewertungen fallen also nicht gerade vom Himmel. Unternehmen müssen schon etwas dafür tun. Hier ist proaktives Online-Reputationsmanagement gefragt!

Zum Umgang mit Kundenbewertungen

Selbst schreiben? Bloß nicht! Besser ist es, den Kunden zum Verfassen einer positiven Bewertung zu motivieren. Im Folgenden sechs Tipps:

1. **Erfragen Sie Kundenzufriedenheit:** Bitten Sie Ihre Kunden nach dem Kauf um eine Bewertung mit einer E-Mail, die Sie ein paar Tage nach der Rechnung verschicken. Hat der Kunde Positives zu berichten – prima! Hat er etwas zu bemängeln, dann können Sie zeitnah reagieren – unter Umständen noch, bevor er es öffentlich macht. Damit minimieren Sie das Risiko negativer Bewertungen.

2. **Bitten Sie um detaillierte Bewertungen:** Fragen Sie Ihre Kunden nach Details. Denn wer zu einem Produkt recherchiert, lechzt nach Informationen. „Ja“ oder „nein“ helfen da nicht weiter. Je konkreter das Bild ist, das er sich machen kann, desto sicherer wird er sich für Sie entscheiden – und nicht für die Konkurrenz.
3. **Bestechen Sie Ihre Kunden nicht:** Bieten Sie Ihren Kunden keine Geschenke für positive Bewertungen an.
4. **Fälschen Sie keine Bewertungen:** Mit Fakes verspielen Sie Ihre Reputation, Ihre Glaubwürdigkeit und das Vertrauen Ihrer Kunden. Denken Sie nur an den Verlagssohn Konstantin Neven DuMont, der unter falschem Namen bei einem Blog Stimmung für die eigene Position gemacht hat.
5. **Bewahren Sie kühlen Kopf bei Beschwerden:** Haben Sie eine negative Bewertung erhalten, dann ist das kein Weltuntergang. Wichtig ist, dass Sie ruhig, angemessen und sachlich reagieren, nicht emotional. In jedem Unternehmen gibt es Beschwerden. Und auch Kunden, die nicht ganz zufrieden sind, wird es immer geben. Gehen Sie so schnell wie möglich auf sie ein und nehmen Sie ihr Anliegen ernst. Einfach „Sorry“ zu sagen ist aber zu wenig. Finden Sie eine individuelle Lösung für das Problem. Wichtig ist auch, dass Sie so schnell wie möglich online reagieren, denn Ihr öffentliches Statement ist auch für die anderen User lesbar. Die individuelle Lösung sollte möglichst auf einen privaten Kanal (wie E-Mail oder Chat) verlegt werden, denn nicht jeder möchte seine Anliegen online dokumentieren.

Twitter: Support, Infos und Kommunikation

Auch Twitter soll in der Kommunikation abschließend thematisiert werden. Geliebt und gehasst gleichermaßen – Twitter spaltet die Internet-User: Während die einen das 140-Zeichen-Format als überflüssig ansehen, nutzen es andere als Informations- und Kommunikationskanal. Immer mehr Unternehmen verwenden Twitter nicht nur als Nachrichtensender, sondern auch für Serviceleistungen. Auch wenn Twitter weltweit gut verbreitet ist, ist Deutschland noch ein „Entwicklungsland“. Insgesamt leben 358 der meistverfolgten Twitter-Nutzer in den USA, es folgen Brasilien, Großbritannien und Spanien. Die meisten Top-Twitterati (125) leben in Los Angeles und haben ein Publikum von mehr als 285 Millionen Followern. Ein recht beeindruckender Fanclub. Auf Platz zwei der US-Städte folgt New York, auf dem dritten steht San Francisco.

Ein Account bei Twitter ist schnell eingerichtet. Auch hier gilt es zunächst einmal die Zielgruppe auszumachen und sie mit Followings, Inhalten und Engagement für sich zu gewinnen. Zumeist wird Twitter benutzt, um prägnante Nachrichten zu verbreiten. Auch viele Prominente nutzen Twitter für ihre Fan-Kommunikation.

Tipps für den Twittereinsatz

- Wählen Sie einen aussagekräftigen und prägnanten Namen.
- Formulieren Sie Ihr Twitter-Profil in höchstens 140 Wörtern kurz und prägnant. Eine Kurzbeschreibung mit passenden Schlagwörtern und einem Link zur Website zeigt Followern, wer man ist und welche Inhalte man liefert.
- Informationen lassen sich auch auf dem Hintergrundbild unterbringen. Wird ein Account von mehreren Personen betreut, so kann man sie hier vorstellen und damit den Account personifizieren.
- Werden Sie selbst aktiv und folgen Sie interessanten Personen aus Ihrem Bereich. Sie werden so auf Sie aufmerksam und folgen zurück.
- Nutzen Sie die Retweetfunktion von Twitter, um interessante Beiträge von Personen weiterzuempfehlen. Damit können Sie Ihre eigenen Inhalte ergänzen und Kontakte zu anderen Twitterern knüpfen.
- Kommentieren Sie Beträge von Influencern mit einem @reply. Das erzeugt mehr Aufmerksamkeit als ein Retweet und führt eher zu einem Follow.
- Eigene Blogposts können automatisch an Twitter weitergegeben werden. Die Automatik hat den Vorteil, dass keine Post vergessen wird. Die

manuelle Methode ist besser geeignet, die Inhalte mehr twitter-like zu gestalten. Und sie erhöhen die Reichweite.

- Auch bei Twitter gilt: Regelmäßige Tweets mit einem Mehrwert sind wichtig. Tragen Sie zum interaktiven Dialog bei!
- Nerven Sie Ihre Follower nicht mit den immer gleichen Werbebotschaften.
- Achten Sie auf Ihren Stil und die Rechtschreibung, wenn Sie seriös wirken wollen.

Fazit: Das Kapitel „Social-Media-Relations“ zeigt den hohen Stellenwert für Unternehmen auf, fundierte Gespräche mit Mitarbeitern, Kunden und Geschäftspartnern online zu führen. Einige Studien belegen den Nachholbedarf bei vielen Unternehmen in der PR. Und auch bei Einsatz der Social-Media-Governance gilt es noch einige Hürden zu meistern.

Storytelling ist in Social Media eine wirkungsvolle Maßnahme, um Aufmerksamkeit zu gewinnen, Online-Gespräche zu initiieren und virale Effekte zu erzeugen – wie viele Beispiele belegen. Das KUDOS-Modell liefert Inspirationen, wenn man ein eigenes redaktionelles Konzept erstellen will.

Auch wenn in Social Media B2C-Unternehmen Vorreiter sind, zeigen dennoch B2B-Unternehmen wie Krones, dass Erfolg auch hier machbar ist. Corporate Blogs bieten effiziente Möglichkeiten in der Kommunikation, obgleich der Einsatz bei vielen Unternehmen noch optimierungsfähig ist. Die Macht der Online-Reputation wird uns in Zukunft noch stärker beschäftigen, denn der gute Ruf ist ein kostbares Gut für Unternehmen. Deshalb spielt Online-Reputationsmanagement für viele Unternehmen eine wichtige Rolle und der Wunsch, positive Kundenbewertungen zu erlangen. Daneben steigt auch der Bedarf nach kommunikativen Lösungen für den Online-Support, beispielsweise durch Twitter. Das Thema Krisen-PR wird noch im Kapitel Monitoring mit Hinweis auf Frühwarnsysteme erläutert.

6 Social Commerce: Mehr Profit durch Social Media

E-Commerce wird zu Social Commerce. Das Buzzword „Social" hat also sogar den Kommerz besetzt. Von Social Commerce spricht man, wenn Unternehmen die Interaktion mit ihren Kunden mit Shoppen und sozialen Netzwerken vernetzen. Best Practice wird dazu aufgeführt und auch die neuen Anforderungen an den Vertrieb durch den neuen digitalen Kunden werden verdeutlicht. Kurz: Es geht um den Profit in Social Media.

Wie Social Commerce den Gewinn fördert

Unter Social Commerce werden die Verbindung zwischen E-Commerce und die interaktive Beteiligung der Kunden verstanden. Dabei wird die persönliche Beziehung zum Kunden sowie dessen Vernetzung für virale Effekte genutzt. Social-Commerce-Portale wie bei Ebay (gegenseitige Bewertung von Käufer und Verkäufer) oder Amazon.com (Buchrezensionen durch Käufer mit Bewertung) können dabei als Vorbilder angesehen werden. Zudem kann man mit Social Commerce auch selbst Produkte gestalten oder verändern.

Während im E-Commerce wenige große Anbieter wie Ebay, Amazon oder Otto den Handel im Netz den Markt beherrschten, drängt jetzt mit Social Commerce eine neue Unternehmer-Generation auf den Markt, die die Netzwerkmechanismen von Social Media einsetzen – mit Empfehlungen, Bewertungen und Kommentaren.

Social Commerce wird hier weit gefasst und wie folgt unterteilt:

1. Verkäufer 2.0, die Social Media im klassischen Vertrieb einsetzen
2. E-Commerce mit Online-Shops, die mit sozialen Netzwerken vernetzt sind

3. F-Commerce und M-Commerce mit Facebook, Foursquare, Twitter, YouTube und Blogs
4. Neue Geschäftsmodelle, die auf Social Media basieren, mit Best-Practice-Beispielen
5. Vertriebsförderung mit Community-Buildung, Service-Diensten und viralen Effekten.

Profit wird also mit Social Media im Vertrieb gemacht, wenn Verkäufer die Instrumente aus Social Media für ihre individuellen Ziele einsetzen. Zudem kann man mit Facebook und mobilien Anwendungen die E-Commerce-Lösungen im Handel innovieren, indem man mit geringen Investionen durch eine Community eine höhere Reichweite erzielt und auch die Kundenzufriedenheit durch einen Online-Service via Blog und Twitter erhöht. Denn Zufriedene kommen wieder und geben Empfehlungen. Insofern wird auch der neue Verkaufszyklus mit Social Media analysiert. Der Wert eines Facebook-Fans wird hinterfragt und natürlich das Geheimnis um den ROI (Return on Investment) mit den richtigen Kennzahlen gelüftet. Lassen Sie uns ganz konkret mit den Verkäufern beginnen.

Vertrieb 2.0 mit Social Media

Viele Verkäufer sagen „Früher war alles einfach: Kunden kamen, sahen und kauften." Und heute? Heute wissen Kunden oft besser über Produkte Bescheid als so mancher Verkäufer, weil sie sich über das Internet vorab informieren. Damit wird auch schon die Kaufentscheidung getroffen. Vielleicht fragt man über Social Media noch Freunde nach Empfehlungen und recherchiert in Bewertungsportalen nach Produktbewertungen und Kommentaren. Die neuen Kunden wollen individuell über ihren Lieblingskanal angesprochen werden – zumeist online. Deshalb muss man diese neuen Vertriebstrends aufgreifen, um auch in Zukunft Kunden erfolgreich zu erreichen.

Kunden sind also in Social Media gut informiert, aktiv und anspruchsvoll. Sie wollen Zusammenhänge erkennen und Hintergründe verstehen.

Sie warten nicht, bis Produkte lieferbar sind, denn die Konkurrenz ist nur einen Mausklick entfernt. Sie sind unzufrieden, wenn Produkte nur als Standarad erhältlich sind. Lieber gestalten sie sie selbst nach eigenen Vorstellungen.

Starres Zielgruppendenken war gestern

Dieser neue Kundentypus ist nicht in die typischen Zielgruppencluster nach Alter, Einkommen und Bildung einzuordnen. Er kann, aber muss nicht automatisch zur Generation der Digital Natives zählen. Er erwartet Kundenorientierung auf allen Kanälen mit persönlicher Ansprache. Fazit: Die Kunden heute ticken anders als die Kunden früher. Sie agieren, statt zu reagieren. Dies macht nochmal den Einsatz von Social CMR klar, womit man alle Daten zum Kunden im Überblick hat und eine individuelle kanalübergreifende Ansprache gestalten kann.

Welchen Stellenwert haben Social Media für den Vertrieb? Sie bieten die Chance, Kontakte zu Menschen zu gewinnen, Kommunikation aufzubauen und zu pflegen. Es ist das Ende der Kaltakquise. Es beschleunigt nicht nur die Kommunikation, sondern auch den Verkaufszyklus.

Vertriebler benötigen neue Qualifikationen

Einige Verkäufer denken: „Super, mit Social Media suche ich mir einfach viele Freunde auf Facebook und verkaufe ihnen meine Produkte." Doch so einfach geht es nicht. Freunde und Kunden muss man unterscheiden; auch wenn sich im wirklichen Leben manchmal beides verbindet, ist das vermutlich eher eine Ausnahme als der Regelfall.

Also, wie kann man dann die Informationen der sozialen Netzwerke zum Verkaufen nutzen? Nutzen Sie beispielsweise Xing zur Vorbereitung eines Termins. Vor einem Treffen mit einem neuen Geschäftspartner drucke ich mir das Xing-Profil aus und nehme es zum Termin mit. So habe ich konkrete Gesprächsaufhänger beim Smalltalk und der Partner fühlt sich anerkannt. Menschen machen mit Menschen Geschäfte und dabei wird zumeist emotional entschieden. Daher zahlt sich gute Vorbereitung aus – auch mit Social-Media-Recherchen.

Studie: Social Media im Kaufprozess

Der Einfluss sozialer Medien auf das Kaufverhalten wird viel diskutiert. Prof. Dr. Ralf Schengber, Marketingprofessor der FH Münster, hat in seiner Studie die Bedeutung von Social Media im Kaufverhalten geprüft. Die meisten User verlassen sich beim Kauf von Meinungen in Social Media leiten. Produktbewertungen, Foren, Blogs, Netzwerke spielen eine große Rolle. Etwa die Hälfte aller Online-Käufer bewertet nach dem Kauf die Produkte und unterstützt somit andere Kunden in ihrem Kaufprozess. Seine Studie belegt, wie sich die Machtverhältnisse zwischen Unternehmen und Käufern verschoben haben.

Menschen vertrauen anderen Menschen

Mehr als 80 Prozent der Befragten gaben an, dass ihnen Produktbewertungen online wichtig bis sehr wichtig sind. Sie beeinflussen in Kombination mit Erfahrungen aus dem persönlichen Umfeld maßgeblich die eigenen Kaufentscheidungen. Weder redaktionelle Medienbeiträge noch Werbung reichen an diese Werte heran. Und auch wenn der direkte Einfluss sozialer Netzwerke auf die Kaufentscheidung aktuell nur bei rund 20 Prozent liegt, so nutzen doch immerhin gut 70 Prozent der Befragten Social Media im Verlauf eines Kaufprozesses.

Die Studie zeigt, dass dies den gesamten Kaufprozess umfasst, nicht nur die eigentliche Transaktion. Er setzt bei der Informationsbeschaffung an und hört bei vielen Käufern (55 Prozent) erst mit der Produktbewertung auf. Diese Produktbewertung wiederum dient anderen Interessenten möglicherweise als Kaufanreiz. Dabei zeigt sich, welche Bedeutung persönliche Bewertungen für Kunden vor, während und nach dem Kauf haben.

Im realen Leben ist es üblich, dass man Freunden oder Bekannten Empfehlungen gibt. Und auch beim Online-Shopping gehört es heute dazu. Der Austausch zwischen den Kunden wird zum festen Bestandteil im Kaufprozess – mit oder ohne Beteiligung der Unternehmen. Dr. Schengber warnt allerdings davor, in diesen Prozess einzugreifen: „Manipulierte Einträge und Bewertungen müssen tabu sein – für alle Beteiligten! Sie können den Tod einer Marke bedeuten."

Modell: Der Kaufzyklus mit Social Media

Kunden informieren sich selbstständig im Internet und vernetzen sich. Sie sprechen über ihre Erfahrungen offen und manchmal auch schonungslos. Die Fokussierung auf die reine Kaufphase ist deutlich zu eng gefasst, denn aus Interessierten werden Kunden – und wenn es gut läuft: aus Erstkunden Stammkunden. Über die Vernetzung beeinflussen sie das Kaufverhalten untereinander nachhaltig und ständig. Moderne Services sollten sich am gesamten Kaufprozess orientieren und den Kunden stets dort abholen, wo er sich gerade befindet.

Jeder Kaufprozess gliedert sich in die Phasen vor, während und nach dem Kauf. Diese drei Phasen laufen im Internet immer und gleichzeitig ab. Die Vorkaufphase ist geprägt durch die Suche nach Informationen, die direkte Kaufphase durch die Suche nach dem besten konkreten Angebot und die Nachkaufphase zeichnet sich durch Nutzungserfahrungen und Beschwerden aus. Hier schließt sich der Kreis: Erfahrungsberichte aus der Nachkaufphase beeinflussen direkt das Verhalten in der Vorkauf- und Kaufphase.

Zufriedene Kunden sorgen für Neukunden und unzufriedene Kunden verhindern Käufe. Die Studie von Prof. Schengber zeigt, dass über 35 Prozent der Internetnutzer Social Media eher vor dem Kauf und während des Kaufs nutzen und 25 Prozent eher nach Kaufentscheidungen. Nur ca. 30 Prozent nutzen Social Media gar nicht im Laufe des Kaufprozesses. Social-Media-Services können dabei externe Plattformen, wie Facebook, YouTube und Twitter, einbeziehen und deren Reichweite nutzen oder eigene dialogorientierte Services bieten. Bei aller Euphorie über die Nutzerzahlen großer Social Networks ist es für Unternehmen häufig sinnvoll,

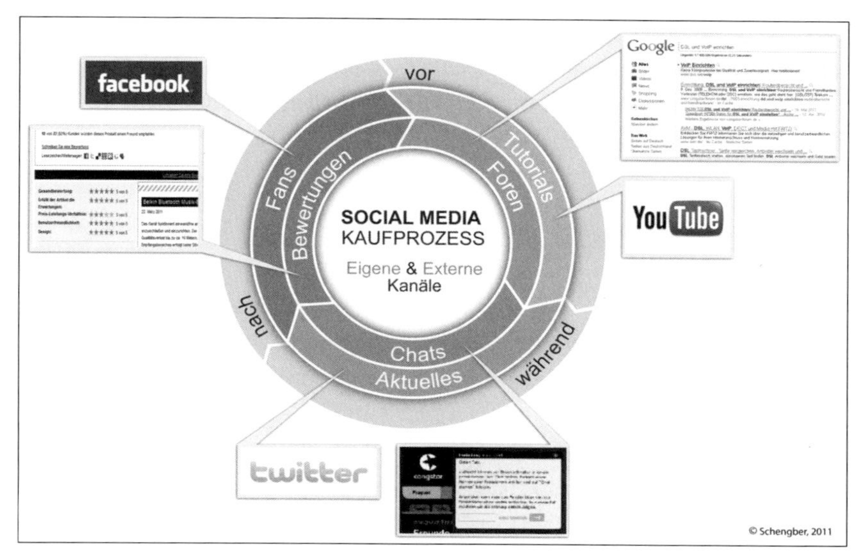

Abb. 14: Social-Media-Kaufprozess von Prof. Dr. Ralf Schengber

eigene Anlaufstellen im Netz zu bieten. Denn darüber sind erstens alle Internetnutzer erreichbar und zweitens ist das Service-Spektrum unbegrenzt.

Bei Social-Media-Service geht es neben der effizienten Bearbeitung von Anfragen insbesondere um den Kundendialog. Kundenkommunikation ist menschlich und weniger technisch, eher emotional und nur bedingt rational. Durch den offenen souveränen Dialog erhöht sich die Kundenzufriedenheit signifikant. Insofern sollten moderne Services – unter Nutzung der technischen Möglichkeiten – kommunikationsoptimiert sein und es dem Nutzer einfach machen. Die Relevanz für Kunden steigt mit ehrlichen Gesprächen – und nicht mit technischen Strukturen. Eine zentrale Handlungsempfehlung: Begleiten Sie Ihre Kunden im gesamten Kaufprozess – vor, während und nach dem Kauf. Denn: „Nach dem Kauf ist vor dem Kauf."

Die Bedeutung von Social Media für Kaufentscheidungen ist in den Köpfen der User längst angekommen. Man informiert sich umfassend, vertraut bei Kaufentscheidungen jedoch vor allem dem persönlichen Umfeld bzw. dem eigenen sozialen Netzwerk. Auf Seiten der Unternehmen sieht dies leider häufig noch anders aus. Die Studie „Social-Media-Einfluss auf das Kaufverhalten im Internet“ von Schengber (06/2011) liegt kostenfrei zum Download bereit unter: www.dsaf.de/news.

Best Practice: Wie Dell Social Media nutzt

Man kann durch Empfehlungen die Neukundengewinnung und den Umsatz steigern. Wie das in der Realität funktionieren kann, zeigt das Best-Practice-Beispiel von Dell.

Dell nutzt Social Media für Kundenbindung, Vertrieb und Service. Dell war 2007 in den Schlagzeilen, weil der einflussreiche Blogger Jeff Jarvis das Wort von der „Dell Hell“ prägte (siehe Seite 152). Diesen negativen Buzz nutzte Dell, um die neuen Möglichkeiten von Social Media für seine Ziele zu nutzen und daraus ein positives Image zu gewinnen, einen verbesserten Kundenservice zu schaffen und auch vertriebliche Ziele zu fördern.

Die Social-Media-Maßnahmen von Dell sind breit gefächert. Es gibt viele Twitter-Accounts, die sich an Regionen und Produkten orientieren. Jeder Twitter-Account kann spezifisch auf individuelle Kundenbedürfnisse eingehen. Der Aufwand ist hoch: Mehr als 100 Mitarbeiter sind im Kundenservice mit über 1,5 Millionen Nutzern in Kontakt. Um die Ideen von Kunden für Produktinnovationen aufzunehmen, hat Dell das Blog „Idea Storm“ ins Leben gerufen. Hier dürfen sich Kunden an der Entwicklung der Produkte beteiligen.

Die Verbesserungsvorschläge werden von der sozialen Gemeinschaft diskutiert und bewertet. So nutzt Dell die Kundenbegeisterung für die Produkte und fördert die Kundenbindung. Außerdem ist Dell auf YouTube, auf MySpace und Facebook präsent und unterhält die eigene Community: Direct2Dell.com für Kundensupport.

Dell spricht damit nach eigenen Angaben weltweit mehr als 3,5 Millionen Menschen an. Der eigene Anspruch lautet: „We don’t just want to dump content. Conversations are important to us." Dell hat laut Bloomberg in 2008 und 2009 einen Umsatz von 6,5 Millionen Dollar über Twitter gemacht. Dazu wurde aber auch ein neuer Vertriebskanal geschaffen: das Dell-Outlet, wo Angebote lanciert werden, die es nur in begrenztem Umfang gibt. So ist das Dell-Outlet in die gesamten vertrieblichen Aktivitäten von Dell integriert und wird über Twitter gepusht.

Wenn man bedenkt, dass der Jahresumsatz von Dell bei über 60 Milliarden Dollar in 2008 lag, ist der Umsatz über Twitter noch gering. Jedoch sind die Dynamik und die Qualität beachtlich, weil ein direktes Feedback zu den Angeboten entsteht und Dell damit wichtige Informationen gewinnt. Die Mechanismen des Viral Marketing werden somit eingesetzt. Gibt es ein neues Produkt, so kann es über diese Netzwerke in den Markt kommuniziert werden. Dell spricht von einem „Social Media Alert System for Deals". Auch das Image: „Dell ist ein innovatives Unternehmen", zahlt positiv auf die Marke Dell ein. Damit wird deutlich, dass sich Unternehmenskommunikation, Vertrieb, Service und Marketing immer mehr verbinden.

Dell hat mehrere Twitter-Support-Abteilungen. Zunächst war das Team klein, aber es wächst ständig, weil der Traffic zunimmt. Ein globales Unternehmen muss Twitter-Support in verschiedenen Ländern haben, damit die Menschen die Sprache der Kunden weltweit verstehen. Dell hat für den Twitter-Dienst mehrere Dutzend Mitarbeiter in Deutschland, da es bereits ein erfolgreicher Business-Kanal für Dell ist.

Dell nutzt Twitter für die Kundenbetreuung. Sie haben einen Twitter-Account (@ DellCares), der angegeben wird, um Kundenfragen zu beantworten und auf Anliegen zu reagieren. Dell hat ein Service Level Agreement, in weniger als 24 Stunden auf eine Frage zu antworten. Für Dell ist es zeitsparender und billiger, einen Twitter-Kunden-Service zu haben, weil der Großteil der Kunden Twitter nutzt. In 40 bis 50 Prozent antworten die Kunden anderen Kunden schneller als die Dell-Mitarbeiter. Deshalb ist es ihnen wichtig, bei der Personalauswahl kompetente Mitarbeiter für Twitter zu haben, auf die hundertprozentig Verlass ist. Dell hat viele sachkundige Kunden, die die Produkte so gut kennen wie die internen Mitarbeiter und sie reagieren sehr schnell. Mit Twitter hat Dell eine aktive Plattform und zufriedene Kunden, weil Probleme sehr schnell gelöst werden und andere Kunden positiv eingestellt sind und bereit sind zu helfen. Michael Buck, Social-Media-Manager bei Dell: „Unsere Kunden, die ihre Probleme via Twitter gelöst bekommen, sind zufriedener als diejenigen, die ihre Antworten über Call-Center bekommen. Doch nicht jeder Kunde nutzt gerne Twitter – es ist auch eine Frage des Alters." Aktuell zählt der Twitter-Account von Dell 15 000 Follower.

Was andere Unternehmen von Dell lernen können

Aufgrund der steigenden Bedeutung von Social Media müssen Unternehmen ihren Vertrieb neu organisieren und mit Marketing, Public Relations und Kundenservice verbinden. Twitter kann man einsetzen, wenn es um Service, Support und Tempo gebt, also wenn der Kunde schnelle Reaktion wünscht, wenn er ein Problem hat oder auf der Suche nach Informationen ist. Kunden wollen nicht das Unternehmen anrufen, sie wollen schnell ihre Lösung online finden. Facebook eignet sich mehr für Fan-Engagement und Marke. Es ist relevant, wie Sie sich dort engagieren und Ihren Fans laufend neue Angebote bieten und interaktiv mit ihnen diskutieren.

Twitter Service-Kanäle: Telekom und die Bahn

Der Twitter-Kanal @DB_Info bietet aktuelle Verkehrsmeldungen und @DB_Bahn ist der direkte Kontakt zum Personenverkehr der Deutschen Bahn. Ein Team aus neun Mitarbeitern beantwortet im Schichtbetrieb Fragen von Fahrgästen via Twitter. Und auch die Deutsche Telekom ist mit dem Service-Account @telekom_hilft auf Twitter aktiv – nach dem Motto „Guter Service auf neuen Wegen". Sieben Twitterer sind hier im Serviceeinsatz. Sie twittern Antworten auf Serviceanfragen von Telekom-

Kunden. Um personenbezogene Daten auszutauschen, gibt es eine extra E-Mail-Adresse. Themen sind beispielsweise die T-Home VDSL-Verfügbarkeit vor Ort, Tarifübersichten oder Fragen rund ums iPhone und sonstige Hardware. Per Twitter erfolgen dann auch die Antworten. Der Twitter-Account der Telekom zählt aktuell 16 000 Follower.

F-Commerce: Über Facebook Shop verkaufen

US-Konzerne wie Starbucks oder Coca Cola zeigen, dass Social Media den Gewinn steigern können. F-Commerce nennt sich der neue Abverkauf über Facebook, der sich in den USA bereits bewährt hat. Auch der Verbindung von F- und M-Commerce (dem mobilen Vertrieb) wird eine große Zukunft vorausgesagt.

Die Samwer-Brüder pushen Zalando mit massiver Werbung in den Markt. Und der Online-Schuhhändler shoedazzle verkauft beispielsweise modische Damenschuhe im Monatsabo. Die Grundidee ist ganz einfach: Frauen mit Schuhtick (eine beachtliche Zielgruppe) bekommen monatlich für 39,95 Dollar ein Paar Schuhe frei Haus geliefert. Es gibt jeweils eine kleine Auswahl, die einem vorher definierten Stil entspricht. Versand und Retouren sind kostenlos. Es gibt keine Abnahmeverpflichtung und jeder Monat kann übersprungen werden. Im Dezember 2011 hatte shoedazzle auf Facebook 1,6 Millionen Fans.

Best Practice: Otto mit F-Commerce und Augmented Reality

Im Vergleich zum stationären Handel haben Versandhändler im E-Commerce einen großen Nachteil: Die Ware lässt sich online nicht anfassen oder anprobieren. Der Versandhandelsriese Otto hat deshalb ein F-Commerce-Projekt gestartet, bei dem die Facebook-Fans mit Hilfe einer Augmented Reality App Bekleidung virtuell anprobieren können. Otto wirbt mit Kundenorientierung und gutem Service. Dafür nutzt Otto auch Social Media und verknüpft sie mit Augmented Reality.

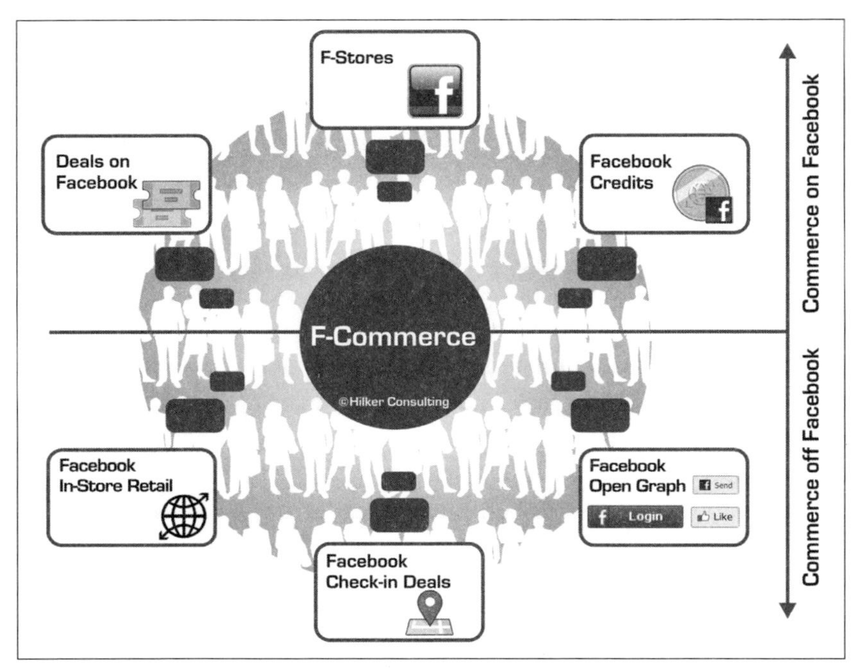

Abb. 15: F-Commerce bietet neue Vertriebsansätze

Wer über einen PC mit einer Webcam verfügt, kann als Fan der Fanpage von Otto virtuell Kleidungsstücke anprobieren. Über die Webcam wird ein Bild des Users aufgenommen und seine Silhouette berechnet. Über diese Silhouette werden dann die Kleidungsstücke gelegt, die der Facebook-Fan mit der Maus auswählt. Auf dem Monitor des Users erscheint ein Bild, auf dem er die Kleidung trägt. Unterschiedliche Outfits lassen sich bequem mit der Funktion „Mix & Match" miteinander kombinieren. Gefällt dem User eine Kombination, so speichert er das Bild ab und bittet seine Freunde um Feedback. Die virtuelle Anprobe bekommt durch das Sharen noch eine soziale Komponente – quasi ein virtueller Einkaufsbummel von Freunden.

Otto will zukünftig das Sortiment für die Anprobe noch deutlich erweitern. Einige Experten vermuten, dass die Verknüpfung von F-Commerce und Augmented Reality ein gelungener Ansatz für die Zukunft im E- und M-Commerce ist. Die User bekommen durch die virtuelle Anprobe mit Einholen der Meinungen von Freunden einen echten Mehrwert, was ihre Kaufentscheidungen fördert. Otto gewinnt damit Aufmerksamkeit und vielleicht sogar neue Kunden und mehr Umsatz. Auch der spielerische Effekt wirkt, man kann über verrückte Kombinationen lachen – und so ist auch noch eine gute Prise Viralität enthalten.

Neue Vertriebschancen durch F-Commerce

Die Studie der Werbeagentur BBDO vom September 2011 analysiert die Potenziale von F-Commerce. Dabei geht es um den Wandel im Handel und die Frage, wie Facebook den Vertrieb fördern kann. Laut Studie stehen die Chancen für den Handel via Facebook gut. Die Mehrheit der Verbraucher steht dem F-Commerce positiv gegenüber – vorausgesetzt, das soziale Netzwerk kann Datenschutz und Sicherheit beim Onlinekauf gewährleisten. In der Studie wurden Treiber und Barrieren bei der Kommerzialisierung des sozialen Netzwerks aus Sicht von Nutzern, Unternehmen und Facebook untersucht. Basierend auf verschiedenen Sichtweisen hat BBDO Handlungsempfehlungen formuliert, wie Unternehmen Facebook für den Absatz nutzen können.

Der F-Commerce kommt ins Rollen und die meisten Unternehmen stehen vor der Frage, ob es sich lohnt, auf diesen Zug aufzuspringen. Noch hat Facebook den Wandel zum Vertriebskanal nicht vollzogen. Zwar haben Marken bereits im großen Stil Facebook für sich entdeckt und tragen zur Kommerzialisierung der Plattform bei, doch der Fokus liegt eher auf Kundenbindung und -engagement. Ob Unternehmen ihre Fans in bare Münze umwandeln können, hängt vom Einsatz und von der weiteren Entwicklung von Facebook ab. Fest steht: Die Chancen für die Zukunft sind gut: Die Mehrheit der in der Studie befragten User sind dem F-Commerce gegenüber positiv gestimmt. 55 Prozent der Befragten interessieren sich für das Thema. Größte Hürde bilden derzeit noch Unsicherheiten beim Kauf und Facebooks laxer Umgang mit der Privatsphäre der Nutzer.

F-Commerce steckt noch in den Kinderschuhen

Die Mehrheit der in der Studie befragten Nutzer (70 Prozent) geht davon aus, dass Einkaufen in einem F-Store zukünftig ein fester Bestandteil des Facebook-Erlebnisses wird. Und doch steht das Thema noch ganz am Anfang der Entwicklung. Nur acht Prozent der Befragten haben bereits etwas in einem F-Store gekauft. Doppelt so viele, nämlich 16 Prozent, haben zwar in einem F-Store gestöbert, aber noch nichts gekauft. Jeder Dritte wusste noch nichts von dieser Möglichkeit, findet sie aber interessant. Aber auch die Zahl der Bedenkenträger ist groß: Für 45 Prozent der Befragten kommt F-Commerce gar nicht in Frage. Diese Ablehnung ist zum Teil grundsätzlicher Art. Die Nutzer wollen Facebook als Ort für Freunde bewahren – ohne Kommerz. Zum Teil erklärt sich die Ablehnung jedoch auch aus der geringen Erfahrung seitens der Nutzer. Über eigene positive Erfahrungen bzw. die des Freundeskreises wird die Zahl der Ablehner mit der Zeit niedriger werden.

Der Nutzen von F-Commerce aus Sicht der User

Eines der wichtigsten Motive für das Einkaufen auf Facebook ist Convenience. Für 36 Prozent der Befragten ist dies das wichtigste Argument. Sie finden es praktisch und zeitsparend, Facebook für den Einkauf nicht verlassen zu müssen. Mit der Verbreitung von F-Commerce gelangen zunehmend Kaufaktivitäten und Produktempfehlungen in die private Sphäre des Nutzers. Da diese von eigenen Facebook-Freunden kommen, haben sie eine hohe persönliche Relevanz. So geben etwa 90 Prozent aller Facebook-Nutzer an, den Empfehlungen ihrer Facebook-Freunde zu vertrauen. Jeder vierte Befragte leitet interessante Informationen weiter, die er von Marken erhalten hat. Sharen oder Teilen ist der neue Ausdruck der Anerkennung. Damit Nutzer Produktinformationen teilen, müssen sie jedoch echte Begeisterung für das Produkt bzw. die Informationen spüren. Zufriedenheit allein reicht nicht aus. Schließlich positionieren sich die Nutzer in ihrem gesamten Netzwerk mit diesen Empfehlungen.

Drei Viertel der Befragten nutzen Marken als Identitätsausweis: Sie wollen ihrem Freundeskreis zeigen, welche Marken und Produkte sie toll finden. Etwa drei Viertel aller Facebook-Nutzer sind mit mindestens einer Marke befreundet, jeder zweite Befragte ist mit mindestens sechs Marken auf Facebook befreundet. Wer mit Marken vernetzt ist, will in erster Linie auf dem Laufenden bleiben. So möchte die Mehrheit der Befragten über neue Produkte, Aktivitäten und Rabattaktionen informiert werden. Ein Drittel findet es gut, Angebote und Rabatte direkt im Newsfeed zu bekommen. Zwei Drittel wünschen sich Zugang zu exklusiven Inhalten, die es nur auf Facebook gibt.

Jeder dritte Befragte sieht Facebook als Kanal für exklusive Produkte. Jeder vierte erwartet bessere Angebote als in den Online-Stores. Jeder fünfte Befragte gibt an, dass die soziale Komponente ein Vorteil ist. Sie finden es gut, dass Freunde ihre Einkäufe sehen und kommentieren können. Jeder Zehnte ist durch das gemeinsame Einkaufen mit Freunden motiviert. In den direkten Dialog mit Marken will ein Drittel treten.

Größtes Verkaufspotenzial haben immaterielle Dinge

Besonders kommen auf Facebook solche Produkte gut an, die mit anderen leicht geteilt und verschenkt werden können: Zwei Drittel der Befragten können sich gut vorstellen, Tickets und Eintrittskarten (64 Prozent) sowie Gutscheine aller Art (62 Prozent) über Facebook einzukaufen. Erst dahinter ordnen sich Medien wie Bücher, Magazine, Filme und Musik (57 Prozent) und Mode (46 Prozent) ein. Vor diesem Hintergrund haben auch die von Facebook gepushten Deals (Online-Rabattcoupons) gute Aussichten auf Erfolg, denn alles deutet darauf hin, dass der Handel mit Coupons auf Facebook funktionieren wird.

Im F-Commerce dominieren Impulskäufe

Das Nutzerverhalten im Bereich E- und F-Commerce unterscheidet sich zurzeit noch deutlich. Die meisten Facebook-Nutzer besuchen das Netzwerk ohne Kaufabsicht. Sie stoßen vielmehr zufällig über Produktempfehlungen ihrer Freunde auf interessante Produkte. Dabei spielen bei F-Commerce Sofortbelohnungen als Kaufanreiz eine große Rolle. Produkte mit hohem Informationsaufwand sind dagegen weniger gefragt. Für intensive Recherchen und Preisvergleiche sind klassische E-Commerce-Kanäle besser geeignet. Mit der wachsenden Zahl kommerzieller Angebote wird sich jedoch auch hier der Modus der Nutzer auf Facebook ändern. Sie werden gezielt F-Stores ansteuern, um dort nach exklusiven Produkten und besonderen Angeboten zu suchen.

Datenschutz und Sicherheit sind Erfolgskriterien für F-Commerce
Trotz der grundsätzlich positiven Beurteilung des Themas F-Commerce sind Nutzer derzeit noch ziemlich unsicher beim Einkauf auf Facebook. Der laxe Umgang mit der Privatsphäre stellt für F-Commerce eine zentrale Hürde dar. 54 Prozent wissen nicht, ob das Einkaufen bei Facebook sicher ist. Jeder zweite Befragte will nicht, dass Facebook weiß, was er einkauft. Genauso viele wollen nicht, dass Unternehmen auf ihre persönlichen Daten zugreifen können (53 Prozent). Und 47 Prozent der Befragten befürchten, dass Unternehmen auf die Daten ihrer Freunde zugreifen könnten. Das sind ernst zu nehmende Bedenken. Dem steht gegenüber, dass nur jeder Fünfte ein grundsätzliches Vertrauensproblem mit Facebook hat. Damit sich Facebook als Handelsplattform etablieren kann, muss es nicht nur eine bessere Verlässlichkeit für Unternehmen unter Beweis stellen, sondern auch Sicherheit und Datenschutz zu seinen Prioritäten machen.

Das Fazit der Studie: Wenn F-Commerce ein Erfolg wird, dann kann Facebook seinen Einfluss massiv ausdehnen und wird endgültig zu einem Key Player ähnlich wie Google, Apple oder Amazon. Jedoch muss sich Facebook gegenüber Unternehmen und Kunden als zuverlässiger Partner noch behaupten. Wichtigste Voraussetzungen für das Gelingen von F-Commerce sind der Dialog und die Interaktion mit den Fans, um „Likes“ in „Buys“ umwandeln zu können. Doch in einem sozialen Netzwerk muss man vorsichtig sein mit verkäuferischen und werblichen Ansprachen. Bei zu starker Kommerzialisierung bestünde die Gefahr, dass Nutzer abwandern.

Dennoch würde F-Commerce Unternehmen große Chancen bieten, mit ihren Angeboten genau dort zu sein, wo sie den Dialog mit ihrer Zielgruppe führen. Grundsätzlich gilt: Im F-Commerce muss das Angebot den Weg zum Käufer finden und nicht umgekehrt. So formuliert die Studie auf Basis der zahlreichen Untersuchungsergebnisse konkrete Handlungsempfehlungen, wie Unternehmen Kommunikation und Handel auf Facebook zusammenführen sollten.

Es folgen 16 konkrete Empfehlungen für F-Commerce – das Fazit der BBDO-Studie:

1. **Hohe Sicherheitsstandards bieten:** Bei F-Commerce ist Sicherheit ein wichtiger Faktor. Unternehmen müssen hier die gleichen Sicherheitsstandards bieten wie in ihren E-Stores. Eine Zusammenarbeit mit z. B. Trusted Shops gewährleistet, dass der F-Store zudem alle rechtlichen Kriterien erfüllt.
2. **Privatsphäre der Nutzer respektieren:** Nutzer sorgen sich um den Umgang mit ihren Daten und denen ihrer Freunde. Außerdem schätzen sie Facebook als Informationsmedium und fürchten, dass die Flut zusätzlicher Verkaufsnachrichten diese Qualität zerstört. Zurückhaltung und Datenschutz sollten demnach höchste Priorität haben.
3. **F-Commerce flankierend einsetzen:** F-Commerce bietet Usern und Händlern neue Vorteile gegenüber E-Commerce. Zurzeit hat F-Commerce die Stellung eines zusätzlichen Kanals, in dem Unternehmen ihren Kunden ein besonderes Kauferlebnis bieten können. Ein F-Store kann den E-Store zwar flankieren, aber nicht ersetzen. Da die Entwicklung von F-Commerce in hohem Maße von Facebook abhängt, sollten Unternehmen den Schwerpunkt auf E-Commerce setzen, um einen möglichst großen Handlungsspielraum zu bewahren.
4. **Besonderen Nutzen bieten:** Die Nutzer erwarten ein besonderes Kauferlebnis auf Facebook. Als Fans möchten sie in den Genuss ex-

klusiver Angebote, einzigartiger Produkte und großzügiger Nachlässe kommen. Der Kauf über Facebook sollte eine Sofortbelohnung bieten, die den Nutzer veranlasst, über den Kauf zu kommunizieren. Dabei zählen z.B. gruppendynamische Einkaufserlebnisse. Über Gruppenkäufe können Unternehmen zudem neue Kunden erreichen.

5. **Über Kommunikation verkaufen:** F-Commerce muss sich in den kommunikativen Nutzungsmodus von Facebook einfügen. Kommunikation und Vernetzung spielen auch weiterhin eine große Rolle. Verkaufsangebote müssen als bereichernd und nicht als störend wahrgenommen werden. Es bieten sich vor allem Produkte an, die ohne große Recherchen gekauft werden.
6. **Positive Erfahrungen schaffen:** Damit sich Facebook als Verkaufskanal etablieren kann, ist es wichtig, dass die Nutzer positive Erlebnisse sammeln. Dies beinhaltet u. a. die richtige Produktdarstellung und gute User-Experience. Auch die angebotenen Produkte selbst sollten begeistern und einzigartig sein.
7. **Mit immateriellen Produkten einsteigen:** Dafür eignen sich besonders Gutscheine, Rabattcodes oder Coupons. Diese können besonders einfach erworben werden. Das Verschenken generiert Mundpropaganda. Auf diese Weise können Unternehmen erste Erfahrung mit F-Commerce sammeln und ausprobieren, welche Produkte besonders viel Buzz erzeugen.
8. **Eigene Benchmarks definieren:** Man kann nicht die gleichen Messkriterien auf alle Kanäle anwenden. Die Umwandlungsrate von Besucher zu Käufer ist auf Facebook niedriger, weil die User (noch) nicht mit einer Kaufabsicht auf Facebook kommen. Für Unternehmen gilt es hinter die Zahlen zu schauen und eigene Benchmarks zu etablieren. „Umsatz per Like" oder „Umsatz per Share" definieren die Qualität der Kundenbeziehungen auf Facebook. Die Zahl der wiederkehrenden Käufer und Empfehlungen drückt die Zufriedenheit der Fans aus.
9. **Keine Replik des E-Stores:** Anstatt den E-Store eins zu eins abzubilden, sollten Unternehmen mit neuen Konzepten Aufmerksamkeit

und Relevanz schaffen. Facebook eignet sich sehr gut zum Experimentieren mit einzigartigen Kommunikationskonzepten. Zeit- und volumenabhängige Angebote sowie Fan-first- und Fan-only-Artikel schaffen Begehrlichkeit und Mundpropaganda.

10. **Nutzerverhalten beobachten:** Facebook-Insights bieten eine Reihe von Standardkriterien, die Unternehmen tracken können, z.B. die Entwicklung der Fanzahlen, Interaktionen zwischen den Fans und Abwanderungsraten. Die Auswertung der Zahlen gibt Aufschluss darüber, ob der Facebook-Auftritt relevante Inhalte liefert. Außerdem können Unternehmen anhand der Zahlen ermitteln, mit welchen Incentives sie Fans in Kunden umwandeln können.
11. **Pinnwand als Schaufenster:** Facebook ist noch keine Plattform für Produktsuche. Der Nutzer stößt eher zufällig durch Empfehlungen seiner Freunde oder Informationen im Newsfeed auf interessante Produkte. Die Pinnwand des Unternehmens oder der eigene Newsfeed fungieren als eine Art Schaufenster, das Inspiration und Ideen bietet. Unternehmen sollten versuchen, ihre Pinnwände als Schaufenster mit interessanten Angeboten zu gestalten.
12. **Neue Erwartungshaltung erfüllen:** Auf Facebook lernen die Nutzer, dass ihr Status als Fan ihnen Zugang zu besonderen Informationen und Angeboten gibt. Diese Behandlung erfahren sie sonst nirgends. Unternehmen sollten diesen Belohnungsaspekt stets berücksichtigen, um Empfehlungen und Mundpropaganda anzuregen.
13. **Personalisierung anbieten:** Der Zugriff auf den Datenpool von Facebook gibt Unternehmen die Möglichkeit, ihr Angebot zu personalisieren, z.B. dem Nutzer persönliche Produktempfehlungen anzuzeigen. Zudem bietet Facebook eine Reihe sozialer Komponenten an. Unternehmen können in ihren F-Stores Wunschlisten einrichten, die für Freunde freigeschaltet werden.
14. **Erfahrungswerte einholen:** F-Commerce ist noch kein Absatzkanal. Zurzeit beträgt der Umsatz eines F-Stores etwa zwei bis fünf Prozent eines E-Stores. Überhöhte Umsatzprognosen sollten daher misstrauisch machen.

15. **Auf Zertifizierung achten:** F-Stores müssen gesetzeskonform sein. Bei der Auswahl des Lieferanten der Shop-Software sollte darauf geachtet werden, dass die Sicherheitssiegel von Trusted Shops oder McAfee Secure dies garantieren.
16. **Kompetenzlücken schließen:** F-Commerce erfordert Interdisziplinarität. Um attraktive Kampagnen zu entwickeln, werden Unternehmen auf Intermediäre zurückgreifen, die Kompetenzen wie digitale Markenführung, Vertrieb (CRM), Datenanalyse, Software- und Spieleentwicklung verbinden.

Die Zukunft von F-Commerce

Während E-Commerce etwa zehn Jahre brauchte, um sich durchzusetzen, wird F-Commerce viel schneller vom Konsumenten angenommen werden. Die Akzeptanz einer neuen Technologie ist nicht notwendig, denn F-Commerce basiert auf bereits etablierten Komponenten des E-Commerce: vom Kaufprozess über die Abwicklung bis hin zur Bezahlung. F-Commerce wird sich über mehrere Stufen ausbreiten. In der ersten Stufe werden bereits auf Websites und Onlinestores Produktempfehlungen über die Einbindung von Facebook-Funktionen (Open Graph) generiert und im sozialen Netzwerk verbreitet. So klicken bereits heute 65 Prozent der Nutzer auf der Webseite einer Marke bzw. eines Unternehmens auf „Gefällt mir". 36 Prozent klicken auf Webseiten oder Online-Stores auf „Gefällt mir" oder „Empfehlen" für bestimmte Produkte. Die zweite Stufe ist die Produktsuche und Produktpräsentation direkt auf Facebook. Viele Marken beginnen, Storefronts auf ihren Facebook-Seiten einzurichten, auf denen ihre Produkte vorgestellt werden. Der Kaufabschluss findet jedoch im E-Store des Händlers statt. Steigt die Akzeptanz für Commerce-Angebote innerhalb von Facebook, werden sich vollintegrierte F-Stores in Stufe drei durchsetzen.

Führen Facebook-Fanseiten zu höheren Umsätzen?

Durch den Einsatz sozialer Netzwerke im Kundenbeziehungsmanagement können Unternehmen ihre Umsätze steigern, belegt auch die Studie des Marktforschungsinstituts Defacto Research für Defacto.x, Agentur für CRM und Dialog, durchgeführt unter 6.500 aktiven Web-Nutzern. Untersucht wurde die Wirkungsweise von Facebook-Seiten auf Marke und Verkauf. Sogar im Rahmen von Loyalitätsprogrammen kaufen demnach Kunden, die zugleich Fan der Marke auf Facebook sind, um 33 Prozent häufiger als die übrigen Programmteilnehmer und generieren dabei 22 Prozent mehr Umsatz.

Die Facebook-User zeichnen sich der Untersuchung zufolge überdies durch eine höhere Affinität zu Kampagnen (plus acht Prozent) und Rabatten (plus 14 Prozent) aus. Der Einfluss von Facebook-Seiten auf die Markenwahrnehmung sei dagegen nicht nachweisbar. „Soziale Netzwerke haben auch für das Kundenbeziehungsmanagement eine immer größere Bedeutung", sagt Thomas Plennert, Director Research & Social Media der Defacto Research & Consulting GmbH. Unternehmen, die einen Facebook-Auftritt als integrierten Teil in ihre Customer-Relationship-Management(CRM)-Strategie einbeziehen, könnten so den Umsatz deutlich pushen. Wichtig sei es, die Spielregeln und die Zielgruppe auf Facebook zu kennen.

Im Rahmen der Studie wurden zudem Facebook-User zu ihrer Erwartungshaltung gegenüber dem Auftritt von Unternehmen im Social Web in sieben Branchen befragt. Je nach Branche haben vor allem auch finanzielle Vergünstigungen einen hohen Stellenwert für die User. So erwartet mehr als die Hälfte (54 Prozent), dass Unternehmen auf Fan-Seiten Gutscheine, Coupons und Rabatte anbieten. Lediglich ein knappes Fünftel (19 Prozent) lehnt dies auf Facebook grundsätzlich ab.

Trotz der Neigung zu Gutscheinen sind die meisten Facebook-User nur Fans weniger Marken. Fast die Hälfte der Nutzer (47 Prozent) hat ein bis fünf Lieblingsmarken, etwa jeder Fünfte (19 Prozent) ist kein Fan einer Marke oder eines Unternehmens. Nur rund ein Viertel (26 Prozent) ist Fan von mehr als fünf Seiten, acht Prozent machten hierzu keine Angaben. Wie stark soziale Netzwerke das Kommunikationsverhalten bereits heute prägen, zeigt ein weiteres Ergebnis der Studie. So gaben vier von zehn Usern an, dass Facebook für sie zunehmend einen Ersatz für E-Mails darstellt. Die weiteren Ergebnisse sind kostenfrei abrufbar: defacto-x.de

Der Wert eines Facebook-Fans

Neben dem F-Commerce stellt sich aber insgesamt die Frage, welche Auswirkungen hat die Community-Buildung mit Facebook-Fans auf den Vertrieb? Dazu gibt es einige Erkenntnisse aus der Praxis.

1. Der Fan generiert mehr Umsatz. Fans sind sehr häufig bereits Kunden bei Ihnen. Laut einer US-Studie über Konsumgüter-Marken lagen die Ausgaben der Fans immer über denen von Nicht-Fans. Diese Kennziffer können Sie sehr leicht überprüfen. Sehen Sie nach, welche Ihrer Facebook-Fans bereits zu Ihren Kunden zählen. Ist ein Fan gleichzeitig Ihr Kunde, können Sie die Umsätze kontrollieren, die Sie mit ihm machen. Dabei kann man unterscheiden, ob Sie diesen Fan durch Facebook neu gewonnen haben oder ob ein bestehender Kunde zu Ihrem Fan wurde. Die über Facebook neu gewonnenen Kunden und die Stammkunden können Sie als Erfolg verbuchen, vorausgesetzt, Letztere haben durch Cross Selling mehr Umsatz erzielt.

2. Der Fan gibt Empfehlungen an Freunde, die Umsatz generieren. Facebook-Fans empfehlen ein Produkt mit einer Wahrscheinlichkeit von 41 Prozent öfter weiter als Nicht-Fans. Bei einigen Marken liegt die Wahrscheinlichkeit sogar um 80 Prozent höher. Jede positive Meinung eines Fans kann einen anderen überzeugen, bei Ihnen Kunde zu werden. Wie können Sie feststellen, welcher Neukunde auf Empfehlung welches Fans gewonnen wurde? Das geht nur, wenn Sie ein Empfehlungsprogramm auf Ihrer Fanpage haben. Damit machen Sie Ihre Fans zu Empfehlern und belohnen sie mit Bonusleistungen, beispielsweise Gutscheinen oder Event-Einladungen.

3. Ersparte Werbekosten durch virales Marketing Ihrer Fans. Durch Facebook entsteht Traffic auf Ihrer Fanpage, Website und Ihrem Shop, und zwar kostenlos! Mit Adwords-Kampagnen wissen Sie sehr genau, wie viel Sie für Traffic in Ihrem Shop oder auf Ihrer Website ausgeben. Da Sie in Ihrer Webstatistik sehen können, von welchen Seiten Besucher kommen, wissen Sie sehr genau, was Ihnen einzelne Fanbeiträge oder Ihr gesamter Facebook-Auftritt an Besuchern für Ihren Shop oder Ihre Website bringen. Der Traffic von Facebook ist daher ein geldwerter Vorteil. Er erspart Ihnen kostenpflichtige Online-Werbeausgaben.

4. Fanbeiträge steigern Bekanntheitsgrad und Image des Unternehmens. Das lässt sich zwar schlecht messen, ist aber eine Tatsache. Erfolgskriterien mit Umsatz- und Verkaufszahlen lassen sich leichter für Ihre Bilanz heranziehen. Viele Fans leisten große Beiträge, weiche Faktoren zu verbessern. Messbar ist dies aber nur mit qualitativen Bewertungsverfahren, zum Beispiel indem Sie Statistiken über das Verhältnis positiver und negativer Kommentare zu Ihrem Unternehmen führen. Um mehr positiven Input von Fans für Ihr Image oder Ihre Bekanntheit zu bekommen, weisen Sie diese auch auf andere Bewertungsportale hin und motivieren Sie Ihre Fans, auch dort Bewertungen zu hinterlassen.

Neue Geschäftsmodelle mit Social Media

Durch Social Media entstehen neue Geschäftsmodelle, die beispielsweise Community Building und virale Effekte zielgerichtet einsetzen. Beispiele dazu sind:

1. Affiliate Shopping: Smatch
2. Clubshops: brands4friends, BuyVIP
3. Rabattanbieter: Groupon, Dailydeal
4. Event-Shopping: getifast.ch, heute-guenstiger.de
5. Einkaufen mit Freund/innen: Stylefruits
6. Virtuelle Anprobe: brille24.de
7. Mass Customizing: MyMüsli

8. Peer-to-peer-Netzwerk zur Finanzierung: Smava
9. Bürgen für Freunde: friendsurance
10. Crowdsourcing: Spreadshirt.net

Typischerweise verteilen sich die Produkte übers Netz und bauen eine persönliche Beziehung zu ihren Nutzern auf mit Social Buttons zum Verlinken, Liken, Bewerten, Kommentieren, Teilen und Empfehlen. Auch bei Levis kann man beispielsweise seine Lieblingsjeans im Online-Shop kaufen sowie Meinungen und Bewertungen mit Freunden über Facebook teilen – ein Beispiel, wie man einen klassischen Online-Shop mit Social-Funktionen aufpeppt. Und Unternehmen wie Spreadshirt.net oder Friendsurance.de sind anschauliche Beispiele, wie die neuen Geschäftsmodelle funktionieren.

Best Practice: Friendsurance.de

Friendsurance.de will die Versicherungsbranche aufmischen. Das Start-up verbindet Versicherungen mit den Vorteilen sozialer Netzwerke. Bei Friendsurance bürgen Kunden für ihre Freunde – und bekommen Policen bis zu 60 Prozent günstiger. Diese Dumpingpreise werden durch ein neuartiges Bürgschaftsmodell erzielt. Freunde oder Familienmitglieder können sich auf dem Portal zu einer Gemeinschaft zusammenschließen. Je mehr Leute man in seinem Netzwerk hat, desto weniger Prämie zahlt man.

Im Gegenzug wird man selbst zum Mikroversicherer: Mit jedem Freund, den man hinzufügt, geht man einen Mini-Vertrag ein, der einen als Bürgen im Schadensfall verpflichtet. Zerdeppert ein Mitglied aus dem Netzwerk etwa eine Glasscheibe, zahlt jeder der Freunde einen geringen Betrag, um den Schaden zu begleichen. Angepeilt wird ein Obolus von fünf bis 50 Euro. Der Versicherer wird nur beansprucht, wenn die Hilfe der Freunde nicht reicht. Durch das neuartige Geschäftsmodell kann Friendsurance Kosten einsparen und die Kostenvorteile an die Kunden weitergeben.

Auch beim T-Shirt-Händler Spreadshirt.net dürfen Kunden mitmachen. Sie können eigene Spreadshops eröffnen und im Web verteilen. Dafür werden sie am Verkaufserlös beteiligt. Viele andere deutsche Händler tun sich dagegen noch schwer damit, weil sie die Interaktion mit den Kunden oft als lästig, zeitintensiv oder gar gefährlich empfinden, da auch negative Kommentare zu den Produkten abgegeben werden können.

Groupons, Dealydeal: Top oder Flop?

Natürlich dürfen die Rabattanbieter nicht fehlen, die dem Vertrieb Auftrieb geben können. Doch Groupons, die neuen Sammelcoupon-Angebote im Internet, sind umstritten. Die einen freuen sich über Zusatzumsätze. Andere sind skeptisch und behaupten: Da bleibt unterm Strich zu wenig hängen. Wenn Sie genau wissen wollen, ob sich die Ausgabe eines Sammelcoupons für Sie lohnt, können Sie jetzt einen Online-Rechenhelfer nutzen. Die Website couponcalculator.de berechnet, ob sich eine solche Promotion kurz- oder langfristig lohnt. In die Betrachtung wird auch die Steigerung der Bekanntheit einbezogen. Die Nutzung des CouponCalculator ist einfach: Geben Sie 13 Eckdaten Ihrer Couponkampagne (etwa den Preis des Gutscheins, die Anzahl der verkauften Gutscheine, den Anteil an Wiederkäufern) ein und schon tritt der Online-Rechner in Aktion.

Mehr Profit erzielen durch Social-Media-ROI

Viele Unternehmen zögern beim Einsatz von Social-Media-Maßnahmen, weil sie unsicher sind, ob sich der Einsatz lohnt. Sie wissen nicht, wie sie den Erfolg messen sollen. Marketing- und Vertriebsleiter müssen den Return on Investment (ROI) ihrer Social-Media-Investitionen belegen können. Zurzeit existieren viele Reports und Kennzahlensysteme, die durch Verbände wie BVDW und Vermarkter-Gemeinschaften definiert wurden. Einheitliche Standards gibt es jedoch nicht.

Social Media unterscheiden sich von klassischer Werbung. Deshalb sollten Unternehmen, die die Wirksamkeit von Facebook, Twitter und

Xing durch einfaches Zählen von Facebook-Fans als Erfolg bewerten, bei ihren Maßnahmen umdenken. Wichtig ist, dass Sie vor dem Start Ihrer Social-Media-Aktivitäten Ziele, Maßnahmen und Erfolgsmessung definieren. Nur so läßt sich der Return on Social Media rechnen.

2010 sorgte beispielsweise die virale Kampagne von Old Spice für einen Interaktionsanstieg von 800 Prozent – der Umsatz stieg um 107 Prozent. Doch bei viralen Kampagnen bleibt immer ein Restrisiko. Die Aktion lässt sich zwar planen, doch ob sie erfolgreich ist, das entscheidet alleine der Geschmack des Kunden.

Zum Social-Media-ROI hat Prof. Dr. Rossmann von der Universität St. Gallen einige Studien erstellt. Sie zeigen, dass ein wesentlicher Punkt, um einen Return on Investment zu erzielen, schon die Planung der wesentlichen Arbeitsschritte ist. Das Tracking der Zielerreichung muss

Abb. 16 (Quelle: Prof. Dr. Rossmann, Universität St. Gallen)

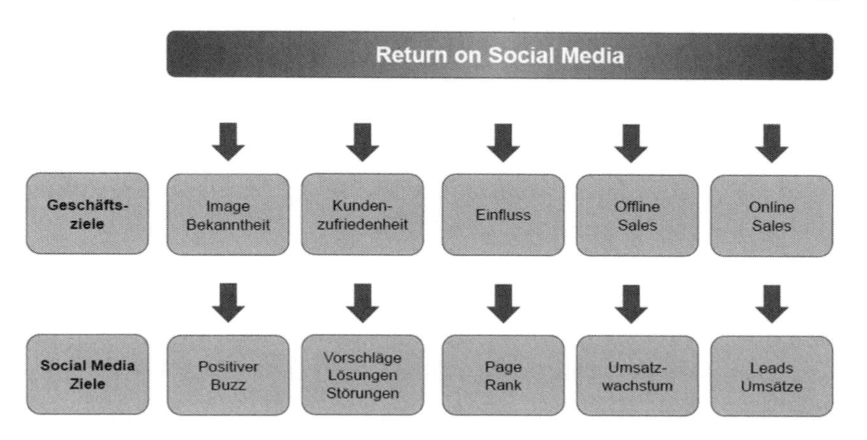

Abb. 17 (Quelle: Prof. Dr. Rossmann, Universität St. Gallen)

definiert werden. Die Kommunikation und die Contentproduktion müssen geklärt werden. Das Monitoring und die Zielmedien müssen definiert werden. Die Analyse und die Rahmenbedingungen müssen bestimmt werden. Und natürlich müssen auch die Ziele und die relevante Organisationseinheit abgestimmt werden.

Um den Social-Media-ROI noch präziser zu erfassen, können die Ziele nach den Geschäftszielen (wie Image, Bekanntheit) oder nach den Social-Media-Zielen (Leads, Umsätze) definiert werden.

Einige Kennzahlen zur Erfolgsmessung

Es gibt viele Kriterien zur Messung des KPI *(Key Performance Indicator)*, um den Erfolg von Social-Media-Aktivitäten zu bestimmen. Einige sagen: „Wir brauchen viele Fans bei Facebook!" Weil sich diese gut in Zahlen messen lassen, wird gerne auf die Zahl der Freunde, Follower und Fans geschaut. Dabei gilt auch hier: Weniger kann mehr sein! Nicht die Quantität ist entscheidend, sondern die Qualität!

Was nützen einem Unternehmen Millionen Fans auf Facebook? Soll man Fans bei Ebay kaufen? Was helfen einem Unternehmen solche Fans, die vermutlich nicht mal die Sprache verstehen? Gar nichts! Einen echten Fan wird man so nicht bekommen. Und Sie brauchen echte Fans, wenn sich Ihr Engagement auch in barer Münze auszahlen soll – und vor allem, wenn einmal etwas schiefgeht. Loyale Fans halten auch bei einem Shitstorm zu Ihnen und verteidigen Sie. Deshalb sind sie unbezahlbar und lassen sich nicht kaufen, sondern nur überzeugen durch gute Leistung. Also noch einmal: Sorgen Sie für echte Fans!

Fans bringen nur dann einen Nutzen für Unternehmen, wenn sie mit dem Unternehmen interagieren, Empfehlungen aussprechen und Produkt-Innovationen entwickeln. Kurz: loyale Fans, die Interesse an der Marke zeigen und engagiert an Gesprächen und Angeboten teilnehmen und diese weiter verteilen.

Die Tabelle zeigt einige Beispiele, welche messbaren Ergebnisse man pro Plattform auswerten kann. Überlegen Sie, welche Messwerte Sie auf welchen Plattformen zählen wollen, damit Sie sich nicht verzetteln.

Plattform	Publikum	Eigenes Engagement	Quantitative Ergebnisse
Facebook	• Fans • Freunde • Favoriten	• Posting • Events • Kommentare • Direct Message (DM) • Abonnenten	• Likes = Gefällt mir • Kommentare • Reichweite • Leads per Chat und DM • Personen, die darüber reden • Klicks auf Website
Twitter	• Follower • Freunde	• Tweets • Erwähungen • Retweets • Direct Message	• Erwähnungen • Retweets • Direct Message • Klicks auf Website
YouTube	• Abonnenten • Views • Favoriten	• Film-Upload • Kommentare • Backlinks	• Klicks auf Website • Leads über DM • Kommentare • Abonnenten • Empfehlungen

Blogs	• Leser • Abonnenten (RSS)	• Postings/Beiträge • Aktionen • Blog-Karneval	• Kommentare • Klicks auf Website • RSS-Feed-Abon-nenten

Abb. 18: ROI-Kennzahlen nach Plattform

Sie sehen: Die Erfassung und Messung des Social-Media-ROI ist komplex und wenig standardisiert. Nach meinen Erfahrungen messen die meisten Social-Media-Manager den ROI in einem selbst definierten KPI-System. Die Unterschiede der Social-Media-Netzwerke erschweren zusätzlich die einheitliche Messung. Bei einer Facebook-Applikation können klassische KPIs wie Reichweite oder Conversions und Engagement ermittelt werden. Für Social-Media-Kanäle wie Twitter oder Communities gelten ganz andere Kennzahlen.

Ziele	Messkriterien	Erfolgsmessung
Kommunikation Meinungsbildner	• Influencer identifizieren	• Top-10-Influencer identifizieren • Persönliche Beziehung herstellen

Branding: Bekanntheit steigern	• Messung pro Kanal
	• Qualitative Analyse:
	  • Empfehlungen
	  • Sentiment
	  • Themen …
		• Entwicklung analysieren
		• Skalieren um Faktor x
		• Statische/dynamische Entwicklung

Virales Marketing	• Website-Analyse • PR- und Image-Effekte • Neukunden/Cross Selling	• Steigerung Website-Traffic • Kontakte mit History erfassen
Recruiting	• Anzahl der Bewerbungen • Qualität der Bewerber	• Individuelle Parameter pro Aktion

Abb. 19: ROI-Kennzahlen nach Zielen

Bei Twitter bieten sich Sentiment und Netzwerkverhalten an. Eine Analyse nach Tonalität bei Twitter kann durch das Tool Twitrratr ermittelt werden. Inwieweit die Ergebnisse wirklich relevant sind, muss im Einzelfall geprüft werden. Zudem kann man erfassen, wie oft Tweets zum Thema weitergeleitet werden, welche relevanten Stichwörter fallen, wie oft Influencer darüber sprechen und wie groß die erreichte Zuhörerschaft ist.

Beim Einsatz der Kennzahlen muss beachtet werden, dass für verschiedene Branchen unterschiedliche Kennzahlen verwendet werden müssen. Die Suche nach einem allumfassenden Social-Media-Kennzahlenset für alle Branchen ist aussichtslos, da zu viele individuelle Aspekte vorliegen. Kennzahlen sollten deshalb immer an die jeweiligen Bereiche bzw. Kundenbedürfnisse angepasst werden.

Fazit: Vertrieb ist das Endergebnis eines erfolgreichen Social-Media-Engagements und nicht der Anfang. Der Anfang liegt im Vertrauensaufbau durch offene und authentische Kommunikation. Wenn die Wellenlänge stimmt, wird auch Geschäft gemacht. Für den Vertrieb stellt sich also nicht die Frage: „Soll ich Social Media einsetzen oder nicht?" Vertriebsorientierte und wachstumsorientierte Unternehmen haben keine Wahl. Sie können es sich nicht leisten, es nicht zu tun, weil sie dann ernsthaft fragen müssten, ob ihr Unternehmen in fünf oder zehn Jahren noch ausreichend Kunden haben wird. Es geht also nicht nur um die Zukunftsorientierung, sondern auch um die blanke Existenzsicherung.

Social Media können ein Segen oder ein Fluch sein, je nachdem, ob das Unternehmen die Spielregeln kennt oder nicht. Im Folgenden finden Sie einige Anregungen, wie Sie Facebook und Twitter effizient für den Vertrieb nutzen:

- Bestimmen Sie Ihre Ziele für Social-Media-Nutzung: Was wollen Sie erreichen?
- Finden Sie die richtige Unterstützung im Unternehmen: Legen Sie die Ressourcen für Social Media fest.
- Entwickeln Sie einen Plan, wie Sie Ihr Social-Media-Engagement gestalten.
- Hören Sie Ihren Kunden zu, bevor Sie handeln. Worüber sprechen sie? Woran sind sie interessiert?

- Bedürfnisse herausfinden: Erst wenn Sie die Anliegen kennen, machen Sie vertriebliche Angebote.

Folgen Sie Ihren Kunden im Web. Starten Sie mit einem Thema in einem Netzwerk, das wirklich interessant für Ihre Kunden ist und hohe Erfolgsaussichten hat.

Sie müssen auch wissen, wie Sie mit Feedback umgehen wollen. Wie und was wollen Sie aus dem Feedback lernen? Wie bewegen Sie die Ergebnisse zu den Entscheidungsträgern? Welche Entscheidungen sollen damit getroffen werden? Sie müssen wissen, was Sie damit tun wollen. Ansonsten ist es nur eine Sammlung von Fans. So richten Sie Ihre Facebook-Seite ein, wenn Sie sie auch vertrieblich nutzen möchten:

1. Finden Sie Ihr Publikum.
2. Sprechen Sie Ihr Publikum an.
3. Begeistern Sie Ihre Zuhörer.
4. Gewinnen Sie das Vertrauen Ihres Publikums.
5. Richten Sie wenn möglich einen Online-Shop ein.
6. Nutzen Sie ein Blog für Produkt-Infos und Service.
7. Achten Sie darauf, auf allen Seiten Kontakt-Infos zu präsentieren, damit die User auch direkt Kontakt per Telefon oder Mail aufnehmen können.

7 Employer Branding: Social Media im Personalwesen

Früher suchten Leute einen Job bei einem Unternehmen. Heute bemühen sich Unternehmen um qualifizierte Mitarbeiter. Anzeigen haben nicht mehr die gewünschte Wirkung. In Social Media spielt die Musik. Deshalb wird es immer wichtiger für Unternehmen, sich mit Employer Branding in Social Media zu präsentieren.

Social Media im Personalwesen (oder neudeutsch HR = Human Relations) umfasst viele Bereiche. Es geht in diesem Kapitel um Employer Branding, um Social-Media-Manager und Weiterbildungsmöglichkeiten. Dazu gibt es viele Beispiele, etwa Krones, Bayer, Tieto und Google, die zeigen, wie es gelingen kann.

Neue Chancen durch Change Management

Ein Social-Media-Engagement erfordert zumeist auch ein Change Management. Denn Social Media verändern die Unternehmenswerte: Glaubwürdigkeit, Transparenz und Mitbestimmung rücken in den Vordergrund. Bei einigen Unternehmen sind dies keine führenden Werte – deshalb gibt es dann auch Konflikte oder Krisen. Change Management kann hier hilfreich sein, das die die Veränderungen adäquat vermittelt. Die Veränderungen sollten zielgruppengerecht erklärt werden, wobei interne Strukturen und individuelle Emotionen berücksichtigt werden müssen. Instrumente wie HR- und Führungskräfte-Kommunikation fördern das Change Management.

Das Problem dabei ist: Viele Führungskräfte sind *digital immigrants* (40 plus), die nun Werte, Verhaltensmuster und Kommunikationsformen ihrer hierarchisch untergeordneten Mitarbeiter übernehmen sollen. Das fällt vielen nicht leicht und führt zu Konflikten. Die *digital natives* (ab 1980 Geborene) sind bereits in der Social-Media-Welt zu Hause. Von ihren Arbeitgebern und Chefs erwarten die Berufsanfänger ähnliche Möglichkeiten zur vernetzten Zusammenarbeit wie in Social Media. Doch zumeist sind die Unternehmen noch nicht so weit. Weder bieten sie ihren Mitarbeitern Social-Media-Tools, noch haben sie einen Weg gefunden, die neuen Werte zu leben. Vielen *digital natives* ist nicht klar, dass der Wandel der Arbeitsprozesse in Unternehmen Zeit braucht.

Keine Frage: In Social Media steckt für Unternehmen ein großes Potenzial. Die Chancen liegen darin, neue Formen der Zusammenarbeit zu nutzen. Allerdings benötigen Unternehmen dafür auch eine entsprechende IT-Ausstattung der Arbeitsplätze mit einer neuen Technologie, um auch soziale Medien, Chats, Videokonferenzen, Foren und Blogs für die Zusammenarbeit zu nutzen – siehe Kapitel „Social Enterprise".

Mitarbeiter, die sich bisher nicht kannten, können sich damit weltweit schnell finden, vernetzen und über ihre Fachthemen austauschen. Ideen können ins interne Netz gestellt und von anderen verbessert werden. Aktuelle Informationen über Märkte, Kunden und Produkte können schnell ausgetauscht werden. Spezialwissen, von dem man bisher nicht wusste, dass es existiert, kann gewinnbringend eingesetzt werden. So arbeitet beispielsweise der Chemie-Konzern Bayer mit internen Social Media Tools. Auffallend ist der Rückgang der E-Mails. *Digital natives* kommunizieren nur noch wenig über E-Mails, da sie die Social-Media-Kommunikation in sozialen Netzwerken als effizienter und zielgerichteter empfinden, beispielsweise über Chats, Foren und Blogs.

Von diesem Wandel werden Unternehmen auf Dauer profitieren. Mitarbeiter müssen jedoch akzeptieren, dass die Anforderungen in den Unternehmen in Bezug auf Datensicherheit und Vertraulichkeit höher sind als im Privatleben. Im Unternehmen ist nicht alles möglich, was bei der privaten Nutzung selbstverständlich ist. *Digital natives* müssen lernen, dass sie in einem Unternehmen mit mehreren Generationen zusammenarbeiten und dass nicht alle Mitarbeiter ein gemeinsames Verständnis von Social Media haben.

Darin stecken auch Chancen. Die *digital natives* können als deren Botschafter der Social-Media-Welt den Unternehmen und Mitarbeitern aktiv neue Wege der Kommunikation und Zusammenarbeit nahebringen. So entwickelt sich die Unternehmenskultur positiv weiter. Denn dabei lernen die Botschafter, dass die Generation der *digital immigrants*, die Social Media weniger nutzen, über wichtige Kompetenzen verfügt. Dann dürfte ihnen klarwerden, dass es im Business-Leben noch mehr Themen gibt als nur Social Media.

Neues Berufsbild: Der Social-Media-Manager

Den ganzen Tag entspannt auf Facebook, Twitter, Xing und Co. mit anderen Usern quatschen – das klingt nach einem bequemen Job, oder? Wer sich die Aufgaben eines Social-Media-Managers so vorstellt, der irrt. Ein Social-Media-Manager ist nicht nur Profi in seinem Fach. Er wird auch für die Unternehmenskommunikation und für den Kundenservice immer wichtiger. Und er muss vielfältige Talente mitbringen.

Jedes zehnte Unternehmen hat einen Social-Media-Manager. Das zeigt eine repräsentative Umfrage des Hightech-Verbands BITKOM vom Oktober 2011, bei der 1.500 Firmen unterschiedlicher Branchen befragt wurden. „Das Social Web wird für Unternehmen als Kommunikationskanal immer wichtiger", sagte BITKOM-Präsident Prof. Dieter Kempf. „Die Firmen reagieren darauf, indem sie neue Stellen für die Internet-Kommunikation schaffen." Social-Media-Manager koordinieren, steuern und überwachen die Aktivitäten der Unternehmen in Social Media.

Social-Media-Manager kommen zumeist bei großen Firmen zum Einsatz. Mehr als ein Viertel (28 Prozent) der befragten Unternehmen mit mehr als 50 Millionen Euro Jahresumsatz hat bereits einen Social-Media-Manager. 20 Prozent der Großunternehmen planen, eine solche Position in den kommenden sechs Monaten zu schaffen. Bei den mittelständischen Unternehmen mit einem Jahresumsatz von einer Million bis 50 Millionen Euro verfügen immerhin 17 Prozent über Social-Media-Manager. Unter den Kleinunternehmen haben erst vier Prozent einen Social-Media-Experten. Vorreiter in den verschiedenen Branchen sind ITK-Unternehmen mit einem Anteil von 23 Prozent, dicht gefolgt vom produzierenden Gewerbe mit 21 Prozent. Noch sehr zurückhaltend ist das Baugewerbe, wo nur drei Prozent der Firmen einen Social-Media-Experten beschäftigen.

Das Berufsbild des Social-Media-Managers bietet erfahrenen Kommunikationsexperten interessante Betätigungsfelder und schafft neue Job-Perspektiven am Markt.

Aufgabenfelder von Social-Media-Managern

Sie entwickeln Strategien für Unternehmensziele, Zielkunden und Produkte. Dabei geht es auch um die Auswahl geeigneter Tools und Netzwerke sowie Content-Produktion. Sie sind zuständig für die Betreuung und Entwicklung der Social-Media-Kanäle. Im Monitoring beobachten sie Trends und Themen im Netz und spüren interessante Themen in der eigenen Organisation auf. Außerdem planen sie Aktionen, um Community-Building zu fördern. In der Umsetzung entwickeln sie multimedial und interaktive Angebote, um die Anforderungen der User nach Mitbestimmung zu erfüllen. Die Moderation von User Generated Content gehört ebenso dazu wie die Ausarbeitung der Social Media Guidelines und die Beachtung rechtlicher Grundlagen im Team wie Copyright, um die Reputation zu schützen.

Welche Fähigkeiten muss ein Social-Media-Manager mitbringen?

Social-Media-Manager haben in der Regel ein Studium wie Marketing, PR, Kommunikations-, Sozial-, Informations- oder Sprachwissenschaften abgeschlossen. Da das Berufsbild noch recht neu ist, gibt es noch keine klaren Vorgaben für die Ausbildung. Interessenten sollten eine hohe Internet-Affinität haben und dort selbst aktiv sein. Wichtig ist auch technisches Verständnis. Social-Media-Experten müssen keine Programmierer sein, sollten aber über Grundkenntnisse in den Informations- und Kommunikationstechnologien verfügen. Sie denken jetzt sicherlich: Das klingt nach einer eierlegenden Wollmilchsau, oder? Ja, genau in diese Richtung geht es.

Sicherlich kann man die Aufgaben auch im Team je nach Talent des Mitarbeiters verteilen oder einige Aufgaben extern vergeben, wie etwa Video-Produktion. Jedenfalls braucht ein Social-Media-Manager ein Gefühl für die Spielregeln in Social Media. Und er sollte die Umgangsformen kennen. Er sollte wissen, dass er eine Etikette und die Spielregeln wahren muss, wenn er ein Unternehmen Social Web präsentiert. Konkret: Ein Social-Media-Manager hat Manager-Qualitäten: Er darf keine Interna ausplaudern und muss auch bei Stress freundlich, sachlich und konstruktiv auf Kritik reagieren. Keine leichte Aufgabe!

Diplomatisches Geschick gehört auch dazu

Viele Unternehmer erkennen nun, wie umfangreich und verantwortungsvoll dieser neue Job ist. Wer in einem Unternehmen die Position eines Social-Media-Managers übernimmt, der muss strategisch und taktisch klug vorgehen, den Austausch mit anderen Abteilungen wie Marketing oder Vertrieb suchen, also gut mit verschiedenen Teams zusammenarbeiten. Ein Social-Media-Manager sollte auch ständig neue Trends beobachten, kreative Ideen entwickeln und das Unternehmen einzigartig online präsentieren. Und selbstverständlich checkt der Social-Media-Manager bei seinem Arbeitsplatz auch bei Foursquare ein.

Wie sind die Berufsaussichten für Social-Media-Manager?

Sie sind hervorragend, weil die Anzahl der Unternehmen mit Social-Media-Engagement rasant wächst. Analog steigt die Zahl der Stellenangebote. Die Recruiting-Agentur Staufenbiel stellt fest: „Während einige Jobs aussterben, entstehen neue Jobs. Etwa Twitter-Coaches und Social-Media-Manager. Fast 28 000 von 1,2 Millionen Stellenangeboten bei der Stellenbörse Kimeta richten sich inzwischen an Experten für Social Media, nur noch rund 2.000 an Systemadministratoren.“

Was verdient ein Social-Media-Manager?

Es gibt noch kaum Infos zur Einkommenssituation. Selbst der Blogger Jochen Mai meint: „Da der Job auch noch neu ist, gibt es kaum Referenzen. Aber ich vermute, die Bandbreite reicht von 50 000 bis 100 000 Euro (und höher) – eben je nach Branchen, Betriebsgröße und Hierarchieebene." Die Wirtschaftswoche schätzt das Einstiegsgehalt auf 40 000 Euro.

Übersicht: Social-Media-Weiterbildungen

Für eine Umsetzung von Social-Media-Strategien bietet sich ein Team von Spezialisten an, die gemeinsam das Leistungsportfolio abdecken. So kann man schnell agieren – mit überschaubaren Investitionen. Die notwendigen Social-Media-Kompetenzen lassen sich durch Fortbildungen erwerben. In dieser unvollständigen Liste finden Sie eine Auswahl von Seminaranbietern.

1. business-academy-dortmund.de
2. baw-online.de
3. depak.de
4. euroforum.com
5. holtzbrinck-schule.de
6. iir.de
7. newsaktuell.de
8. socialmediaakademie.de
9. social-media-zertifikat.de
10. social-media-seminare.de

Employer Branding mit Praxisbeispielen

Wie lassen sich die Social-Media-Kanäle erfolgreich bedienen, um sich die Arbeitgebermarke attraktiv zu gestalten und qualifizierte Mitarbeiter wie Social-Media-Manager zu gewinnen? Lassen Sie sich durch konkrete Best-Practice-Beispiele inspirieren.

Best Practice: Bayer AG

Die Bayer AG hat eine Facebook-Fanpage, um User für ihre Themen zu gewinnen. Berufserfahrene, Berufseinsteiger, Schüler und Studenten werden angesprochen und gezielt zur eigenen Karriere-Plattform Mybayerjob geleitet, wo man detailliertes Wissen zum Einstieg erhält. Auch über Twitter verbreitet der Chemie-Konzern Karrieretipps.

Im Bayer Karriereblog, der in Facebook integriert ist, schreiben Mitarbeiter über ihren Arbeitsalltag, beispielsweise über Work-Life-Balance. Zur Fachkräftegewinnung unterhält Bayer einen YouTube-Channel, damit sich Bewerber über Anforderungen und Einstiegschancen sowie die Unternehmenskultur bei Bayer informieren können. Auch auf Xing ist Bayer mit einem Unternehmensprofil präsent. Bayer ist somit auf allen relevanten Social-Media-Kanälen vertreten – ähnlich wie die Krones AG.

Best Practice: Krones

Krones ist ein weltweiter Hersteller von Anlagen für die Abfüllung und Verpackung von Getränken und flüssigen Nahrungsmitteln in Flaschen und Dosen und ist seit 2010 auf verschiedenen Social-Media-Plattformen aktiv. Über Xing, Facebook, YouTube und Twitter verbreitet Krones Informationen aus dem Arbeitsalltag. Offene Stellen schreiben sie ebenfalls auf der Facebook Fanpage aus, in der Kategorie „Career".

Für Charles Schmidt, Social-Media-Manager von Krones, sind Social Media zur Fachkräftegewinnung im „war of talents" ein wichtiges Instrument. Ziel in der Krones-Social-Media-Strategie ist es, den Dialog mit Krones zu fördern und die freundschaftliche Beziehung zu den Interessenten wie Bewerbern zu vertiefen. Krones erreicht das, indem via Social Media Geschichten geliefert werden, die Einblick in die Produktion geben. Der interaktive Dialog erfolgt über Twitter, Xing, YouTube und Facebook, wobei es zwei Fanpages gibt: „KronesAG" und „KronesAcademy", um unterschiedliche Zielgruppen zu erreichen.

Auf der Website „magazine.krones.com“ fließen alle Kanäle zusammen: Mit multimedialen Reportagen über Kundenprojekte, neue Produkte und interaktiven Angeboten werden viele Vorteile der sozialen Medien genutzt, siehe auch Storytelling in der Kommunikation. Die Inhalte von Krones sind beispielsweise: Branchen-News, Kunden-Reportagen, Produktankündigungen und Live-Berichte von Messen, um einen Blick hinter die Kulissen zu bieten. Sie sollen die Menschen dazu anregen, sich mit der Krones AG zu beschäftigen. Die Anzahl und Inhalte der Kommentare zeigen, dass die User von diesem Angebot auch regen Gebrauch machen. Spielerisch-interaktive Elemente, wie die Quizreihe „Bist du ein Kronese?“, vervollständigen den Dialog mit Entertainment.

Auch der Autobauer **Daimler** hat hohes Social-Media-Engagement. Auf der Fanpage und dem Twitter-Account „Daimler Career“ veröffentlicht Daimler Wissenswertes rund um die Themen Einstieg und Karriere. Im Mitarbeiterblog erhalten Interessierte Einblicke in die Unternehmenskultur.

Ein illustratives Best-Practice-Beispiel zur Fachkräftegewinnung im Social Web ist der **EnBW-Karriereblog**, auf dem Trainees über ihren Berufsalltag schreiben. Das Unternehmen nutzt die eigene Website, um mit potenziellen Bewerbern Kontakte zu knüpfen. Der Blog ist mit der Karriere Homepage verlinkt. Hier werden Berufserfahrene, Berufseinsteiger, Schüler und Studenten angesprochen.

Auch **Tieto** sucht über Social Media IT-Kräfte. Mit mehr als 18.000 Experten zählt Tieto zu den größten Anbietern von IT-Dienstleistungen in Europa. Die Zeichen stehen auf Wachstum und deshalb werden Mitarbeiter dringend gesucht. So präsentiert sich Tieto mit einer unterhaltsamen Facebook-Karriere-Page und sucht den Dialog mit potenziellen Mitarbeitern auch über amüsante YouTube-Videos. Die Videos nehmen dabei den Arbeitsalltag ein wenig auf die Schippe – mit Selbstironie und Humor. Auch auf dem Bewertungsportal für Arbeitgeber „kununu“ (für Unternehmer ist es wichtig, dieses zu beobachten) ist Tieto mit Bewertungen vertreten.

Zappos, ein amerikanischer Schuhhersteller, nutzt Webvideos zur Mitarbeiter-Rekrutierung. Zappos präsentiert in den YouTube-Videos die Unternehmenskultur mit Mitarbeitern, die ungewöhnliche Talente haben. Kunden teilen ihre Shopping-Erlebnisse per Film mit. Das Unternehmen war damit sogar auf dem US-Sender BBC und hat die Anzahl der Bewerber enorm gesteigert.

Best Practice: Google

Die Anziehungskraft eines Videos ist so groß, dass selbst mächtige Konzerne darauf setzen. Ein Video, das einen Einblick in die Arbeitswelt von Google gibt, wurde bei YouTube zwei Millionen Mal angesehen! Es zeigt, wie dynamisch, offen und unkonventionell die Arbeitswelt bei Google ist.

Bewerber können bei Google mit Kreativität punkten

Als Google im Januar 2011 angekündigt hatte, neue Mitarbeiter zu suchen, gingen 75.000 Bewerbungen pro Woche ein. Das ist sogar bei dem Suchmaschinen-Giganten ein Rekord, wo monatlich durchschnittlich 100.000 Bewerbungen eingehen. „Je mehr wir wachsen, desto schwerer wird es, genug neue Leute zu finden", sagt Laszlo Bock, Personalchef bei Google in Kalifornien, in einem Interview mit der New York Times.

Lassen sich Soft Skills in Algorithmen messen?

Die Headhunter von Google waren der Ansicht, dass sich Persönlichkeit, Lebenserfahrung und Soft Skills in Algorithmen und Zahlen darstellen lassen. Damit sucht Google nach neuen Mitarbeitern. Ein Programm filtert die Bewerber mit ungewöhnlichen Fragen nach der Persönlichkeit. Auch Bewerber ohne Elite-Uni-Abschluss mit Einser-Durchschnitt haben seitdem eine Chance bei Google. Im Auswahlverfahren trifft der Bewerber beispielsweise auf folgende Fragen:

- Haben Sie schon einmal ein Buch geschrieben oder eine wohltätige Organisation gegründet?
- Haben Sie schon einmal Geld für Nachhilfe, Kochen oder für das Ausführen eines Hundes verdient?
- Haben Sie schon einmal einen regionalen, landesweiten oder Weltrekord aufgestellt?

Jeder Bewerber erhält eine Punktezahl zwischen null und 100, die angibt, wie gut er zur Stelle und zum Unternehmen passt. Die Fragen sind nach einer Umfrage unter den Google-Angestellten entstanden. Die Erfolge einzelner Mitarbeiter wurden ausgewertet und mit persönlichen Fragen verglichen. Durch die Zusammenhänge fand man wichtige Persönlichkeitsmerkmale für verschiedene Tätigkeiten.

„Es geht nicht darum, von der besten Technologie-Uni zu kommen, es geht darum, dass ein Kandidat Leidenschaft und Ambitionen hat für das, was er tut", erklärt Alan Eustace, Leiter der Technikabteilung bei Google, in einem Rekrutierungs-Video. Bisher gibt es noch keine Statements über den Erfolg der Fragenkataloge. Dennoch konnte die Personalabteilung einen ersten Erfolg der neuen Methode vermelden: Es wurden damit erstmalig sechs Bewerber mit einem amerikanischen Notendurchschnitt unter 3,0 (entspricht etwa einer glatten Zwei im deutschen System) angestellt.

Recruitment 2.0: Was bringt die Zukunft?

Wie in so vielen Bereichen haben die USA auch im Recruiting 2.0 ein bis zwei Jahre Vorsprung vor Europa. Der Blick über den Tellerrand kann uns deshalb zeigen, was sich auch bei uns entwickeln kann, selbst wenn der Jobmarkt hier anders tickt. Befragt wurden in der Umfrage „Social Recruiting Report 2011" 800 Personaler und Headhunter in den USA:

- 64 Prozent der Befragten haben im Jahr 2011 über soziale Netzwerke eingestellt.

- 55 Prozent erhöhen ihre Budgets für Social Recruiting.
- Empfehlungen bringen nach wie vor die beste „Bewerberqualität“: Zehn Prozent aller empfohlenen Kandidaten wurden eingestellt.
- 64 Prozent der befragten Unternehmen nutzen mindestens zwei Netzwerke für das Recruiting, 40 Prozent nutzen drei oder mehr.
- Die meisten „sozialen“ Einstellungen liefen über LinkedIn, die besseren Empfehlungsquellen waren allerdings Facebook und Twitter.
- 77 Prozent der Befragten spüren verstärkten Wettbewerb um Talente, fast zwei Drittel (61 Prozent) beabsichtigen, im kommenden Jahr direkt von Wettbewerbern zu rekrutieren.

Dies zeigt, dass es massive Veränderungen darin gibt, wie man neue Mitarbeiter findet. Bisher haben Headhunter mit analytischem, kommunikativen Fähigkeiten und Verkaufstalent neue Mitarbeiter gewonnen. In Zukunft werden noch weitere Skills hinzukommen wie: IT-Affinität, Marketing-Verständnis, Anpassungsfähigkeit und Controllingverständnis.

Und wie es mit dem Chef als Vorbild: Muss er auch bloggen? Natürlich wirkt es sympathisch, wenn ein Chef wie bei Sixt selbst bloggt, doch eine Verpflichtung dazu gibt es natürlich nicht. Nicht jeder Chef ist dazu geboren und muss es auch gar nicht sein. Viel wichtiger ist, dass die Inhalte authentisch sind. Ob sie nun vom Chef selbst oder von einem Mitarbeiter geschrieben werden, ist letztlich egal. Allerdings wirkt ein Chef, der Social Media einsetzt, viel dynamischer und fortschrittlicher. Und vielleicht erhöht sich die Zahl der bloggenden Chefs, wenn sie verstanden haben, dass es auch ihrer Reputation als Führungskraft dient.

Zehn Tipps für Employer Branding mit Social Media

Die Stärkung der Arbeitgebermarke ist ein wirksames Mittel, um im *war for talents* zu bestehen. Für Unternehmen wird nämlich die Online-Reputation immer wichtiger, um sich von den Mitbewerbern zu differenzieren und von qualifizierten Mitarbeitern ausgewählt zu werden.

1. Finden Sie die Bedürfnisse Ihrer Bewerber heraus, z. B. Erwartungen, Kultur, Karriere.
2. Lernen Sie im Benchmarking die Stärken Ihrer Wettbewerber im Arbeitsmarkt kennen.
3. Stellen Sie die Stärken Ihres Unternehmens als Arbeitgeber heraus und differenzieren Sie sich damit von den Mitbewerbern, z. B. durch Gehalt, attraktive Produkte, Standort.
4. Vermitteln Sie Integrität in Ihrer Arbeitgebermarke. Achten Sie darauf, dass Sie Ihre Versprechen einhalten, sonst enttäuschen Sie Mitarbeiter.
5. Präsentieren Sie sich mit einem klaren Image als attraktive Arbeitgebermarke und zeigen Sie sich authentisch und transparent mit Unternehmensidentität, -kultur und -werten.
6. Lassen Sie Ihre Mitarbeiter zu Wort kommen – im Blog und in Filmen, weil dies überzeugender wirkt.
7. Fragen Sie Ihre Mitarbeiter nach Empfehlungen bei offenen Stellen.
8. Bilden Sie einen Karriereclub, in dem potenzielle Mitarbeiter Ihr Unternehmen kennen lernen können.
9. Stellenanzeigen sollten professionell getextet werden und es sollte sichergestellt sein, dass die richtigen Eigenschaften der Arbeitgebermarke transportiert werden.
10. Nutzen Sie Online-Reputation für das Reputationsmanagement Ihres Unternehmens.

8 Social Media Monitoring: Echtzeit-Kommunikation beobachten

Immer mehr User tauschen sich in Social Media aus. Je mehr Meinungen dort mitgeteilt werden, desto weniger können Unternehmer es sich leisten, die Online-Gespräche zu ignorieren. Deshalb gewinnt Social Media Monitoring für Unternehmer immer mehr an Bedeutung, denn es bietet Einblicke in aktuelle Diskussionen und kann so die aktive Teilnahme am Social Web fördern. Die aktuellen Online-Gespräche über das eigene Unternehmen sollte man als Social-Media-Manager kennen. Deshalb ist es wichtig, sich mit Social Media Monitoring vertraut zu machen: mit den Herangehensweisen, Tools und Funktionen. In diesem Kapitel erhalten Sie einen Überblick über Hintergrundwissen und Praxisbeispiele mit vielen Tipps und Tricks.

Social Media Monitoring beobachtet die Meinungsbildung im Social Web. Der Oberbegriff Web Monitoring befasst sich mit der gesamten Datenanalyse aus der Internet-Kommunikation. Social Media Monitoring ist also ein spezielles Web Monitoring, das noch zusätzlich neue Formate wie Multimedia, Blogs und Foren nach gezielten Schlüsselwörtern durchsucht und Analysen für unternehmerische Ziele bietet.

Was Social Media Monitoring leisten kann

Social Media Monitoring ist für Unternehmer wichtig, weil man damit herausfinden kann, was Kunden, Geschäftspartner und Mitbewerber beschäftigt. Außerdem kann der Erfolg der eigenen Online-Maßnahmen überprüft werden. Man kann auch neue Trends entdecken. Das Beobachten, Analysieren und Evaluieren sollte professional durchgeführt werden, damit man aus den Ergebnissen auch die richtigen Konsequenzen zieht.

Monitoring zählt also zu den wichtigsten Aufgaben eines Unternehmens im Social Web. Oft wird dabei nur an das Reputationsmanagement gedacht. Doch gibt es viele weitere Anwendungsbereiche, die von Social Media Monitoring Tools abgedeckt werden. Man kann damit Zielgruppen, Themen und Influencer identifizieren.

Beim Social Media Monitoring stellt sich also die Frage, welche Ziele damit verbunden sind. Zwar wollen viele Unternehmen Monitoring-Ergebnisse in Echtzeit erfassen. Doch können die Resultate überhaupt zeitgleich verwendet werden? Jedes Unternehmen sollte sich deshalb vorab fragen: Hat man die Ressourcen, um a) die Resultate in Echtzeit zu verwerten und b) jederzeit auf Krisensituationen zu reagieren?

Social Media Monitoring eignet sich beispielsweise für folgende Ziele und Aufgaben:

- Marktforschung, um neue Trends zu entdecken
- Produktoptimierung durch Mitmach-Aktionen mit Kunden
- Kommunikation zur Identifikation von Kundenproblemen sowie Auffinden von Influencern
- Issue Management, um Positionierung und Branding zu stärken
- Krisenprävention: Durch rasches Erkennen kann gezielter eingegriffen werden
- Qualitätssicherung zum frühzeitigen Support und Lösen von Problemen
- Service-Qualität, indem die Community Leistungen bewertet

Die Dynamik, mit der sich Informationen über Social Media verbreiten, stellt eine große Herausforderung für Unternehmen dar. Sie bietet aber auch enormes Potenzial: Es ist endlich möglich, Kunden dort zuzuhören, wo sie sich offen und ehrlich äußern. Richtig aufbereitet helfen die gewonnenen Erkenntnisse der Unternehmensentwicklung und liefern wertvolle Optimierungsansätze. Social Media Monitoring wird somit über kurz oder lang zu einem unverzichtbaren Instrument zur Marktforschung und fürs Beziehungsmanagement.

Die Anzahl der Beiträge, die ernsthaften Schaden verursachen können, ist eher gering. Kritik an einem Produkt zu äußern ist erlaubt. Ein solides Unternehmen sollte dem standhalten können. Entstehen wirklich brenzlige Situationen oder verbreiten sich extrem negative Informationen, so kann Social Media Monitoring deren Ausbreitung ohnehin nicht verhindern. Aber man hat damit die Chance zur proaktiven Schadensbegrenzung.

Ganz wichtig: Versuchen Sie durch aktive Kommunikation in Social Media eigene Themen zu besetzen und proaktiv zu handeln. Und warten Sie nicht, bis ein Thema Sie erreicht, sondern setzen Sie selbst den ersten Schritt. Dafür benötigen Sie allerdings ein gutes Verständnis für Social Media sowie einen modernen Kommunikationsansatz.

Ziele, Vorgehensweisen und Funktionen

Viele denken, dass sich Social Media nicht messen lassen. Weit gefehlt! Vielmehr ist die gigantische Datenmenge (Big Data) der neuralgische Punkt. Es bedarf eines hohen Aufwands, alle Ergebnisse zu analysieren und auszuwerten. Deshalb ist es so wichtig, die eigenen Ziele im Blick zu behalten.

Für komplexe Daten und detailgenaue Analysen müssen Ressourcen eingeplant werden. Damit Sie keine Ressourcen verschwenden, ist die Zielsetzung wichtig. Nur wenn Sie Ihre Ziele klar definieren, werden Sie überhaupt verwertbares Wissen gewinnen. Social Web lässt sich kaum mit einem allgemeinen Web Monitoring erfassen, analysieren und auswerten. Konzentrieren Sie sich also auf wesentliche Einsatzbereiche.

Monitoring muss in die Social-Media-Strategie eingebunden werden, weil nur so die Erkenntnisse in die Unternehmensabläufe integriert werden. Also definieren Sie Ihre Ziele, Methoden, Ressourcen und Handlungsanweisungen. Das Social Media Monitoring sollte vernetzt sein mit den Abteilungen Marketing, Vertrieb, Support, Kommunikation, PR, Produkt-Management. Dies ist in der Praxis jedoch häufig nicht der Fall. Doch nur so kann das Wissen gewinnbringend im Unternehmen wirken.

Ziel ist, aus der Informationsmenge relevante Inhalte für Trends herauszufiltern, um Chancen und Risiken frühzeitig zu erkennen und dem Unternehmen gewinnbringende Erkenntnisse zu liefern. Wichtig dafür ist, dass die Konzeption vor dem Projektstart erfolgt. Sonst kann es passieren, dass man zu viele Daten hat, die man qualitativ nicht auswerten kann. Dann hat das Monitoring sein Ziel verfehlt. Das regelmäßige Reporting sollte Pflicht sein, um die wichtigsten Inhalte auf einen Blick zu erkennen.

Bei der automatisierten Erfassung von Informationen besteht darüber hinaus die Schwierigkeit, dass sprachliche Eigenheiten wie Ironie/Sarkasmus, Semantik, Redewendungen oder Emotionen nicht ausreichend berücksichtigt werden können und damit fehlerhafte Einordnungen verursachen. Somit wird das Ergebnis verfälscht und das Monitoring bleibt oberflächlich.

Viele denken, automatisiertes Monitoring sei die günstigste Lösung. Weit gefehlt! Gemessen an ihrem Output sind die Investitionen für ein automatisiertes Monitoring sehr hoch und lohnen sich nur für ganz spezielle Interessen: Und was bringen verfälschte Aussagen, wenn man die Inhalte als Erkenntnisgewinn in seiner Strategie verwenden möchte?

Automatisierte Tools liefern viele Ergebnisse, die jedoch nur mit manuellem Aufwand auszuwerten und einzuordnen sind. Sonst ist die Aussagekraft beschränkt. Tatsächliche Mehrwerte ergeben sich erst aus der inhaltsanalytischen Betrachtung der relevanten Suchtreffer. Doch wie erstellt man ein Monitoring-Konzept? Dafür sollten Sie diese sechs Fragen beantworten:

1. Welche Ziele verfolgen Sie mit Ihrem Monitoring?
2. Welche thematisch relevanten Angebote – wie Blogs, Wikis, Foren – sollten beobachtet werden?
3. Welche Erkenntnisse und Handlungsanweisungen wollen Sie aus den Ergebnissen gewinnen?
4. Was wollen Sie wie – mit welcher Methode und mit welchen Werten – messen?

5. Welche Ansichten und Funktionen brauchen Sie zum Überblick in Ihrem Tool?
6. Wie soll das Frühwarnsystem – mit welchen Schlüsselwörtern – eingerichtet werden?

Erst mit diesem Konzept gelingt professionelles Monitoring, das trotzdem laufend manuell justiert werden muss. Wichtig ist eine standardisierte Auswertung, um die Subjektivität möglichst gering zu halten. Alle Ergebnisse fließen in ein Dashboard (eine Art Cockpit zum Überblick) ein, das als Grundlage für Handlungsempfehlungen dient. Idealerweise ist das Dashboard so einfach gehalten, dass Probleme frühzeitig ersichtlich werden.

Vorab sollte definiert werden, welche Handlungen aus dem Monitoring resultieren. Ein Monitoring ohne Umsetzung durch konsequente Handlungen ist verschwendetes Geld. Deshalb sollte es vorab auch ein strategisches Commitment geben, um später auch Handlungen zu setzen.

Social Media Monitoring im Krisenfall

Die Echtzeitkommunikation in Social Media stellt heute hohe Ansprüche an das Krisenmanagement. Viele Beispiele zeigen, wie schnell Informationen durch virale Effekte in Social Media verbreitet werden. Shitstorms und Reputationskrisen haben schon so manches Unternehmen vor große Probleme gestellt. Denken Sie nur an Nestle oder Jack Wolfskin. Wenn Unternehmen diese Chance verpassen, verschenken sie ihr Potenzial zur Mitgestaltung der öffentlichen Meinung über ihr eigenes Unternehmen.

Dank Monitoring können sie rasch erkennen, wenn negative Einträge mit Krisenpotenzial verbreitet werden. Es gilt also kritische Themen so früh wie möglich aufzuspüren. Denn dann kann man mitreden. Möglichst offen und glaubwürdig sollte die Kommunikation sein. Verschleierungstaktiken helfen nicht, sie fliegen früher oder später auf.

Entscheidend ist auch die gezielte Auswahl der Quellen. Spam oder Werbung sind keine vertrauenswürdigen Quellen. Auch die Tonality der Beiträge ist wichtig. Sind sie negativ, haben Unternehmen die Chance,

Verbesserungsvorschläge zu erkennen, die sie sonst nur mit Hilfe teurer Beratungen gewinnen würden.

Praxisbeispiel: Die Krise von Ergo in Social Media

Das Versicherungsunternehmen Ergo war 2011 mit einer Sex-Party, falsch berechneten Riester-Verträgen und fehlerhaften Lebensversicherungserträgen in die Schlagzeilen geraten. Dabei sind einige Fehler in der Kommunikation passiert. Ergo wurde in den Print- und Online-Medien sowie in Social Media durch den Kakao gezogen. Durch diese PR-Krise hat die Reputation der Ergo stark gelitten. Das Beispiel zeigt, wie Krisen die Reputation zerstören können und wie man Social Media als Mittel zur Früherkennung nutzen kann.

Die Ergo-Affäre wurde heiß in den Medien diskutiert. Boulevardmedien und seriöse Medien wie Handelsblatt berichteten über den Vorfall. Auch im Fernsehen war Ergo ein beliebtes Thema: TV-Entertainer wie Harald Schmidt und Stefan Raab verspotteten den Konzern.

Auf YouTube wird der Ergo-Werbespot veralbert. Im Werbefilm sagt der Protagonist: „Sollten wir nicht mal anfangen, uns auf Augenhöhe zu treffen?" In der Parodie heißt es zynisch: „Sollten wir nicht mal anfangen, uns auf Lendenhöhe zu treffen?" Die Persiflage hat bereits 222.000 Aufrufe auf YouTube erzielt!

Werbespots zu persiflieren ist längst ein Volkssport im Social Web. Die Affäre wurde genutzt, um dem Unmut über die Ergo-Sause freien Lauf zu lassen. Die sarkastischen Videokommentare zeigen, wie sich die Machtverhältnisse zwischen Unternehmen und Kunden durch Social Media verschoben haben. Vieles geht unter die Gürtellinie.

Erstaunlich ist, dass das einschlägige Foto des Budapester Teams der Ergo im Internet immer noch auffindbar ist. Zwar sind die Gesichter verschleiert, dennoch sind die Personen identifizierbar. Dies zeigt, wie schwierig es ist, bestehende Inhalte aus dem Netz zu entfernen – selbst für große Firmen mit versierten Rechtsanwälten.

Auch auf Twitter grassiert der Ergo-Spott. Zahlreiche Tweets verhöhen Ergo auf Twitter. Die Tonalität: Spott, Hohn, Aggression und Vulgarität:

@revierdsign: Könnt ihr nicht endlich aufhören, mich zu verunsichern – und anfangen, mich zu verwöhnen ...?!?

@BleibGesund: ERGO „Klartext statt Klauseln" Hamburg-Mannheimer organisierte ihren besten Vertretern Sex-Party in Ungarn

Reputationsschaden bei Ergo

Eine hohe Reputation wird gleichgesetzt mit einem guten Ruf und hat den Vorteil, dass Entscheidungen erleichtert und damit Aufwand eingespart werden kann. Eine wichtige Basis für solche Abschätzungen sind Vertrauen und Glaubwürdigkeit. Durch die Krise hat die Reputation der Ergo stark gelitten.

Ins Internet haben sich die Kommentare, Foren- und Blog-Beiträge fest eingeschrieben. Auch die Videos sind auf YouTube noch online. Viele Kunden haben Policen bei der Ergo gekündigt. Da sind die Partykosten in Höhe von angeblich 300 000 Euro vergleichsweise gering. Viel schwerer wiegt der Reputationsschaden durch die Shitstorms, der zwar durch Social Media Monitoring nicht vermeidbar, aber früh erkennbar gewesen wäre. Somit hätte man wenigstens eine Schadensbegrenzung erzielt.

Der Ergo-Slogan heißt „Ich will versichert werden. Nicht verunsichert." Das Thema der Ergo-Werbung war: Transparenz und Vertrauen schaffen. Doch der Versicherer machte genau das Gegenteil: Er deckte kaum auf, informierte erst spät bis gar nicht über die Konsequenzen und verlor damit das Vertrauen der Öffentlichkeit. Doch eine PR-Krise mit Reputationsschaden lässt sich nicht einfach aussitzen. Dies führt zum Verlust von Glaubwürdigkeit und Vertrauen, dem wichtigsten Kapital eines Unternehmens.

Eine neue Ergo-Compliance sollte die Reputation retten. Die Regelungen wurden ergänzt, um sicherzustellen, dass sich keine derartigen Reisen wiederholen, gelobte Ergo-CEO Torsten Oletzky am 8. Juni 2011 im Handelsblatt. Für Bonusreisen gelten nun strengere Regeln. Ergo schaltete eine Hotline für anonyme Hinweise auf Fehlverhalten. Das Handelsblatt stellte das komplette Maßnahmenpaket zur Information online. Es erstaunt freilich, dass Ergo trotz der 80 Millionen schweren Werbekampagne Social Media komplett unterschätzt hat.

Der Ruf ist ruiniert und das Vertrauen verspielt. In Social Media geht es weniger um Marken, sondern vielmehr um Menschen. Deshalb wäre es ein möglicher Ansatz gewesen, wenn der Vorstandsvorsitzende früher Klartext geredet hätte, statt auf Verzögerung, Verschleiern und Salami-Taktik zu setzen. Denn die Werte aus der Ergo-Werbung: Offenheit, Ehrlichkeit und Transparenz haben in Social Web mehr Gewicht als die abgenutzten Werbephrasen. Dies wäre zumindest ein guter Ansatz für das Reputationsmanagement. Mehr zum Reputationsmanagement lesen Sie im Interview mit Klaus Eck in meinem Buch „Social Media für Unternehmen".

Social Media Monitoring bei Shitstorm

Bei einem Shitstorm hagelt es negatives Feedback im Sekundentakt über alle Social-Media-Kanäle. Ergo erlebte einen solchen Shitstorm aufgrund der Krise in 2011. Was ist ein Shitstorm? Der Begriff „Shitstorm" setzt sich aus den englischen Begriffen „Shit" und „Storm" zusammen. Shit steht für einen Beitrag mit einer unangebrachten Tonalität. Storm meint die hohe Anzahl der Äußerungen. Ein Shitstorm entwickelt eine eigene Dynamik und kann aus sich heraus entstehen oder aber auch von organisierten Gruppen forciert werden. Zur Verbreitung eines Shitstorm tragen auch Print- und Online-Medien bei, die die Sachlage kommentieren und bewerten, anstatt sie zu beobachten. Oftmals sind Konzerne Ziel für einen Shitstorm – wie etwa Nestle.

Der Chart von Radian6, einem Anbieter für Social Media Monitoring, zeigt den Verlauf der Krise bezüglich der Beiträge der Postings für Versiche rung, Ergo und Problem Ergo. Am Spitzentag innerhalb dieser Auswertung, am 22. Mai 2011, gab es im Internet rund 2.000 Postings über Ergo.

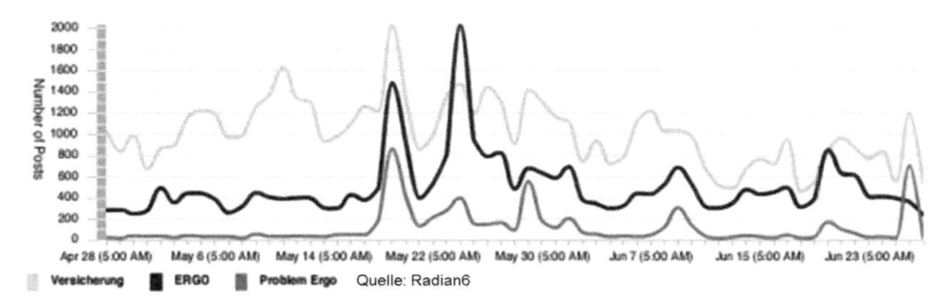

Abb. 20: Ergo dominiert die Branchen-News
1. Handelsblatt vom 19.05.2011: Herr Kaiser auf Lustreise mit 2.000 Posts am Tag.
2. Handelsblatt vom 29.05.2011: Hamburg-Mannheimer setzte Sexparty von Steuer ab.

Ergo Assoziations-Cloud

Man erkennt an der Tag Cloud von Ergo, welche Themen aktuell im Zusammenhang mit der eigenen Marke im Social Web diskutiert wurden: Sex-Party, Budapest, Oletzky.

Abb. 21: Ergo Cloud mit Radian6, Juni 2011

Wie Sie Krisen frühzeitig erkennen

Wie das Ergo-Beispiel zeigt, bietet Social Media Monitoring viele Möglichkeiten zur Früherkennung einer Krise. Nutzen Sie diese, dann sparen Sie am Ende viel Geld, Zeit und Nerven.

Denn einen großen Reputationsschaden wie bei Ergo zu reparieren, ist viel teurer als das frühzeitige Erkennen und das zeitgerechte Reagieren auf eine kleine Krise. Bei Ergo hätte die Früherkennung möglicherweise die Krise abgeschwächt und den Schaden reduziert.

Praxistipps zum Social Media Monitoring

Diese zehn Tipps fassen die wichtigsten Inhalte über Social Media Monitoring fürs Management zusammen.

1. **Online-Gespräche:** Lesen Sie alle Kommentare über Ihr Unternehmen – auch negative. Auf Beschwerden kann man als Problemlöser reagieren; das löst positive Posts aus und Sie zeigen, dass Ihnen Feedback wichtig ist.
2. **Expertise:** Aus den Online-Diskussionen können Sie viel lernen. Sie finden heraus, was gefällt und was empfohlen wird. Diese Mechanismen können Sie für Ihre Produkte nutzen.
3. **Lösungen:** Menschen, die in Social Media um Rat fragen, können Sie Informationen anbieten. Die User schätzen Hilfsbereitschaft und fachlichen Support.
4. **Influencer** haben einen großen Einfluss in Social Media, der sich in Aktivität, Vernetzung, Interaktion, Google-Ranking bemisst. Das zu wissen, ist bei der Kontaktaufnahme hilfreich.
5. **Frühwarnsysteme** im Social Media Monitoring können Ihnen helfen, kritische Themen frühzeitig zu erkennen.
6. **Branding:** Social-Media-Analysen helfen Ihnen, das Stimmungsbild am Markt und die Markenstärke zu erkennen, indem Sie lebhafte Diskussionen rund um Ihre Marke und Ihrer Mitbewerber beobachten.

7. **Community-Building:** Ihre Fanbildung fördern Sie, indem Sie die Einträge über Ihre Firma kennen und verfolgen, wenn es um Gerüchte, Missverständnisse oder Falschinformationen geht.
8. **Crowdsourcing:** Kunden können Ihnen Verbesserungsvorschläge zur Produkt-Optimierung geben.
9. **Rechtsverletzungen:** Verstöße gegen Ihre Marke wie Urheberrechtsverletzung, Markenrecht, Verleumdung können Sie schneller erkennen und darauf mit angemessenen Lösungen reagieren.
10. **Tools** zum Social Media Monitoring: Testen Sie zunächst kostenfreie Angebote. Vielleicht kommen Sie damit zurecht. Bei größeren Firmen oder krisenanfälligen Branchen wird das nicht ausreichen. Erstellen Sie ein professionelles Briefing und laden Sie die Monitoring-Anbieter zum Pitch ein.

Kostenfreie Monitoring Tools

Für den Start kann man kostenfreie Tools testen, um einen ersten Überblick über deren Funktionen zu gewinnen. Auch Ego-Googeln zählt dazu: die Google-Suchanfrage auf Ihren eigenen Namen. Prüfen Sie auch, welche Seiten auf Ihre Website verlinken und über welche Suchbegriffe Ihre Website gefunden wird. Die folgende Liste kann Ihnen helfen, relevante Informationen aus dem Web herauszufiltern.

1. **Addictomatic** durchsucht viele Social Websites auf Suchbegriffe: addictomatic.com
2. **Boardreader** ist eine Suchmaschine für Foren: boardreader.com
3. **Bit.ly** ist ein hilfreiches Werkzeug für Memetracking und Verbreitungsmechanismen: bit.ly
4. **Google Alerts** verfolgt Erwähnungen im Internet: google.com/alerts
5. **Google Insights** beobachtet, wonach im Web gesucht wird: google.com/insights/search
6. **Google News** recherchiert Nachrichten, Agenturbilder und Zitate: news.google.com
7. **Google Groups** durchsucht Diskussionsforen: groups.google.com

8. **Google Blog Search** überwacht Blog: blogsearch.google.com
9. **Hootsuite** eignet sich zur Beobachtung und Content-Management: hootsuite.com
10. **Open Facebook Search** durchsucht die öffentlichen Inhalte von Facebook: openfacebooksearch.com
11. **Rivva** gibt einen Überblick über die deutschsprachige Blog-Landschaft: rivva.de
12. **Socialmention** durchsucht viele soziale Netzwerke: socialmention.com
13. **SocialWebsiteAnalyzer** durchsucht Top Social Websites: socialwebsiteanalyzer.com
14. **Twazzup** durchsucht Twitter und zeigt Top Influencer und die beliebtesten Links an: twazzup.com
15. **Tweetdeck** eignet sich zur Twitter-Beobachtung: Tweetdeck.com
16. **Twittanalyzer** erstellt Profile einzelner Twitterer: twitalyzer.com
17. **Technorati:** ist eine der wichtigsten Blogsuchmaschinen: technorati.com
18. **Yahoos** Suchfunktion für Foren: groups.yahoo.com
19. **Yahoo Pipes** verarbeitet RSS-Feeds und XML-/CSV-Daten: pipes.yahoo.com/pipes
20. **Yasni** sucht und präsentiert Personenprofile: yasni.de

Monitoring mit kostenpflichtigen Tools

Eine aktuelle Übersicht der besten Tools ist bei Goldbach Interactive erschienen. Dabei belegt Sysomos Heartbeat den Platz 1 im Marktscreening der Social Media Monitoring Tools 2011. Das Tool ist einfach zu bedienen, so dass lange Einarbeitungszeiten entfallen. Die Quellenabdeckung ist auf Blogs, Foren und Newsportale abgestimmt und lässt sich durch Länder- und Sprachfilterung noch verfeinern. Aus Sysomos Heartbeat lässt sich direkt twittern und auch auf Einträge auf der Facebook-Fanpage kann man direkt aus dem Tool antworten. Zudem können Konkurrenz-Fanpages beobachtet und analysiert werden. Auch E-Mail-Reports, Alert-Mails und Workflow-Funktionen bietet das Tool.

Knapp hinter dem Spitzenreiter liegt das Social Media Monitoring Tool Radian6. Im Unterschied zu Sysomos Heartbeat hat das Social Media Monitoring-Tool Zugang zu den Daten von Twitter und Facebook. Die Benützung von Radian6 ist flexibel gestaltet und lässt sich über mehrere Widgets individuell anpassen.

Das Leistungsspektrum von Radian6 ist sehr weit. Durch die Übernahme durch Salesforce wird Radian6 in Richtung Social CRM weiterentwickelt. Weitere große Anbieter sind Alterian, Infospeed und B.I.G. Daneben gibt es auch günstigere Tools, die auf kleinere Unternehmen ausgelegt sind und weniger Funktionen bieten:

1. **BrandWatch:** Kommt den Top-Tools zurzeit am nächsten und überzeugt mit seinem Interface
2. **Engagor:** Ein einfaches übersichtliches Tool mit guten Reports
3. **BrandsEye:** Hier muss man allerdings zunächst die Relevanz von Mentions bewerten
4. **Viralheat:** das Monitoring-Tool ohne Workflow-Funktionen bietet schnellen Überblick für wenig Geld
5. **UberVU:** Benutzerfreundliches Tool mit übersichtlichem Interface.

Tipp: Die unabhängige Marktstudie des Fraunhofer Instituts aus 2010 enthält Produktübersichten, detaillierte Produktprofile, Funktionen und Einsatzmöglichkeiten von Social Media Monitoring Tools. Sie steht zum kostenfreien Download bereit unter: e-business.iao.fraunhofer.de.

Fazit: Nur wer Social Media Monitoring betreibt und aktiv kommuniziert, kann Krisen, Trends und Probleme frühzeitig erkennen und Krisenmanagement betreiben. Auch Trends, Meinungsbildung und Beschwerden lassen sich damit finden. In der Auswahl der Monitoring-Tools kann man zunächst die kostenfreien Angebote testen. Wenn diese nicht ausreichen, kann man Studienergebnisse zur Auswahl heranziehen. Für größere Firmen lohnt sich ein Pitch, um ein individuelles Monitoring-Angebot zu gewinnen.

9 Ausblick: Erfolgreiche Social-Media-Strategien für die Zukunft

„Social Business" lässt sich nicht aufhalten. Deutlich wird dies, wenn man die aktuellen Herausforderungen sieht:

- Das **Marketing** wird experimentierfreudiger, schneller und führt interaktive Gespräche online.
- Im **Vertrieb** werden nachhaltige Beziehungen erzielt. Weg vom Muster: „Anhauen, umhauen, abhauen".
- **Forschung und Entwicklung** werden agiler und innovativer und nehmen über Crowdsourcing Ideen von Kunden auf, womit sich die Entwicklungszyklen verkürzen und die Produkte erfolgreicher werden.
- Der **Kundenservice** nutzt den direkteren Draht über das Internet nach außen. Es entstehen neue Chancen, Service individuell zu leben und Fehler sofort auszumerzen.
- **Führungskräfte** können das Mitarbeiter-Engagement steigern.
- **Partner** können effizienter und schneller dank der Social-Media-Tools mitarbeiten.
- **Budgets** sind flexibel und werden dort eingesetzt, wo sie wirklich gebraucht werden.
- **Kunden** erleben eine neue Dimension von Mitsprache, Authentizität und Transparenz. Das schafft engere Beziehungen als je zuvor und fördert die Loyalität der Kunden.

Unternehmen können also mit Social Media durch eine optimierte Wertschöpfungskette profitieren und damit ihren Profit steigern. Voraussetzung ist allerdings, dass Social Media strategisch in das Unternehmen

Abb. 22: Social-Media-Wertschöpfungskette von Hilker Consulting

integriert werden, wie die folgende Grafik zeigt. Die Stichworte zu den einzelnen Bereichen finden Sie im Glossar.

Neue Herausforderungen für Unternehmen in der Zukunft

IBM hat in der Global CMO Study 2011 mehr als 1.700 CMOs (Chief Marketing Officers) aus 64 Ländern per Interview befragt, um herauszufinden, mit welchen Maßnahmen die Geschäftswelt auf große Trends reagiert und welche Relevanz Social Media dabei haben. Die Umfrage zeigt 13 wichtige Faktoren, die Unternehmer in Zukunft beeinflussen.

Die CMOs sahen vier Herausforderungen, die grundlegende Veränderungen nach sich ziehen. Diese vier Faktoren haben einen großen Einfluss auf das Marketing. Zugleich fühlen sich mehr als 50 Prozent der befragten Marketingverantwortlichen nicht genügend auf diese Herausforderungen vorbereitet:

- Datenexplosion durch Big Data
- Social-Media-Entwicklung

- Wachsende Zahl von Kommunikationskanälen und -geräten
- Änderungen im Kundenverhalten

Social-Media-Daten überfordern gängige IT-Systeme

Durch Social Media entstehen riesige Datenmengen (Big Data), die zu einer Datenexplosion führen. Jeder kann heute selbst Inhalte generieren, die beispielsweise in Blogs oder Foren einen Einfluss auf die Reputation eines Unternehmens haben oder die Kaufentscheidung beeinflussen. Kunden verfügen damit heute über viel mehr Transparenz als noch vor einigen Jahren. Neben offiziellen Informationen von Unternehmen stehen unzählige Informationen von Kunden und Dritten zur Verfügung, die Hintergründe, wie etwa das ethischen Verhalten oder die sozialen Verantwortung von Unternehmen, beleuchten, was bei immer mehr Menschen einen relevanten Einfluss auf die Kaufentscheidung und die Loyalität hat.

Neue Herausforderungen für Unternehmen

Für Unternehmen besteht die große Herausforderung darin, die gigantischen Datenmengen zu erfassen, sie zu analysieren und aussagekräftige Informationen daraus zu gewinnen, um gezielte Handlungsanweisungen abzuleiten. Dies bedeutet einen enormen Aufwand für die CMOs. Sie müssen größere Datenmengen in kurzer Zeit managen, anspruchsvolle Kunden verstehen und mit diesen interaktiv kommunizieren. Außerdem müssen sie sicherstellen, dass ihre Mitarbeiter die Unternehmenswerte konsistent repräsentieren. Zudem stehen sie vor der Herausforderung, neue Tools zu verstehen, gezielt auszuwählen und sie anzuwenden.

Neue Anforderungen an das Marketing der Zukunft

CMOs und ihre Teams müssen:

- Kunden der neuen Generation, die mehr Macht und mehr Wissen haben, einen Nutzen bieten,

- dauerhafte Kundenbeziehungen aufbauen und pflegen,
- Ergebnisse messen und dauerhafte Werte schaffen.

Um die neue Generation der Kunden zu verstehen, verwenden viele Unternehmungen noch immer traditionelle Methoden wie Marktforschung, Wettbewerbsvergleiche oder Vertriebsdaten. Auch wenn sie nach wie vor wichtig sind, haben sie doch den Nachteil, dass sie kaum Einblicke bieten, Wünsche und Anforderungen individueller Kunden zu erkennen, weil sie eher auf Kundengruppen (Cluster) ausgerichtet sind als auf individuelle Kunden.

Doch Social Media bieten enorme Potenziale, um individuelle Kundenmeinungen, -bedürfnisse und Verbesserungsvorschläge zu gewinnen. Darauf basierend können Unternehmen einen relevanten Nutzen anbieten und sich Wettbewerbsvorteile am Markt verschaffen.

Die Studie zeigt auch, dass gerade Verbraucherbewertungen, Bewertungen von unabhängigen Dritten, Online-Kommunikation und Blogs eine eher geringe Bedeutung als Informationsquelle für strategische Entscheidungen haben, obwohl sie als wichtigste Quellen zum Verstehen einzelner Kunden angesehen werden.

Informationen für strategische Entscheidungen

Es ist anzunehmen, dass zukünftig vermehrt digitale Datenquellen für strategische Entscheidungen verwendet werden, da sie wichtige Einblicke in das „Denken und Verhalten von Kunden und Einflussnehmern" liefern. Wie Abbildung 23 zeigt, planen die Unternehmungen in den nächsten Jahren mehr über ihre Kunden zu erfahren und die Datenmengen besser zu managen, indem sie in relevante Technologien investieren. Social Media wird dabei eine besonders große Bedeutung zugeschrieben.

Return on Investment für Social Media

Immer mehr Unternehmen kontrollieren den Erfolg ihrer Marketingmaßnahmen, weil das Management wissen will, welchen Erfolg die

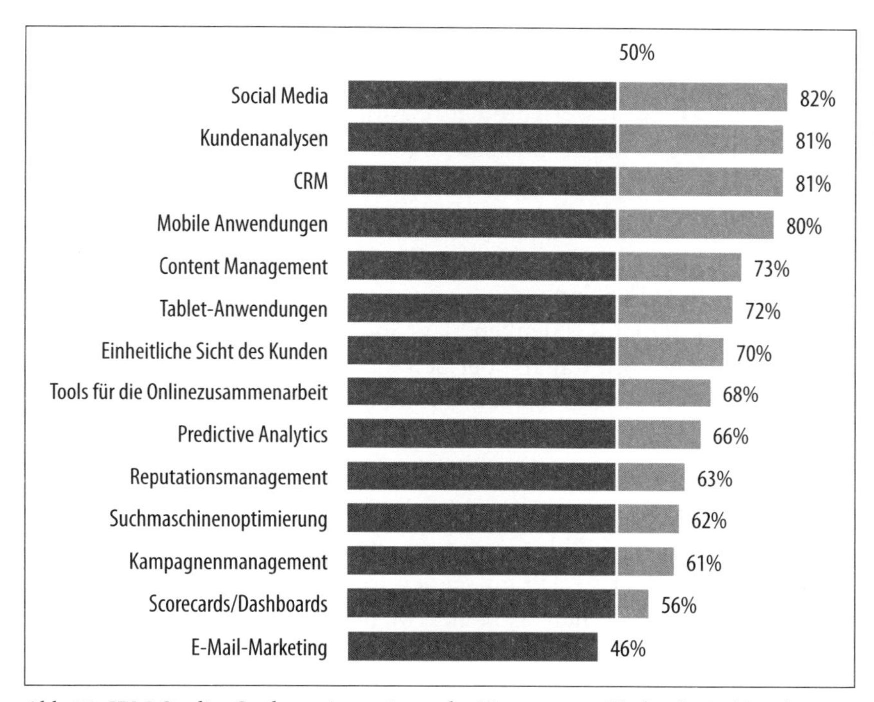

Abb. 23: IBM-Studie: Geplante Ausweitung der Nutzung von Technologie (2011)

Investitionen haben. Die Marketingabteilungen müssen also den Nutzen ihrer Maßnahmen quantifizieren. Die hohen Kosten für den Technikeinsatz und die Ungewissheit bezüglich des Nutzens sind große Hürden, ebenso die Implementation der Tools und fehlendes technisches Know-how im Marketing. Immer wichtiger wird also die Zusammenarbeit zwischen Marketing und IT.

Prioritäten im digitalen Marketing

Die größte Priorität im Marketing hat heute die Verbesserung der Kundenbindung. Denn es ist wichtiger denn je, die Kunden zu verstehen und bei Problemen möglichst rasch Maßnahmen zu ergreifen, um die Kundenzufriedenheit sicherzustellen. Die Konkurrenz ist nur einen Mausklick entfernt. Deshalb versuchen immer mehr Unternehmen, die Kundenbindung zu verbessern und ihre Kunden dazu zu bewegen, eine loyale Beziehung zu ihnen aufzubauen. Kunden sind Online-Communities und als solche loyaler und wandern seltener zur Konkurrenz ab. Zudem betreiben die Mitglieder aktives Word of Mouth, liefern gute Ideen zur Weiterentwicklung von bestehenden Produkten und nehmen ihre Marken bei Angriffen in Schutz.

56 Prozent der CMOs denken, dass Social Media ein wichtiger Interaktionskanal sind: Ein Kanal, über den man sich austauscht (interaktive Kommunikation), zusammen neue Produkte entwickelt (Crowdsourcing) oder die Kunden unterhält (Infotainment, Storytelling).

Wie jedoch bereits die frühere IBM-Untersuchung gezeigt hat (siehe Kapitel Social-Media-Strategien), steht für viele Konsumenten nicht das „Sich-verbunden-Fühlen", sondern „Rabatte erhalten" und „einkaufen" an erster Stelle. Um sich mit seinen Kunden in Social Media auszutauschen, muss man ihnen also einen Mehrwert bieten. Rabatte können einen Anreiz darstellen, seine Zielgruppe auf die eigenen Social-Media-Präsenzen zu locken, wo die Interaktion stattfinden. Je nachdem, wie stark eine Marke ist, wird das Incentivieren der Kunden jedoch nicht nötig sein. Beispiele dafür liefern starke Marken, wie etwa Coca Cola oder Porsche.

Wie die IBM-Studie aufzeigt, müssen Unternehmen zukünftig noch mehr in Social Media investieren, um die Herausforderungen zu meistern. Social Media sind zwar einserseits ein Treiber für Probleme wie Datenexplosion, wachsende Zahl von Kommunikationskanälen, Änderungen im Verbraucherverhalten, abnehmende Loyalität und Datenschutzprobleme, andererseits bieten sie aber auch neue Chancen: Insights gewinnen, Kundenbedürfnisse besser erkennen und Kundenbindung verbessern.

IBM hat folgende strategische Empfehlungen für Unternehmen abgegeben, um die Herausforderungen für die Zukunft zu meistern (Abbildung 24).

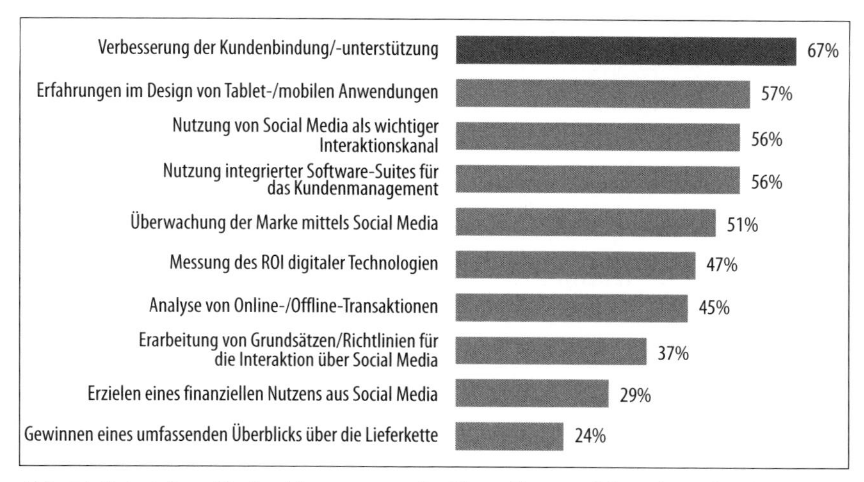

Abb. 24: Prioritäten für das Management der Umstellung auf digitale Technologien

Strategische Empfehlungen für Unternehmen

Die IBM-Studie zeigt auf, dass Unternehmungen bei ihrer Social-Media-Strategie nicht von der eigenen Perspektive, sondern den Bedürfnissen ihrer relevanten Zielkunden ausgehen sollten. Zudem sollte man definieren, welchen Mehrwert man den aktiven Usern für ihr Engagement anbieten will. Die Aufforderung an Unternehmen laut Studie: Meistern Sie die vier große Herausforderungen für die Arbeitswelten der Zukunft: 1) Komplexität, 2) Infrastrukturen, 3) Virtualisierung und 4) Identität.

Um die Erfolgschancen zu erhöhen, hat IBM folgende drei strategischen Empfehlungen abgegeben:

1) Kunden der neuen Generation einen Nutzen bieten

- Konzentrieren Sie sich darauf, einen Wert für Kunden als Individuen zu schaffen
- Priorisieren Sie Ihre Investitionen neu, um digitale Informationsquellen zu analysieren und so die Kundenmeinungen zu erfahren. Nutzen

Sie Analysen, um Präferenzen und Trends an jedem Kontaktpunkt zu ermitteln.
- Arbeiten Sie mit der IT zusammen, um mögliche Risiken für Daten und Infrastruktur einzuschätzen. Nutzen Sie Tools für den Schutz von Kundendaten und aktualisieren Sie Ihre Datenschutzrichtlinien, um den Bedenken von Kunden Rechnung zu tragen

2) Dauerhafte Beziehungen aufbauen und pflegen

- Nutzen Sie neue digitale Kommunikationskanäle, um Kundengespräche und neue Beziehungen anzustoßen. Verwenden Sie konkrete Anreise, um Anhänger zu gewinnen.
- Tauschen Sie sich während des gesamten Kundenlebensyklus mit Ihren Kunden aus. Gründen Sie On-/Offline-Communities, um Ihre Marke zu stärken
- Helfen Sie dem Unternehmen, die Eigenschaften zu definieren und herauszustellen, die es einzigartig machen. Arbeiten Sie mit Ihren Kollegen der C-Level-Führungsebene zusammen, um sicherzustellen, dass sich das Unternehmen nach innen und außen konsistent präsentiert.

3) Werte schaffen, Ergebnisse messen

- Nutzen Sie erweiterte Analysen und aussagekräftige Kennzahlen, um die Entscheidungsfindung zu verbessern und Verantwortung zu demonstrieren.
- Ergänzen Sie Ihren Mix aus Fähigkeiten um technisches und finanzielles Know-how und bauen Sie Ihre digitale Kompetenz aus, die Ihre eigenen Ressourcen ergänzen.
- Erweitern Sie Ihren Horizont, indem Sie Ihre persönliche, finanzielle, technische und digitale Kompetenz ausbauen.

Neue Denkweisen im Marketing 2.0

Wie funktioniert Marketing 2.0? Hier sind keine Erbsenzähler gefragt, die sich kleinlich über Big Data, unberechenbare Kunden und Erfolgsdruck beschweren, sondern Visionäre, die relevante Kundenprobleme lösen und Angebote mit Nutzen kreieren. Doch das beherrschen noch die allerwenigsten Marketers.

Ohne visionäre Ansätze ignoriert der Kunde das Produkt. Das Marketing muss sich wieder um die Probleme, Sehnsüchte, Träume des Kunden kümmern. Deshalb müssen Brands wieder „gelebt" werden – und nicht gemanagt. Das geht nur, indem man die Sache energisch angeht, mitmacht und versteht, was da draußen in Social Media geschieht. Und das erledigt nicht die Agentur, sondern das Marketing-Team.

Marketing 2.0 muss interaktive Dialoge führen und langfristige Beziehungen zum Kunden aufbauen. Auch das ist für viele schwierig – nach jahrelangen Monologen in der Werbung. Nur wenige Unternehmen haben den Mut für Marketing 2.0, das in Social Media zu interaktiven Gesprächen und zum Mitmachen einlädt.

Was zeichnet eine Führungskraft in Marketing 2.0 aus? Augen und Ohren offenhalten, zuhören, neugierig sein, lernen und über sich selbst hinauswachsen. Mutig sein, Komfortzonen sprengen und Grenzen verschieben. Das wird heute von Führungskräften in Marketing 2.0 erwartet. Dann klappt es auch im Social-Media-Zeitalter mit den Kunden und dem unternehmerischen Erfolg!

Kreative Köpfe müssen also umdenken. Es geht im Marketing nicht mehr um Reichweiten-Denken, sondern um Segmentierung und Individualisierung. Doch das ist in vielen Marketing-Abteilungen noch nicht angekommen.

Die Trends der neuen Arbeitswelt

Wie wird sich die Arbeitswelt durch die Social-Media-Entwicklung verändern? Diese Frage beschäftigte Alison Maitland, Journalistin und Gastprofessorin an der Londoner Cass Business School, und Peter Thompson, Leiter des Future Work Forum am Henley Management College. Sie befragten 366 Manager weltweit, wie diese sich die Zukunft der Arbeit, der Arbeitszeit und des Arbeitsplatzes vorstellen.

Die Mehrheit erwartet eine regelrechte Revolution: Angestellte sollen selbst entscheiden, wann und wo sie arbeiten. Büros werden zu Treffpunkten für Besprechungen. Gezahlt wird für Ergebnisse und nicht für Anwesenheit. Und was meinen die Unternehmer dazu? Etwa 90 Prozent glauben, dass ihre Mitarbeiter produktiver sind, wenn sie ihre Arbeit selbst organisieren. Mehr als 80 Prozent sind der Ansicht, dass sich neue Arbeitsformen positiv auf ihr Unternehmen auswirken würden.

„Das wird nicht überall gelten und auch nicht auf einmal passieren. Aber natürlich gibt es bereits jetzt viele Unternehmen, die ihre Einstellung zu Arbeit und auch deren Organisation verändern", sagt Maitland, auch Co-Autorin des Buches „Future Work". Es beschreibt, dass dies den Unternehmen mehr Flexibilität, mehr Produktivität, besser motivierte Mitarbeiter und geringere Kosten beschere. Es gibt bereits viele Beispiele, die das beweisen. „Wenn man über Best-Practice-Beispiele spricht, darf man nicht vergessen, dass diese Unternehmen noch nicht am Ziel sind – sie sind auf einem guten Weg dahin", sagt Maitland.

Dennoch gibt es bereits viele Unternehmen, bei denen der 9-bis-5-Job nicht mehr existiert. Bei der Deutschen Telekom haben rund 15.000 Vertriebsmitarbeiter keinen Arbeitsplatz mehr im Konzern, denn viele Arbeiten können zuhause wesentlich produktiver erledigt werden. Es gibt so viele Orte, an denen man arbeiten kann – sofern die Arbeit weder orts- noch zeitgebunden ist.

Der Immobilien-Assetmanager Real I.S. hat Gesellschaftsveränderungen und deren Auswirkungen auf zukünftige Büro- und Arbeitswelten untersucht. Das Ergebnis zeigt, dass Innovatoren künftig verstärkt in Wissensnetzwerken arbeiten und oft aus der IT- und Telekommunikationsbranche (ITK-Branche) kommen.

Innovationen sind entscheidende Werttreiber für die Wirtschaft. Innovationen begründen und stimulieren den Erfolg der Wirtschaft. Dafür benötigt man qualifizierte Mitarbeiter. Deren hohe Ansprüche an ihre Tätigkeit und ihr Arbeitsumfeld irritieren immer häufiger die Unternehmen. Für sie verliert das Ideal der sozialversicherungspflichtigen Vollzeitbeschäftigung immer mehr an Faszination. Ihre Werte liegen in freien, autonomen und sinnvollen Arbeitsweisen.

Unternehmen müssen sich aufgrund des Mangels an „High Potentials“ damit auseinandersetzen. Denn wenn sich immer häufiger Arbeitgeber und nicht Arbeitnehmer bewerben, dann müssen sich Unternehmen künftig auf die neuen Bedürfnisse der qualifizierten Arbeitnehmer einstellen.

Die *digital natives* (ab 1980 Geborene) sind der Turbo für Innovationen. Sie leben in den digitalen Welten – darauf müssen sich zukunftsfähige Arbeitgeber einstellen. Sie müssen ihre Arbeitsumfelder anpassen, um Mitarbeiter, die Innovationen schaffen, langfristig gewinnen und binden zu können, unabhängig davon, ob diese sozialversicherungspflichtig beschäftigt oder als Freelancer arbeiten.

Zur Entwicklung von Innovationen brauchen Unternehmen den passenden Mix aus persönlicher und virtueller Begnung mit den richtigen Rahmenbedingungen. Die digitale Welt von morgen arbeitet beispielsweise mit Co-Working, wo Mitarbeiter in zeitlich befristeten Büros zusammenarbeiten. Es kristallisieren sich fünf Megatrends für die Arbeitswelt der Zukunft heraus:

1. **Beschleunigung:** Diese drückt sich in vielen Aspekten aus, z.B. digitale Netzwerke wie Twitter oder Facebook informieren schneller über Geschehnisse als klassische Medien.
2. **Wettbewerb um Wissen:** Wissen stärkt die Wettbewerbsfähigkeit und findet sich in den Menschen wieder. Dieses gilt es für das eigene Unternehmen zu finden und zu binden.
3. **Subjektivierung der Arbeit:** Hieraus resultiert die Sinnsuche. Wichige Mitarbeiter fragen sich: „Warum tue ich das eigentlich?“ Die Affinität für diese Themen wird in den wissensintensiven Berufen immer stärker: „Ich lebe nicht, um zu arbeiten, sondern: ich arbeite, um zu leben.“
4. **Volatile Arbeitgeberwahl:** Menschen reflektieren ihren eigenen Wert und können sich ihre Jobs aussuchen. Im Kontext der soziodemografischen Entwicklung, aus der eine zunehmende Verknappung hochqualifizierter Beschäftigter resultiert, haben sie es noch leichter.

5. **Freiberufler dominieren:** Freiberufler sind genau die Mitarbeiter, die die Wirtschaft benötigt. Seit 1994 hat sich der gesamtwirtschaftliche Anteil der Freiberufler verdoppelt.

Traditionelle und neue Arbeitsweisen

In der Tabelle sehen Sie die Veränderungen durch den Vergleich der Arbeitsmodelle im Überblick.

Klassisches Arbeitsmodell	Neue Arbeitsmodelle
Ort: betrieblicher Arbeitsplatz	Ort: wechselnd (B/SOHO/mobil)
Zeit: geregelte Arbeitszeiten	Zeit: flexibel/asynchron
Status: abhängige Beschäftigung	Status: Tendenz zur Selbstständigkeit = Freelancer
Lohn/Gehalt: nach Stunden	Lohn/Gehalt: projekt-/auftragsbezogen
Arbeitskultur: nach Vorgabe	Arbeitskultur: eigenständig, selbstgesteuert
Hierarchie: top-down	Hierarchie: netzwerkartig, delegativ

Büros als Treffpunkt

Auch bei Microsoft in Amsterdam gibt es weder fixe Arbeitszeiten noch feste Arbeitsplätze, sondern Kreativ- und Konferenzräume. Die Mitarbeiter arbeiten, wo und wann es ihnen passt. Das spart Bares: dank flexibler Strukturen spart IBM pro Jahr rund 100 Millionen Dollar an Bürokosten. Außerdem zeigen Studien von IBM, dass Menschen, die von zuhause aus arbeiten, 19 Stunden pro Woche mehr arbeiten können, ohne das Gefühl zu haben, ihr Privatleben leide darunter.

Auch Unilever plant, 30 Prozent der Jobs vom Büro unabhängig zu machen. Dabei geht es nicht darum, dass Arbeitnehmer in der Zukunft mit Smartphone und Laptop im stillen Kämmerlein sitzen und Kollegen nur aus der Videokonferenz kennen. Die Bedeutung von Büros wird sich verändern. Arbeitsplätze werden zu Treffpunkten, wo sich Angestellte für Team- oder Kundenbesprechungen treffen.

Arbeitsplätze, wo Menschen zusammen arbeiten oder persönliche Gespräche führen, sind auch in Zukunft wichtig. Weniger entscheidend wird sein, wie lange jemand an seinem Schreibtisch sitzt, sondern vielmehr, was er leistet. Und wenn er bessere Leistungen im Café erbringt, dann soll er dort arbeiten dürfen.

Auch Co-Working zählt zur neuen Arbeitsweise. Das ist ein neuer Trend, den vornehmlich Freiberufler, Kreative, kleinere Startups oder digitale Nomaden nutzen. Sie arbeiten unabhängig für unterschiedliche Projekte, meist in Großräumen zusammen, um so voneinander zu profitieren. Co-Working stellt Arbeitsplätze und Infrastruktur (Netzwerk, Drucker, Scanner, Fax, Telefon, Beamer, Besprechungsräume) auf Zeit zur Verfügung und ermöglicht die Bildung einer Gemeinschaft („Community"), die mittels gemeinsamer Veranstaltungen, Workshops und Aktivitäten gestärkt werden kann. Dabei bleibt die Nutzung jedoch stets unverbindlich und zeitlich flexibel. So geschaffene Räumlichkeiten werden auch „Co-Working Spaces" genannt. Auf coworking.de gibt es ein Verzeichnis aller Co-Working Spaces in Deutschland.

Wie Unternehmen ihren Social-Media-Erfolg langfristig sichern

Sie haben in diesem letzten Buchkapitel einen Überblick über die neuen Herausforderungen für erfolgreiche Social-Media-Strategien erhalten. Was sollten Unternehmer beachten, damit ihr Social-Media-Engagement auf lange Sicht für Fans gelingt? Dieser Frage geht Brian Solis in einem Gastbeitrag auf Mashable.com nach und gibt Unternehmen folgende Empfehlungen an die Hand, die ihnen einen langfristigen Social-Media-Erfolg garantieren sollen.

1. Etablieren Sie eine effiziente Social-Media-Strategie

Analysieren Sie Ihre Marke danach, ob sie eine „follow"- oder „like"-würdige Präsenz erzeugen kann. Falls bereits Accounts parallel zu Ihrer Strategie existieren, legen Sie deren Wertigkeit als alleinstehende Kanäle fest. Es kann auch sinnvoll sein, Accounts zu schließen oder alle zusammenzuführen.

2. Stellen Sie ein Support-Team bereit

Entwickeln Sie ein organisiertes Netzwerk, das jede einzelne Präsenz unterstützt. Stellen Sie sicher, dass jeder Account in regelmäßigen Abständen mit redaktionellem Content beliefert wird, der auf die Bedürfnisse des Kunden eingeht.

3. Definieren Sie Ziele, Mission und Zweck

Definieren Sie Ihre Zielkunden, die Sie erreichen wollen, und entwerfen Sie eine verständliche und sinnvolle Mission mit einem erkennbaren Zweck für jeden Account.

4. Entwickeln Sie eine gezielte Content-Strategie

Entwickeln Sie ein Content-Konzept, das die Bedürfnisse Ihrer Kunden erfüllt. Es sollte Elemente aus dem Infotainment enthalten wie: Unterhaltung, Angebote, Service, Storys. Halten Sie sich an die neue KISS-Formel: Keep It Significant and Shareable. Entwickeln Sie Inhalte, die mitreißend, relevant und teilbar sind. Benutzen Sie Umfragen, Promotion-Inhalte und Fragen, um User Generated Content zu erzeugen.

5. Entwickeln Sie ein wachsames Netzwerk

Die besten Zuhörer sind die besten Gesprächspartner. Bauen Sie ein wachsames Netzwerk auf, das Ihre Marken und die unterschiedlichen Unterhaltungen jedes Accounts im Auge behält.

6. Etablieren Sie einen dialogorientierten Workflow

Jeder Account benötigt einen eigenen Workflow. Außerdem muss sichergestellt werden, dass alle am Workflow teilnehmenden Personen auch sämtliche Informationen haben und sich entsprechend mitteilen können.

7. Formulieren Sie Entscheidungsbäume

Entwerfen Sie ein Schaubild, das detaillierte Schritte abbildet, wie in welcher Situation zu verfahren ist. Das Prinzip könnte lauten: „Wenn dies passiert, mach das." Dies hilft bei Eskalationen wie Beschwerden oder Krisen.

8. Initiieren Sie ein Trainingsprogramm für Ihr Team

Das Team wird ein fortlaufendes Training benötigen, um up-to-date zu bleiben. Jedes Eingreifen sollte das Markenerlebnis stärken. Da die Technologie schneller voranschreitet als unsere Fähigkeit zu lernen, sollten die Mitarbeiter im Team immer neue Weiterbildungsangebote erhalten.

9. Installieren Sie ein Steuerungs- und Belohnungssystem

So wie das Marketingteam die Integrität der Marke präsentiert, sollte ein Social-Media-Team die Integrität der Online-Präsenz der Marke organisieren. Zur gleichen Zeit sollte ein Belohnungssystem installiert werden, um zu außergewöhnlichen Leistungen zu animieren.

10. Entwerfen Sie einen Style Guide für Ihre Marke

Möglicherweise gibt es bereits einen Style Guide, der Marken-Präsentation, Nutzungsrichtlinien und andere Formen markennaher Marketing-Ästhetik kommuniziert. Dieser Guide bedarf eines signifikanten Updates, um Social Media gerecht zu werden. Seine primäre Funktion ist es, die Rolle, den Charakter, die Stimme und das Wesentliche der Marke im einheitlichen Auftritt zu definieren.

11. Verfassen Sie Social-Media-Richtlinien

Entwickeln Sie eine Social-Media-Richtlinie, die die Dos und Don'ts fixiert. Definieren Sie, wie Mitarbeiter ihre Meinungen über Arbeitgeber über ihre privaten Accounts ausdrücken dürfen. Viele Richtlinien sind entweder zu ridige oder zu allgemein, um erfolgreiches Engagement zu definieren. Entwicklen Sie konkrete Richtlinien, die gleichzeitig als Sicherung dienen und aktiven Raum für Erfolg bieten.

12. Bedienen Sie Ihre Kunden online

Soziale Konsumenten erwarten von Marken in sozialen Kanälen die Lösung von Problemen und die Beantwortung von Fragen. Jeder Kanal benötigt eine Servicefunktion oder einen zugehörigen Kanal, der die Kundenbedürfnisse befriedigt und deren Wertschätzung, Anerkennung und Loyalität fördert.

13. Setzen Sie Timing und Sprache sinnvoll ein

Timing ist alles und in der Kürze liegt die Würze. Studien haben bereits gezeigt, dass das Timing und die Sprache von Tweets und Facebook-Updates über Reichweite und Engagement bestimmen. Optimieren Sie Sprache und Timing, denn jedes Update zählt.

14. Erstellen Sie Engagement- und Performance-Metriken

Beobachten Sie die Performance jedes Accounts, um dessen Engagement und Leitstrategie zu verbessern.

Nun wünsche ich Ihnen viel Spaß und viel Erfolg bei Ihrem Social-Media-Engagement! Lesen Sie auch weiterhin aktuelle Social-Media-Beiträge auf socialmedia24.eu.

10 Social-Media-Glossar

Affiliate-System. Internetbasierte Vertriebslösung, bei der ein Anbieter seine Vertriebspartner erfolgsorientiert durch Provisionen vergütet. Der Anbieter stellt seine Werbemittel zur Verfügung, die der „Affiliate" auf seinen Seiten zur Bewerbung der Angebote des Kooperationspartners verwenden oder über andere Kanäle wie E-Mail-Marketing einsetzen kann.

Agenda Building (engl.; dt.: erbauen, schaffen): kommunikative Prozesse zwischen Unternehmen und Medien, wobei Themen der Medienberichterstattung durch Presse- und Medienarbeit beeinflusst werden.

Agenda Setting: ein Prozess, nach dem Medien durch Themenauswahl das Wissen und Denken der Öffentlichkeit strukturieren und kognitive Meinungsprozesse gestalten.

AJAX. (engl. Asynchronous JavaScript and XML). Asynchrone Datenübertragung zwischen einem Server und einem Browser, die es ermöglicht, innerhalb einer Website eine Anfrage durchzuführen, ohne die Seite komplett neu laden zu müssen. Es werden nur gewisse Teile einer Seite oder auch reine Nutzerdaten sukzessiv bei Bedarf nachgeladen.

AKTIONs-Formel: Die sechs Kernaufgaben der PR spiegeln sich in dem Akronym AKTION wider (nach DPRG): A – Analyse (Strategie, Konzeption), K – Kontakt (Beratung, Verhandlung), T – Text (kreative Gestaltung), I – Implementierung (Entscheidung, Planung von Maßnahmen, Kosten und Zeitachse), O – Operative Umsetzung (Durchführung der Maßnahmen), N – Nacharbeit (Evaluation).

Ambassador ist ein Markenbotschafter, das heißt Fan einer Marke, der positive Mundpropaganda für ein Unternehmen, ein Produkt oder eine Dienstleistung macht.

Barcamp ist ein offener Workshop, dessen Inhalte und Ablauf von den Teilnehmern selbst entwickelt und im weiteren Verlauf gestaltet werden. Barcamps dienen zur Diskussion und können teilweise bereits am Ende der Veranstaltung konkrete Ergebnisse vorweisen.

Bewertungsportale. Internetforen, die zwar kommerziell betrieben werden, aber kostenlose Bewertungsgemeinschaften für Produkte und Dienstleistungen zur Verfügung stellen. Die Inhalte sind größtenteils von den Nutzern der Websites eingegeben worden. Ciao.de oder Dooyoo.de sind Bespiele für solche Bewertungsportale.

Blog. Ursprünglich Weblog: Wortverbindung aus World Wide Web und Log für Logbuch, meist abgekürzt als Blog, ist ein auf einer Webseite geführtes und damit öffentlich einsehbares Tagebuch oder Journal. Häufig besteht ein Blog aus einer langen, abwärts chronologisch sortierten Liste von Einträgen, die in bestimmten Abständen umgebrochen wird. Blogs sind die älteste Form der Vernetzung im Internet. Mitte der 90er Jahre starteten die ersten Blogs in Form von öffentlichen Webtagebüchern. Heute wird ihre Zahl weltweit auf 200 Millionen geschätzt. Vier Prozent davon vertreten ein Unternehmen oder eine Organisation. In Deutschland betreiben laut dem Allensbacher Institut für Demoskopie rund acht Prozent der Internetnutzer ein Blog.

Branded Content (engl.; dt. sinngemäß: unverwechselbar geprägter Inhalt). Content, um Marken Unterhaltungswert zu verleihen und diese emotional aufzuladen, um das Image in gezielte Unterhaltungsformate umzusetzen, die die potenziellen Käufer interessieren, z. B. Filme, Events, digitale Angebote.

Branding (engl.; dt.: Markenbildung). Professionelle Kreation einer Marke. Branding stammt ursprünglich aus der Rinderzucht und meint das Einbrennen von Kennzeichen in die Haut von Herdentieren. Im Marketing bezeichnet es die Verknüpfung von Produkten, Dienstleistungen oder Personen mit einer Marke, die durch Werbemaßnahmen bekannt gemacht wird, wie durch Logos und Slogans mit hohem Wiedererkennungswert.

Change Communication. Kommunikation von Veränderungen im Rahmen eines Change Managements. Bei Wandlungsprozessen unterstützen kommunikative Prozesse die Verarbeitung: Oft negativ konnotierte Veränderungen sollen durch Kommunikation abgeschwächt und am besten neutral oder positiv besetzt werden. Unter Berücksichtigung psychosozialer Bedingungen und Emotionen werden Fakten und klassische W-Fragen über die Veränderung zielgruppengerecht – meist in direkter Kommunikation – erläutert. Change Communication lässt sich durch eine bestimmte Dramaturgie und Folge von Instrumenten in verschiedene Phasen unterteilen wie z. B. Unfreezing, Changing, Refreezing. Je nach Typ der Veränderung unterscheiden sich diese Methoden, zentrale Instrumente sind dabei aber interne Kommunikation, HR-Kommunikation und Führungskräftekommunikation.

Chat. Echtzeitkommunikation zwischen Personen im Internet.

Ciao. Eines der führenden Preisvergleichsportale in Deutschland und Europa. Die Produktinformationen werden dabei von den Mitgliedern erstellt und online zur Verfügung gestellt.

Circles. Kreise bieten die Möglichkeit, Freundeskreise online abzubilden, und sind ein wichtiges Feature von Google+.

Community (engl. für Gemeinschaft in einem weiten Sinne) bezeichnet eine Menschengruppe mit Zusammengehörigkeitsgefühl, zum Beispiel: Netzcommunities, Wissenschaftsgemeinden oder Online-Communities. Bei einer Online-Community (Netzgemeinschaft) treffen sich Menschen im Internet und tauschen sich online aus. Eine kommerzielle Online-Community wird von einem Unternehmen betrieben. Die Gemeinschaft nutzt dabei zur Kommunikation die Infrastruktur des Unternehmens. Auch die Moderation wird meist von dem Unternehmen übernommen. Eine besondere Form einer kommerziellen Online-Community ist das Kundenforum, wo Kunden über die Produkte und Dienstleistungen diskutieren.

Connectivity heißt, dass man sich überall automatisch einloggt, weil die Schnittstellen zwischen den sozialen Netzwerken die Login-Daten zwischen den geschlossenen Communities direkt weitergeben.

Content-Management-System. Abgekürzt CMS (übersetzt etwa Inhaltsverwaltungssystem), ist ein Anwendungsprogramm, das die gemeinschaftliche Erstellung und Bearbeitung des Inhalts von Text- und Multimedia-Dokumenten ermöglicht und organisiert. Ein Autor kann ein solches System auch ohne Programmier- oder HTML-Kenntnisse bedienen. Der darzustellende Informationsgehalt wird in diesem Zusammenhang als Content (Inhalt) bezeichnet.

Conversion. Mit ihrer Hilfe wird die Effektivität gemessen, mit der ein adressierter Personenkreis dazu bewegt wird, gewünschte Aktionen durchzuführen. Das so genannte Conversion-Tracking gibt Aufschluss über den Erfolg von Maßnahmen, die direkten Einfluss auf den erzielten Umsatz haben. Eine wichtige Kenngröße ist in diesem Zusammenhang die order conversion rate, die das Verhältnis von Bestellungen zu Besuchern einer Website ausdrückt.

Corporate Governance. Prinzipien der verantwortungsbewussten Unternehmensführung und Unternehmenskontrolle im Hinblick auf Qualitätssicherung und Mechanismen zur organisatorischen und strukturellen Steuerung von Unternehmensprozessen, die zur Transparenz börsennotierter Unternehmen beitragen soll.

Corporate Social Responsibility (CSR) (engl.; dt.: soziale Organisationsverantwortung). Konzept der Bereitschaft wirtschaftlicher Organisationen, freiwillig gesellschaftliche Verantwortung zu übernehmen, z.B. durch Engagement für das Allgemeinwohl. CSR wird im Rahmen des Managements für die kommunikative Wertschöpfung genutzt. Wesentlich ist ein ganzheitliches CSR-Konzept, das von den Organisationszielen bis zu Innovationskommunikation und Zukunftsforschung reicht. Auch auf umweltpolitischen Aspekten kann neben sozialen Fragen der Schwerpunkt liegen. Es gibt spezifische Instrumente wie CSR-Publikationen und Nachhaltigkeitsberichte.

del.icio.us. Der Dienst ermöglicht es Benutzern, persönliche Lesezeichen (bei Microsoft „Favoriten" genannt) anzulegen und mit Schlagwörtern (Tags) zu versehen. Diese sind im Allgemeinen sichtbar, einzelne Lesezeichen können jedoch auch von einer Veröffentlichung ausgeschlossen werden.

Diskussionsforum. > Internetforum.

Dooyoo. Eines der führenden Preisvergleichsportale in Deutschland und Europa. Die Produktinformationen werden dabei von den Mitgliedern erstellt und online zur Verfügung gestellt.

Double-Opt-in. Opt-in ist ein Verfahren, bei dem der Endverbraucher Werbekontaktaufnahmen vorher explizit bestätigen muss. Beim „Double Opt-in" genannten Opt-in-Verfahren muss der Eintrag der Abonnentenliste in einem zweiten Schritt bestätigt werden. Meist wird hierzu eine E-Mail-Nachricht mit Bitte um Bestätigung an die Mailadresse gesendet.

Employer Branding. Ist eine strategische Maßnahme, um ein Unternehmen als attraktiven Arbeitgeber zu präsentieren, von anderen Firmen zu differenzieren und positiv am Markt zu positionieren. Ziel ist, sowohl die Effizienz der Personal-Rekrutierung als auch die Qualität der Bewerber dauerhaft zu steigern. Außerdem sollen qualifizierte und engagierte Mitarbeiter durch eine höhere Identifikation langfristig an das Unternehmen gebunden und die Leistungsbereitschaft sowie das Commitment erhöht werden. Krankenstände und Bürodiebstahl sollen reduziert werden. Das ist besonders wichtig für den Mittelstand, da diese kleineren Firmen oft nur einen geringen Bekanntheitsgrad haben.

Evaluation (auch Evaluierung). Erhebung und Bewertung des Erfolgs von Prozessen, Projekten, Organisationsformen etc., durch Sammlung und Analyse empirischer Daten. Dabei wird zwischen verschiedenen E.-Methoden unterschieden: Die Bandbreite reicht von einer E. der PR als Gesamtes über den Nutzen zur Wertschöpfung des Unternehmens bis hin zur Analyse des Erfolgs einzelner PR-Maßnahmen.

Facebook ist ein mehrsprachiges, werbefinanziertes Netzwerk. Im sozialen Netzwerk vernetzen sich Menschen kostenlos seit 2004 mit einem Profil. Innerhalb des Netzwerks können die Nutzer Textbotschaften, verlinkte Videos und Fotos austauschen. Firmen können ebenfalls Seiten anlegen.

Flash von der Firma Adobe (ehemals Macromedia Flash) ist eine proprietäre integrierte Entwicklungsumgebung zur Erstellung multimedialer

Inhalte, der Flash-Filme. Flash findet heutzutage auf vielen Webseiten Anwendung, sei es als Werbebanner, als Teil einer Website oder in Form kompletter Flash-Seiten.

Flashmob (engl.; sinngemäß übertragen: blitzschnelle Bewegung). Zusammenkunft von Menschen auf (halb)öffentlichen Plätzen, die meist per Mobiltelefon oder Online-Medien organisiert ist. F. sind Folge und Ausdruck der virtuellen Gesellschaft (virtual community, Online-Community), die mit Hilfe von Mobiltelefonen und Internet kollektive Aktionen organisiert. Die PR kann F. relevanter Stakeholder beobachten. Aktives Reputationsmanagement kann eigene Strategien mit einbeziehen, z.B. in Guerilla-Marketing-Konzepten.

Flickr. Teils kommerzielle Web-2.0-Anwendung, die die grundlegende Technologie und kostenlosen Speicherplatz für Fotos zur Verfügung stellt. Alles andere kommt von den Nutzern selbst. Digitale Bilder mit kurzen Kommentaren können auf die Webseite geladen und anderen Nutzern zur Verfügung gestellt werden. Wurde 2005 von Yahoo übernommen.

Folksonomy. Kofferwort aus engl. folk und taxonomy, gemeinschaftliches Indexieren von Webinhalten. Es entstehen so Sammlungen von Schlagwörtern.

Forum. > Internetforum

Foursquare ist ein standortbezogenes soziales Netzwerk, das über Software für Mobiltelefone und Smartphones funktioniert. Der Dienst nutzt dabei die GPS-Funktion der Geräte, um den aktuellen Standort der Benutzer zu finden. Benutzer können dann an den Standorten „einchecken", wahlweise per Foursquare-Webseite, mit SMS oder mit mobilen Phone-Apps. Für jeden Check-in erhält der Benutzer Punkte und auch Abzeichen (Badges). Laut Wikipedia hat Foursquare 7 Mio. Mitglieder.

Gatekeeper (engl.; dt.: Pförtner, Torwächter). Personen, die aufgrund ihres Einflusses darüber entscheiden, welche Nachrichten zum Beispiel über die Medien in der Öffentlichkeit erscheinen. Der Ausdruck wird besonders im Hinblick auf Journalisten genutzt.

Hangouts sind Videokonferenzen mit bis zu zehn Teilnehmenden. Das gibt es bei Skype und Google+.

Hashtag ist ein Schlüsselwort, unter dem Beiträge zusammengefasst werden können. Zumeist wird dabei vor den Sammelbegriff ein # gesetzt, beispielsweise #VA2011. Jede Person, die sich für VA 2011 interessiert, wird so informiert, sollte jemand etwas über #VA2011 posten.

HR-Kommunikation. Disziplin des Marketings und der Public Relations. Leistungen der Organisation als Arbeitgeber stehen hierbei im Vordergrund. Zum einen ist das Ziel, die höchstmögliche Attraktivität bei (potenziellen) Mitarbeitern zu erzielen, zum anderen, die Organisationsentwicklung kommunikativ zu unterstützen; dabei wirken die Methoden des Employer Brandings nach außen und die Verfahrensansätze des Employee Brandings nach innen.

Influencer sind Personen, die einen wesentlichen Einfluss im Internet genießen und deren Meinungen zum Teil unreflektiert übernommen werden. So können sie deutlich zum (Miss-)Erfolg eines Produkts oder einer Idee beitragen.

Innovationskommunikation PR-Bereich, der Innovationen, Neuerungen und Erfindungen kommunikativ unterstützt und in der Kommunikation umsetzt, was nach modernem Verständnis den gesellschaftlichen Innovationsprozess auf folgenden drei Ebenen fördert.

Integrierte Kommunikation. Ziel ist es, mit Hilfe einer fokussierten Nutzung aller Kommunikationsinstrumente einer Organisation ein nach außen und innen konsistentes Gesamterscheinungsbild zu erschaffen. Dazu sollten alle Organisationsbereiche wie PR-Abteilung, Marketing, Unternehmensführung u.a. nach einem koordinierten Gesamtplan handeln, an welchem Teilziele, Kommunikationsinstrumente und -maßnahmen ausgerichtet werden und an dem Arbeitsprozesse und Arbeitsergebnisse beurteilt werden können. Bruhn (1992) differenziert dabei zwischen inhaltlicher (Themenebene), formaler (Ebene der Gestaltungsprinzipien) und zeitlicher (Koordination zwischen und während Planungsperioden) Integration. Zerfaß (2004) hat disen Ansatz in seinem Modell der Unternehmenskommunikation weitergeführt mit der Begründung, dass Markt-, politisch-administrative und soziokulturelle Öffentlichkeit zusammen die gesellschaftliche Öffentlichkeit bilden, weshalb eine Koordination aller Kommunikationsaktivitäten nötig sei.

Internetforum. Virtueller Platz zum Austausch und zur Archivierung von Gedanken, Meinungen und Erfahrungen. Die Kommunikation findet dabei zeitversetzt statt.

Issues Management. Frühe Erkennung und systematische Beobachtung von relevanten Themen für die Organisation und deren Identifikation, Analyse, Priorisierung und Auswertung nach potenziellen Chancen oder Gefahren für die Organisation oder das Unternehmen, was ebenfalls als Präventionsmaßnahme gegen Krisen geeignet ist. Die rechtzeitige Entwicklung von strategischen Gegenmaßnahmen ist wichtig für das Gelingen. Darüber hinaus bietet I. die Chance, das gegebene Potenzial und bestehende Trends auf einen möglichen Nutzen für das Unternehmen hin zu prüfen, wobei I. mit Innovations- und Krisenkommunikation koordiniert werden sollte. Siehe auch Krise, Krisen-PR.

KPI (engl.: Key Performance Indicators; dt.: Schlüsselerfolgsindikatoren): Maßzahlen, die für ein Projekt oder einen Prozess festgesetzt werden und die die Bedingungen für spätere Messungen bieten. Siehe auch Evaluation.

Krise. Unvorhergesehene und/oder negativ-problematische Situationen, die bis zur Existenzbedrohung reichen können und die Organisationen oder auch Personen betreffen. K. können verschiedener Art sein, besitzen eine bestimmte Verlaufsstruktur mit Auslösern, Anlaufphase, Höhepunkt und Auslaufphase. Krisenmanagement und Krisenkommunikation beteiligen sich aktiv an der Bewältigung von K., z.B. durch K.-Pläne, K.-Übungen und normative Regelungen für die Organisation. Weiterhin werden je nach Charakteristika der K. Typen unterschieden, wie z.B. exogene oder endogene K.

Krisen-PR. Im Rahmen einer Krise genutzte Spezialtechnik der Public Relations, welche das kommunikative Problem, welches für das Unternehmen im Lauf der Krise entstanden ist, bearbeitet. Dabei fungiert

K. als Detektor zur Erfassung potenziell gefährlicher Abläufe und umfasst die Analyse, Planung, Umsetzung und Kontrolle des Krisenprozesses, unterstützt von Issues Management. Die Einrichtung eines Frühwarnsystems mit Issues Management sensibilisiert, unterstützt das Entdecken von Krisenherden und potenziellen Themen und ermöglicht im besten Fall eine verlängerte Vorlaufzeit, um Strategien zu entwickeln sowie Gegenmaßnahmen einzuleiten. Über den Erfolg der Krisenbewältigung entscheidet im Wesentlichen die Krisenprävention. Wichtige Methoden hierbei sind der Krisenstab, das Krisenhandbuch oder das Krisentelefon. Außerdem sollten wichtige und notwendige Krisen-PR-Strategien (Ausprägung von Vertrauensfaktoren, Dialog, offensiv und aktiv, defensiv) für die Krise vorbereitet werden, vgl. Möhrle (2007), Bentele/Janke (2008).

LinkedIn funktioniert nach dem gleichen Prinzip wie Xing, ist aber in Europa weitaus weniger repräsentiert als in den Vereinigten Staaten. Laut LinkedIn sind unter den Mitgliedern Entscheider jedes börsennotierten Unternehmens des DAX 30 und des Fortune 500 Index vertreten.

Location based Marketing bezeichnet eine Marketingmethode, die den Aufenthaltsort des Zielgruppenträgers in den Mittelpunkt stellt. Dabei orientiert sich L. an den Gewohnheiten und Verhaltensweisen, die am Ort des potenziellen Kunden vermutet werden.

Lokalisten.de ist ein von der Lokalisten media GmbH betriebenes geschlossenes virtuelles soziales Netzwerk. Die Online-Community wurde im Mai 2005 gegründet und hat etwa vier Millionen Mitglieder.

Mashup (engl. „Verknüpfung"). Die Erstellung neuer Inhalte durch die (Re-)Kombination bereits bestehender Inhalte. So werden Inhalte des Internets wie Text, Daten, Bilder, Töne oder Videos collageartig neu kombiniert.

MeinVZ wurde nach den bekannteren Netzwerken StudiVZ und SchülerVZ gegründet. Das Netzwerk, das zur Georg-von-.Holtzbrinck-Unternehmensgruppe gehört, will Menschen außerhalb der Berufswelt in Verbindung bringen. Es hat mehr als 4,8 Millionen Nutzer.

Metablogs. Sammlung von Beiträgen aus anderen > Blogs

Micro-Blogging ist eine Form des Bloggens, bei der die Benutzer kurze, SMS-ähnliche Textnachrichten veröffentlichen können. Die Länge dieser Nachrichten beträgt meist weniger als 200 Zeichen. Die einzelnen Mitteilungen sind entweder privat oder öffentlich zugänglich und werden wie in einem Blog chronologisch dargestellt. Der bekannteste Mikroblogging-Dienst ist Twitter.

Mister Wong. Deutschsprachige Anwendung für Social Bookmarking. Der Dienst ermöglicht es Benutzern, persönliche Lesezeichen (bei Microsoft „Favoriten" genannt) anzulegen und mit Schlagwörtern (Tags) zu versehen. Die Lesezeichen eines Benutzers sind in der Regel öffentlich, können aber auch als privat gekennzeichnet werden.

Multimediale Inhalte. Bezeichnet (Internet-)Inhalte, die optisch und akustisch durch beispielsweise Video, Audio und Animation angereichert werden.

MySpace. Mehrsprachige, werbefinanzierte Website, die es Nutzern ermöglicht, kostenlose Benutzerprofile, die unter anderem mit Fotos, Videos, Musik, Blogs und Gruppen ausgestattet werden können, einzurichten. Der aktuell bedeutendste Konkurrent ist > Facebook.

MyVideo. Online-Video-Portal, auf dem man Film- und Fernsehausschnitte, Musikvideos sowie private Kurzfilme findet.

Newsroom. Um die Arbeitseffizienz zu erhöhen, teilen sich alle Ressorts in Zeitungen, Fernseh- sowie Rundfunkstationen einen großen Raum.

Online-Community. Gemeinschaft von Menschen, die sich via Internet begegnet und austauscht. Communities müssen gepflegt und betreut werden. Häufig geschieht dies durch die Nutzer selbst. Eine Community-Plattform im Internet bietet in der Regel grundlegende Werkzeuge zur Kommunikation wie Foren, Chatsysteme, Newsboard, Tauschbörsen und vieles mehr.

Online-PR. PR-Aktivitäten, die sich einzig über das und im Internet abspielen unter Nutzung internetspezifischer Medien und Kanäle. Nur ein Teil der Online-PR bezieht sich dabei auf den eigenen Internetauftritt, denn besonders jüngere Menschen sind häufig in Social Networks oder Chatrooms aktiv. Wichtig ist es daher, die Mediennutzung der Zielgruppe einzuschätzen und den Fokus der Online-PR richtig auszurichten.

PayPal. Online-Zahlungsservice, mit dem in Online-Shops sicher und einfach bezahlt werden kann. Mit PayPal kann jedes Unternehmen und jeder Privatkunde mit einer E-Mail-Adresse Zahlungen empfangen.

Peer-to-Peer-Plattform. Alle Teilnehmer einer solchen Plattform sind gleichberechtigt und können Dienste sowohl in Anspruch nehmen als auch zur Verfügung stellen.

Personalisierung Ziel der P. ist es, Inhalte auf Personen zu fokussieren und Botschaften zu vermitteln. Inhalte, Produkte, PR- und Werbemaßnahmen etc. werden zielgruppenspezifisch entwickelt oder an bestimmte Personen angepasst, um finanzielle Verluste zu verhindern und Kunden enger an Unternehmen zu binden, da Personalisierung im Rahmen der Infotainisierung stets an einen speziellen Grad an Emotionalisierung und/oder Narrativisierung gekoppelt ist, d.h. Menschen erleben und erzählen Geschichten.

Podcasting. Produzieren und Anbieten von Mediendateien (Audio oder Video) über das Internet. Der Begriff Podcasting setzt sich aus den Wörtern iPod (dem mp3-Player der Firma Apple) und Broadcasting zusammen.

Quotenauswahlverfahren. Nicht zufälliges Auswahlverfahren zur Gewinnung einer Stichprobe i. w. S. (Teilerhebung), meist aus einer Personengesamtheit. Die Grundgesamtheit wird nach Maßgabe von Merkmalen, die mit dem Untersuchungsgegenstand verbunden sind, meist bevölkerungsstatistischen Merkmalen (Geschlecht, Alter), in Teilgesamtheiten gegliedert. Jeder Teilgesamtheit ist dann gemäß ihrem Anteil an der Grundgesamtheit eine bestimmte Anzahl von Elementen zu entnehmen. Da keine zufällige Vorgehensweise erfolgt, kann das Q. nicht zu den Zufallsstichprobenverfahren gerechnet werden (Quelle: Economia 2009).

Qype. 13 Millionen Hotels, Geschäfte, Restaurants und andere Anbieter sind im Bewertungsportal Qype gelistet. Seit das Portal 2006 online gegangen ist, können Nutzer dort Anbieter bewerten. Im deutschsprachigen Raum loggen sich 6,4 Millionen Nutzer regelmäßig ein.

Rectangle. Online-Werbemittel, auch Content Ad genannt. Vergleichbar mit Inselanzeigen im Printbereich werden Rectangles in der Regel direkt im redaktionellen Umfeld einer Website platziert.

Reputation Management. Die Reputation von Organisationen/Unternehmen soll systematisch aufgebaut, erhalten und positiv gestaltet werden. Allgemein versteht man unter Reputation das öffentliche Ansehen oder den Ruf von Personen, Gruppen, Organisationen oder Unternehmen. Die Art und Weise der mittel- oder längerfristigen Wahrnehmung der Person, Gruppe, Organisation oder des Unternehmens bei den relevanten Anspruchsgruppen bzw. den Stakeholdern ist wesentlich, vgl. Eisenegger (2005). R. wird weiterhin in der Betriebswirtschaft als immaterieller Wert aufgefasst, weshalb das Ziel von R. ist, den Unternehmenswert nachhaltig zu erhöhen. Ideen liefert hierzu beispielsweise der Reputation-Quotient von Fombrun (1996), nach dem Reputationswerte aus Befragungen von Stakeholdern zu einem Quotienten aggregiert werden (vgl. Wiedmann/Fombrun/van Riel [2005]). In Anbetracht der wachsenden Bedeutung der Online-Medien wird das R. immer öfter auch um Online-R. erweitert, wobei die Informationen über eine Person, Organisation oder ein Unternehmen im Internet (auf Internetseiten, in sozialen Netzwerken, Blogs, Suchmaschinen) entweder nur durchgehend während eines Monitorings (reaktives Online-R.) analysiert werden oder Online-Medien sowie soziale Netzwerke im Konzept des proaktiven Kommunikationsmanagements u. a. in die Medienarbeit eingebettet werden (aktives Online-R.). Siehe auch Evaluation, Image, Stakeholder-Ansatz.

Response. Das Verhältnis zwischen erhaltenen Reaktionen (Bestellungen, Anfragen) und Aussendungen einer Werbemaßnahme.

RSS-Feed. RSS bedeutet Really Simple Syndication (engl. „wirklich einfache Verbreitung“). Mit Hilfe dieser RSS-Feeds können Benutzer für sie interessante Informationskanäle abonnieren und werden informiert, sobald Neuigkeiten angeboten werden. Die Nutzer holen also Informationen nicht mehr auf der Website ab, sondern lassen sich von der Website bei Vorliegen einer aktuellen Information die Nachricht zustellen.

Second Life. Web-3D-Simulation einer vom Nutzer bestimmten virtuellen Welt, in der Menschen interagieren, spielen, Handel betreiben und kommunizieren können. Zusätzlich können Audio- und Videostreams eingebunden werden.

Share With Your Network (SWYN). Buttons sind sehr einfach umzusetzen. Bedenken Sie dabei jedoch, dass nur weitergeleitet wird, was auch wirklich spannend ist. SWYN kann einen ganzen Newsletter weiterpromoten, einzelne Artikel daraus oder auch Landingpages.

Shitstorm. Ein Phänomen, bei dem sachliche Kritik an einem Produkt durch private negative Meinungen vieler Nutzer überdeckt wird. Zumeist steht weniger das Produkt als das gesamte Unternehmen im Mittelpunkt des S.

Social Media. Schlagwort, unter dem > Soziale Netzwerke verstanden werden, die als Plattformen zum gegenseitigen Austausch von Meinungen und Erfahrungen dienen. Als Kommunikationsmittel werden dabei Text, Bild, Audio oder Video verwendet. Populäre Medien sind Internetforen, Mailinglisten, > Weblogs, > Podcasting und > Wikis.

Social Software. Software, die es Personen durch computervermittelte Interaktion ermöglicht, zu kommunizieren, soziale Verbindungen aufzubauen und zusammenzuarbeiten. Das Kriterium, ob etwas Social Software ist oder nicht, ist dabei eher der zugedachte Einsatzzweck als die konkrete Programmtechnik.

Soziale Medien. Alle Medien, in denen die Kommunikation in einem sozialen Netzwerk stattfindet, das als Plattform zum gegenseitigen Austausch von Meinungen, Eindrücken und Erfahrungen dient (oft in Form von User Generated Content).

Soziale Netzwerke (oder Social Networks). Soziale Verbindungen zwischen mehreren Personen, meist aus dem gleichen Milieu, sind Instrumente des Networkings. Die Personen haben oft ähnliche Interessen, Meinungen oder Ziele und tauschen über diese Themen Ideen aus. Die Verflechtungen untereinander können durch verschiedene

Standpunkte motiviert sein, z. B. wirtschaftlich, kulturell, politisch oder durch Verwandtschaftsverhältnisse. Die Pflege dieser sozialen Netzwerke, auf denen private und berufliche Kontakte entstehen und gepflegt werden, hat sich auch ins Internet verlagert, beispielsweise auf Plattformen wie Facebook, MySpace, StudiVZ, SchülerVZ, MeinVZ, wer-kennt-wen oder Xing. Diese geschlossenen Online-Communities erlauben keine Kommunikation mit Mitgliedern anderer Communities. Globale soziale Netzwerke sind hinsichtlich ihrer soziologischen, kulturellen und politischen Folgen noch nicht ausreichend erforscht.

Sparks sind News-Alerts zu freien Themen bei Google+.

Streaming. Bezeichnet aus einem Rechnernetz empfangene und gleichzeitig wiedergegebene Audio- und/oder Videodaten.

StudiVZ. Online-Netzwerk für Studenten. Auf StudiVZ können sich Studenten, Alumni, Abiturienten und Hochschulmitarbeiter ein Profil anlegen und sich mit ihren Freunden vernetzen, Informationen austauschen und Kontakte zu anderen Mitgliedern pflegen. 2007 wurde es von der Holtzbrinck-Gruppe für schätzungsweise 80 Millionen Euro gekauft.

SWOT ist ein Akronym für Strengths (Stärken), Weaknesses (Schwächen), Opportunities (Chancen), und Threats (Risiken). Die S.-Analyse ist ein Instrument zur Untersuchung der aktuellen Situation und Gegebenheiten und daher ein Basistool für die PR-Planung. Stärken und Schwächen sowie sich daraus herleitende Chancen und Risiken werden einerseits bezugnehmend auf die internen Gegebenheiten einer Organisation/einer Abteilung/eines Produkts oder einer Dienstleistung ausgewertet, andrerseits mit den Chancen und Risiken verbunden, die aus externen aktuellen oder erwarteten zukünftigen Gegebenheiten entstehen können, beispielsweise durch Änderungen der Marktbedingungen oder den unternehmerischen Wettbewerb. Ziel des PR-Konzepts ist es, die analysierten Stärken und Schwächen einzubeziehen, durch Ausnutzen der Möglichkeiten zu profitieren und optimale Verfahrensweisen zu entwickeln, die es gestatten, mit Risiken umzugehen, wie z.B. durch Krisenkommunikation (Krisen-PR).

Tag Clouds. (engl.; dt.: Schlagwortwolken) Sind eine Methode zur Informationsvisualisierung. Sie zeigen durch Hervorhebung in einer Wortwolke die Häufigkeit oder Wichtigkeit der verwendeten Begriffe.

Tagging. Gemeinschaftliches Indexieren. Die hierbei vergebenen freien Schlagwörter werden als Tags bezeichnet, welche gesammelt eine > Folksonomy bilden. Mehrere Tags können zusammen als Wortwolke (> Tag Cloud) visualisiert werden.

Troll. Eine Person, die absichtlich provozierende oder unangebrachte Kommentare in Online-Diskussionen hinterlässt – mit dem Ziel, die anderen Nutzer zu verärgern.

Twitter. Ist ein soziales Netzwerk und ein auf einer Website oder mobil per Mobiltelefon geführtes und meist öffentlich einsehbares Tagebuch im Internet (Mikro-Blog). Tweets (Twitter-Kurznachrichten) haben eine maximale Länge von 140 Zeichen und werden in Echtzeit verschickt. Twitter gibt keine Nutzerzahlen heraus. Nach Schätzungen nutzen 190 Millionen Menschen monatlich den Dienst, der täglich 65 Millionen Nachrichten generiert.

Unique Selling Proposition (USP; engl.; dt.: Verkaufs-Alleinstellungsmerkmal). Alleinstellungsmerkmal, welches ein Produkt von anderen abhebt und herausstellt, z.B. durch bestimmte Produkteigenschaften, Bedienung.

Unternehmenskommunikation. Ein Wirtschaftsunternehmen betreffende interne und externe Kommunikationsmaßnahmen, wobei der Non-Profit-Bereich ausgeschlossen wird und den Gegensatz zur Unternehmenskommunikation im engeren Sinne bildet. Weiter gefasst setzt man Unternehmenskommunikation jedoch mit PR gleich, wodurch sie sich dann nicht nur auf wirtschaftliche Unternehmen begrenzt.

Unternehmenswerte. Im Unterschied zu wirtschaftlichen Werten sind U. im Dialog mit der Unternehmensumwelt durch Kommunikation entstandene Präferenzstrukturen, welche dem Unternehmen als Referenzsystem zur Verfügung stehen. U. werden meist im Konzept von Leitbildprozessen entworfen sowie durch interne Kommunikation und HR-Kommunikation weiterentwickelt und kommuniziert. Für die interne und externe Kommunikation müssen U. beachtet werden.

Usability (dt.: Nutzbarkeit). Von Jakob Nielson geprägter Begriff, der Kriterien umfasst, die die Zugänglichkeit von Internetinhalten beschreiben. Hierunter fallen sowohl gestalterische als auch inhaltliche Aspekte.

Usability-Test. Dieser wird durchgeführt, um die Gebrauchstauglichkeit einer Software oder Hardware mit den potenziellen Benutzern zu überprüfen.

User Generated Content. Inhalte, die nicht vom Anbieter eines Webangebots, sondern von dessen Nutzern erstellt werden. Beispiele sind Kommentarfunktionen in > Blogs, Videoportalen wie > YouTube oder > Internetforen. Mit > Wikis können Ad-hoc-Autorenteams gegründet werden, mit > Podcasting können Audio- oder Videodateien über das Internet produziert und angeboten werden.

Utopia.de. Ein Internetportal für strategischen Konsum und nachhaltigen Lebensstil. Auf der Website werden beispielsweise ökologische, fair gehandelte Produkte vorgestellt.

Verkaufsförderung. Summe der kommunikativen Mittel und Medien, die für den Kunden ein Erkennen und Finden der entsprechenden, durch Marken-PR, Produkt-PR und Werbung kommunizierten Dienstleistungen oder Produkte von Unternehmen/Organisationen am Verkaufsort ermöglichen. Dazu gehört ebenfalls das persönliche Verkaufsgespräch am Verkaufsort.

Verlag. Wirtschaftsunternehmen, das sich mit der Herstellung und Vervielfältigung von Büchern, Medienerzeugnissen und elektronischen Medien beschäftigt, wobei zwischen Buch-, Zeitungs- und Zeitschriftenverlagen differenziert wird.

Vernetzte Kommunikation. Ähnlich der Idee der Integrierten Kommunikation, die darauf abzielt, dass alle mit Kommunikation befassten Bereiche in Unternehmen sowohl organisatorisch-strukturell als auch inhaltlich in beidseitigem Austausch stehen, also vernetzt sind und daher in einer integrierten Kommunikationsmanagementfunktion gesteuert werden sollten (vgl. Bogner [2003]).

Videocasting. > Podcasting mit Videoelementen. Oberbegriff: > Podcasting.

Viral-Marketing. Ziel von Viral-Marketing ist die schnelle Verbreitung einer Nachricht. Durch geschickte Entwicklung eines Marketing-Mix, der die Zielgruppe so gut erreicht, dass man darüber spricht, verbreitet sich die Kommunikationsbotschaft sehr schnell, ähnlich wie bei einem Virus. V. geschieht vorwiegend online, beispielsweise indem ein Werbespot von Nutzern verlinkt oder anderen Nutzern empfohlen wird. Die Verbreitung der Nachrichten basiert dabei letztlich auf Mundpropaganda, also der Kommunikation zwischen den Kunden oder Konsumenten.

Watchblogs. Kritisch beobachtende > Blogs.

Web 2.0 meint weniger besondere Technologien oder Innovationen als vielmehr die veränderte Nutzung und Wahrnehmung des Internets. Benutzer erstellen und bearbeiten Inhalte in quantitativ und qualitativ entscheidendem Maße selbst und vernetzen sich dabei mit Hilfe sozialer Software zusätzlich untereinander.

Whistleblower. Mitarbeiter, der Interna aus der Organisation/dem Unternehmen der Öffentlichkeit zugänglich macht und dadurch der Organisation/dem Unternehmen schadet.

Widget. Ein Widget, Applet oder eine Minianwendung ist ein kleines Computerprogramm, das nicht als eigenständige Anwendung betrieben, sondern in eine grafische Benutzeroberfläche oder Webseite eingebunden wird. Meist handelt es sich um Hilfsprogramme. Widgets können nicht als eigenständige Anwendungsprogramme im Rahmen eines Betriebssystems betrieben werden.

Wiki. Hawaiianisch für „schnell". Eine Software und Sammlung von Webseiten, die von den Benutzern nicht nur gelesen, sondern meist auch direkt online geändert werden können. Wikis ermöglichen es verschiedenen Autoren, gemeinschaftlich an Texten zu arbeiten.

Wikipedia. Ein Projekt zum Aufbau einer Enzyklopädie aus freien Inhalten in allen Sprachen der Welt. Der Name Wikipedia setzt sich zusammen aus wikiwiki; dem hawaiianischen Wort für „sehr schnell“, und „encyclopedia“, dem englischen Wort für „Enzyklopädie“. Ein Wiki ist ein Webangebot, dessen Seiten jedermann leicht und ohne technische Vorkenntnisse direkt im Webbrowser ändern kann.

YouTube. Führendes Videoportal im Internet. YouTube ist vor allem so beliebt, weil sich auch hier eine Gemeinschaft gebildet hat, die Video-Dateien hochladen, bewerten und kommentieren kann. Mit circa 70 Prozent US-Marktanteil ist es die führende Webseite für Videos. Über das Netzwerk werden jeden Tag zwei Milliarden Videos abgespielt und hunderttausende hochgeladen.

Xing. Webbasierte Plattform, in der die Teilnehmer ihre geschäftlichen Kontakte zu anderen Personen verwalten. Kernfunktion ist das Sichtbarmachen des Kontaktnetzes. Ein Benutzer sieht, wer wen kennt, ausgehend von seinen eigenen Xing-Bekannten. Außerdem bietet Xing zahlreiche Community-Funktionen wie Kontaktseite, Suche nach Interessengebieten, Foren und Gruppen. Sie wurde 2003 gegründet und es gibt über 38.000 Fachgruppen. Unternehmen können bei Xing ein Firmenprofil anlegen und Werbung und Stellenangebote schalten. Das Businessnetzwerk wird außerdem intensiv zur Personalsuche genutzt.

Index